Solution-Focused Groupwork 2nd ed.

해결중심
집단상담

John Sharry 저

김유순 · 김은영 · 어주경 · 최중진 공역

학지사

역자 서문

　우리나라의 상담 및 사회복지 분야의 현장에서는 해결중심 접근이 점차로 많이 활용되고 있으며 그 효과성도 증명되고 있다. 그 이유는 이 접근이 내담자의 강점에 기반을 두며 단기에 내담자를 도울 수 있도록 해 주기 때문일 것이다. 그런데 해결중심 접근의 가족치료나 개인상담에 관한 저서나 역서는 우리나라에서 얼마간 출간이 되었으나 해결중심 접근을 활용한 집단상담의 운영 방법이나 기술에 대한 책은 거의 없는 실정이다. 사실 실천 현장에서는 개인상담보다 집단상담이 내담자에게 더 도움이 되는 경우가 많으며 다양한 세팅에서 집단상담이 활용되고 있어서 여러 집단상담 모델에 대한 소개와 이해, 구체적인 실천 지침을 필요로 하고 있다.

　이 책은 아일랜드 메이터 병원의 아동가족정신건강의학과의 수석 사회복지사이자 단기 치료 그룹(Brief Therapy Group)의 소장인 존 셰리(John Sharry)가 2001년 출간한 *Solution-Focused Groupwork*, 2nd edition를 번역한 책이다. 원저는 많이 팔리기도 했지만 저자의 저술 중 가장 영향력이 큰 책 중 하나다. 저자 세리는 집단상담의 과정을 잘 이해하는 실천가로서 자신의 경험에서 나온 실제 사례를 통하여 해결중심 집단상담의 기술과 가치를 알기 쉽고도 생생하게 설명하고 있어서 독자들이 실천에 이용하기 쉽도록 저술하였다. 따라서 이 책은 사람들을 돕기 위해 집단을 활용하는 모든 상담전문가에게 실천적 안내서가 될 수 있다고 본다. 해결중심 집단상담의 각 단계를 한 단계씩 명확하게 설명하고 있어서 해결중심을 처음 접하는 실천가에게는 실천의 구체적인 안내서가 될 것이며, 경험이 많은 실천가에게는 기존의 실천 방법에 통합하고 싶은 기술과 아이디어를 제공받을 수 있는 귀중한 자료가 될 것이다. 그러므로 이 책은 학생이나 숙련된 실천가에게나 모두 도움이 되는 읽기 쉬우면서도 가치 있는 책이 될 수 있을 것이다.

책의 제1부는 해결중심 집단치료의 배경과 발전, 원칙과 함께 집단역동과 해결중심적 집단 운영을 다루고 있다. 치료자가 집단의 역동을 실제로 어떻게 활용할 수 있는지를 사례를 들어가며 설명한다. 제2부에서는 치료자가 시작부터 끝까지 어떻게 집단을 계획하고 이끌어 나가는지를 설명하는데, 내담자 선별과 사정, 내담자를 동기화시키는 방법, 집단의 각 단계에서 치료자의 역할을 구체적으로 사례를 들어 설명한다. 제3부는 집단 운영에서의 특별한 문제를 다루고 있는데 집단평가 방법과 다양한 평가 양식을 제시하고 있으며 '어렵거나' 저항하는 내담자를 다루는 방법을 사례를 통해 설명하는 것이 매우 흥미롭다. 또한 집단을 활성화시키는 다양한 창의적 집단활동을 사례를 들어 설명한다. 끝으로 해결중심 집단 슈퍼비전의 모델을 제공하고 있다.

저자가 facilitator, therapist, counselor를 혼용하고 있어서 우리 역자들도 촉진자, 치료자, 상담자를 상황에 따라 혼용하였으나 대부분은 가장 많이 사용한다고 생각되는 '상담자'로 번역하였다. 예를 들면, 제9장에서는 저자가 facilitator(촉진자)를 사용하였으나 번역은 상담자로 하였다. 그러나 원저자가 집단 상담자가 집단 과정을 촉진하는 사람이라는 의미를 강조하기 위하여 촉진자라는 단어를 사용한 것으로 생각되며 독자들은 이 점을 참고하며 읽어 주기 바란다. 제10장처럼 꼭 필요하다고 생각되는 경우에는 촉진자로 번역하기도 하였다.

이 책은 한국단기가족치료연구소에서 직접 해결중심 개인·가족·집단 상담을 진행하고 가르치고 있는 김유순 교수, 김은영 교수, 어주경 교수, 최중진 교수가 함께 번역하였다. 1장과 2장은 어주경 교수가, 3장, 6장과 서문은 최중진 교수가, 4장, 5장, 10장은 김은영 교수가, 7장, 8장, 9장은 김유순 교수가 번역하였다. 이 책을 번역하게 된 것을 기쁘고 보람 있게 생각하며 이 책이 집단상담을 좀 더 효과적으로 진행하고자 하는 모든 실천가에게 도움이 되기를 바란다. 한국에서 이 책이 번역되도록 동의해 주고 한국 독자를 위한 서문을 보내 준 저자 존 셰리와 최초에 번역을 제안하고 한국 독자를 위한 저자의 서문을 받아 주시는 등 저자와의 관계 발전에 도움을 주신 최중진 교수에게도 감사드린다.

2013년 3월

김 유 순

해결중심 집단상담의 한국어판 서문을 부탁받았을 때 저는 대단히 기뻤습니다. 인수 버그(한국명 김인수) 선생님은 저를 이끌어 주신 여러 멘토 중 한 분이셨기 때문에 더욱 그렇습니다. 인수 버그 선생님은 사람들의 강점에 기반하여 존경할 수 있는 방식으로 함께 작업할 수 있는 상담 방법을 개발하셨습니다. 저는 한국인으로서의 그분의 유산이 그러한 과정에 특별한 영향을 미쳤을 것이라고 확신합니다. 이런 이유로 인수 버그 선생님의 모국어인 한국어로 저의 책이 번역되는 것은 제게 큰 영광입니다.

*Solution-Focused Groupwork*의 1판이 출판된 후 지난 11년 동안 저는 집단을 통해 사람들과 작업하는 것이 가지는 잠재력에 의해 끊임없는 영감을 받아 왔습니다. 집단에서 구성원들의 단합된 힘이 집단의 목표를 향해 나아갈 수 있도록 조화롭게 활용될 때 그 결과가 진실로 대단한 것임을 보았습니다. 이것은 사람들과 개별적인 작업을 통해 얻을 수 있는 힘보다 더욱 큰 것입니다. 물론 집단이 항상 예상한 대로 부드럽게 진행되는 것만은 아닙니다. 예를 들면, 집단에 부정적인 역동이 나타날 수도 있고, 집단이 정

체될 수도 있으며, 또 집단이 구성원들에게 파괴적인 영향을 끼칠 수도 있습니다. 저는 성공적인 해결중심 집단과 그렇지 않은 집단의 차이가 지도력에 있다고 생각합니다. 집단지도자의 영향은 집단에 대단히 중요한 것입니다. 집단이 올바른 방향으로 진행될 수 있고 집단 구성원이 서로 협력할 수 있도록 만드는 것은 많은 부분 집단지도자가 집단을 어떻게 설정하고 능동적으로 이끄는가와 같은 기술에 달려 있다고 해도 과언이 아닙니다.

그것이 제가 해결중심 집단상담을 저술한 이유이며, 한국을 비롯한 많은 나라에서 2판이 번역되는 것을 지켜보는 것은 제게 큰 기쁨입니다. 저는 사람들이 집단에서 건설적이고 해결중심적일 수 있는 방법을 배움으로 좋은 집단지도자가 될 수 있다고 확신합니다. 오늘날 그 어느 때보다 뛰어난 집단지도력이 절실합니다. 해결중심 집단은 원조전문직 내 우리의 치료작업에 생기를 줄 뿐만 아니라 조직, 지역사회, 더 넓은 사회의 관리 면에서도 변화를 일으키는 영향력을 가질 수 있습니다. 사회적 도전이 많은 요즘 우리는 그 어느 때보다 서로에게 건설적이고 협조적일 수 있는 방법을 배울 필요가 있습니다.

　해결중심 집단상담 한국어판의 성공을 기원하며, 한국의 독자들
로부터 제 책의 영향력에 대해서도 들을 수 있기를 희망합니다.

아일랜드 더블린

John Sharry

이 책을 쓰는 것은 심리치료자와 사회복지사라는 나의 중요한
두 갈래의 여정이 합쳐지는 것을 의미한다. 첫 번째 여정은 1992년
에 있었던 신시아 메이너드(Cynthia Maynard)와 질 와이즈(Gill
Wyse)가 주도한 해결중심치료 워크숍에 참석하는 것으로 시작되
었는데, 여기서 놀랄 정도의 새로운 아이디어를 만난 것이 나에게
큰 도전이 되었다. 문제를 해결하기 위해서 그 문제에 대한 이해와
분석이 우선되어야 함을 전제로 하는 정신역동 훈련을 오랫동안
받아 온 나에게 이러한 생각이 사실이 아닐지도 모른다는 급진적
인 생각에 직면하게 된 것이다. 즉, 항상 문제에 초점을 두어야 할
필요가 없을 뿐 아니라 그렇게 하는 것이 문제를 해결하는 것에
도움이 되지도 않고 비생산적일 수도 있다는 것이었다. 이것은 단
순하면서도 널리 알려진 해결중심치료의 중심 사고였고, 나는 이
를 좀 더 알아보기 위한 탐색을 시작하였다.

해결중심적 사고를 나의 임상 실제에 적용하는 것은 나에게는
'고향으로 돌아가는 것'과도 같은 것이었다. 해결중심치료는 내가
처음으로 상담과 치료에 대해서 훈련받았던 인간중심상담의 원칙

과 긴밀하게 연결된 것으로 보였다. 사람들에게는 스스로 치유할 수 있는 잠재력이 있다는, 즉 건설적이고 지지적인 치료 환경에서 내담자는 자기 자신의 문제를 대부분 해결할 수 있다는 나의 근본적인 믿음과도 통하고 있다. 그러한 생각은 전문가로서 문제를 해결해 주어야 한다는 생각에서 나를 해방시켰으며, 내담자가 자신의 삶에 대해 전문 지식을 가지고 있다는 신뢰를 기반으로 내담자와 협력할 수 있는 방법을 알게 해 주었다.

이 책을 쓰도록 이끈 두 번째 여정은 집단치료의 힘을 발견한 것이다. 집단은 개별치료와는 다르게 사람들이 모여 서로를 지지하고 창의적이 될 수 있는 접근을 제공한다. 나는 집단의 한 구성원이 다른 구성원에게 깊이 감명받고 도움 받는 것을 수없이 목격하였으며, 이는 전문 심리치료자인 내가 도울 수 없는 방법으로 이루어지는 것이었다. 종종 나는 사람들을 집단에 모이게 한 후 그들 스스로 서로 도울 수 있도록 방해하지 않고 물러서 있는 것이 집단 상담자로서의 나의 역할이라고 느낀다. 나는 치료 집단이 개별 치료의 힘만으로는 이룰 수 없는 커다란 치유의 용광로가 되고, 궁극적으로 변화에 이르게 하는 것에 계속해서 놀라곤 한다.

이 책은 집단치료와 해결중심치료의 위력을 합치려는 노력이며, 이 둘이 합쳐질 때 일어나는 융합적 가능성을 강조한다. 우리는 해결중심치료의 원칙을 단기 집단치료에 쉽게 적용할 수 있을뿐 아니라 그 잠재력을 집단이라는 더 넓은 무대에서 더욱 확대하고 강화할 수 있다. 집단에서는 내담자가 자신의 강점과 자원뿐만 아니라 다른 구성원들의 강점과 자원에도 접근할 수 있기 때문에 자신의 문제에 대한 해결책을 찾아낼 수 있는 잠재력이 더욱 커진다. 해결중심 집단치료의 목표는 건설적이고 지지적인 집단문화를 만들어 내어 집단역동의 힘이 집단 구성원 개인과 집단 전체의 목표를 추구하기 위해 구성원들 간에 조화롭게 활용될 수 있도록 하는 것이다.

이 책을 저술한 목적은 내담자를 돕기 위해 집단을 활용하고, 문제해결(problem solving)보다는 해결구축(solution building)을 지향하는 집단과정의 힘으로 집단이 좀 더 긍정적이고 단기화할 수 있는 방법을 찾는 것에 관심 있는 전문가를 돕기 위한 것이다.

이 책은 해결중심치료 원칙의 근간이 되는 사회구성주의적 이론과 철학을 자세하게 논의하는 대신 그러한 원칙이 집단치료에 어떻게 적용될 수 있는지에 대한 실용성에 집중함으로써 이론적이기보다는 실천적이라 할 수 있다. 그러한 이론을 탐색하는 것에 관심이 있는 독자들은 심층적 독서를 위해 이 책에 제시된 다양한 참고문헌을 살펴볼 수 있을 것이다(예를 들면, de Shazer, 1994; Gergen & McNamee, 1992; O'Connell, 1998). 책의 접근성을 높이고 실천적 특징을 살리기 위해 다양한 사례와 회기 중의 대화, 훈련 자료 등으로 나의 생각을 표현하였다. 대부분의 사례들이 정신건강 분야에서 아동, 가족, 성인 등의 집단을 이끈 나의 경험에서 나온 것이지만 나는 해결중심 집단치료가 이와 다른 분야와 세팅에도 많은 기여를 할 수 있다는 확고한 믿음을 가지고 있다. 이 책을 읽으며 얻은 아이디어를 독자 여러분이 자신의 독특한 환경과 배경에 변형시켜 적용할 것을 권한다.

이 책을 쓰는 것이 집단치료의 '새로운 모델'을 제시하는 것은 아니다. 나는 해결중심 집단치료의 원칙이 집단의 촉진자로서 여러분에게 이미 영향을 미치고 있을지도 모를 다른 긍정적 접근들과 많은 부분에서 일치한다는 것에 대해 놀랍게 생각한다. 또한 전통적인 문제중심의 장기적인 치료 접근들, 특히 어빈 얄롬(Irvin Yalom)의 인상적인 연구에 대해 많은 존경심을 가지고 있다. 그러나 단기적이며 강점에 기반하고 또 자원에 초점을 두는 개입 방법들에 대한 관심이 높아지는 현재와 같은 치료 환경에서 해결중심 집단치료가 우리에게 필요한 기여를 한다고 믿는다. 해결중심 모델은 인지행동 등의 모델을 활용하여 단기 심리교육 집단을 운영하는 상담자에게 많은 도움이 될 것이다. 어려움 속에서도 긍정적이고 건설적인 초점을 유지하면서 변화를 위하여 집단의 힘을 활용하고자 하는 실천가에게도 많은 도움이 될 수 있다.

나는 여러분이 이 책을 읽으며 집단에 대한 자신의 실천을 보완하고 확장할 수 있는 새로운 아이디어와 제안을 찾아내기를 희망한다.

책의 개요

명확성을 위해 이 책은 3개의 부로 이루어져 있다. 제1부는 해결중심 집단치료의 배경과 발전 그리고 원리에 대해 설명한다. 제1장은 집단치료의 전통 속에서 이 접근이 어떻게 부상해 왔는지, 특히 해결중심치료의 효과성과 현재의 발전에 기여할 수 있었던 치료적 요인들을 고찰해 본다. 제2장은 해결중심치료의 7가지 원리를 열거하고 이것이 집단에 어떻게 적용될 수 있는지 기술한다. 이 부분은 해결중심적 사고에 익숙하지 않고 그 원리가 임상 실제에 어떻게 활용되는지의 예를 알고자 하는 독자에게도 도움이 될 것이다. 제3장에서는 내담자가 목표를 이루도록 돕기 위해 치료자가 집단의 역동을 실제로 어떻게 활용할 수 있는지를 설명함으로써 해결중심 집단의 역동에 대해 개념화한다. 3장은 집단 환경에서 해결중심 원칙을 상승적으로 확장하는 방법과 그럼으로써 해결중심 집단의 정수에 이르는 방법을 설명하는 중요한 장이다.

제2부는 치료자가 시작부터 끝까지 어떻게 집단을 계획하고 이끌어 나가는지를 설명한다. 즉, 해결중심 집단의 집단 주기에 초점

을 둔다. 제4장은 내담자가 집단에 적합한지를 위해 내담자를 선별, 사정하는 영역 등 집단을 구상, 계획하는 원칙의 개요를 제공한다. 제5장은 내담자를 집단에 참여할 수 있도록 하기 위해 집단상담자가 어떻게 개입하고 동기화시킬 수 있는지를 설명한다. 제6장은 4개의 서로 다른 집단의 예를 통해 첫 번째, 중간 그리고 종결 회기와 집단이 종결된 후 이루어지는 후속 회기가 서로 어떻게 다른지 살펴봄으로써 해결중심 집단 구성의 개요를 제시한다.

제3부는 집단과정을 관리하는 특별한 문제에 대해 설명한다. 제7장은 치료자가 앞으로 있을 회기를 계획하는 데 포함시켜야 할 내담자의 진전에 대한 피드백을 회기별로 얻을 수 있도록 하는 집단평가 모델을 설명한다. 제8장은 상담자에게 도전적이거나 집단의 진행을 방해하는 것으로 보이는 '어렵거나' 저항하는 내담자를 어떻게 해결중심적인 방법으로 다루는지에 대해 설명한다. 이 장은 매우 중요한 부분으로 어렵고 도전적인 상황에서 강점에 기반한 접근이 어떻게 활용될 수 있는지를 보여 준다. 제9장은 '맥이 빠진' 집단을 활성화시키고 창의적으로 해결을 구축하는 데 내담

자의 자원을 활용할 수 있도록 하는 5가지의 창의적인 집단활동에 대해 설명한다. 마지막으로 제10장은 상담자를 위한 슈퍼비전의 중요성에 초점을 두고 집단 슈퍼비전의 모델을 제공하며 책을 마무리한다.

2판에 대한 알림

2판을 준비하며 나는 이 책 초판의 장점이었던 균형적 접근과 간단명료함을 유지하기 위해 노력하였다. 결과적으로 2판의 주요한 변화는 최근의 조사 자료와 참고문헌을 포함하는 것이었다. 또한 초판에 포함되지 않은 실천 접근의 새로운 사례들을 포함시키려 노력하였다. 해결중심 집단치료의 중심적인 모델에 초점을 두는 제3장은 새로운 내용을 가장 많이 포함한다. 구조적으로 2개의 주요한 변화가 있었는데, 초판에서 집단의 준비에 초점을 두었던 장이 2판에서는 제4장과 제5장으로 나누어 실었으며, 집단 슈퍼비전에 대한 마지막 장도 2판에 처음으로 포함되었다.

피드백

이 책의 1판이 나왔을 때 책의 내용에 대한 독자들의 피드백과 비평, 생각을 접하게 되는 것이 매우 기뻤다. 2판이 나옴과 더불어 그러한 피드백을 다시 한 번 환영하며 john.sharry@gmail.com을 통해 연락해 줄 것을 권한다. www.parentsplus.ie를 통해 부모 집단에 대한 자세한 내용도 얻을 수 있기를 기대한다.

John Sharry

차 례

 제1부 기본 원리와 발달 배경

제2부 해결중심 집단의 진행 과정

제3부 집단과정의 관리-해결중심적 집단유지

제1부

기본 원리와 발달 배경
Basics and Background

제1장

집단상담과 해결중심 단기 치료

"지옥을 보여 주겠다." 하나님이 랍비에게 이렇게 말하고 불쌍해 보이는 사람들로 가득 찬 커다란 방으로 데리고 갔다. 사람들은 맛있는 음식이 들어 있는 솥 주변에 모두 둥그렇게 둘러앉아 있었다. 그 방 안에 있는 숟가락들은 모두 손잡이가 길어 솥까지 충분히 닿을 수 있었고, 음식도 조금은 뜰 수 있었다. 하지만 숟가락이 너무 길어서 음식을 입에 넣을 수 없었다. 그래서 모든 사람은 좌절하고, 배도 고프게 되었다.

"자, 이제는 천국을 보여 주겠다." 하나님은 그렇게 말하고, 랍비를 또 다른 방으로 데리고 갔다. 이 방은 이전의 방과 동일하며 많은 사람들이 똑같은 솥 주변에 둘러앉아 모두가 긴 숟가락을 들고 있었다. 그렇지만 그 사람들은 아주 만족스러워 보였고, 잘 먹고 있는 듯 보였다.

"뭐가 다른 거죠?" 어리둥절해진 랍비가 물었다.

"아!" 하나님께서 대답했다. "두 번째 방에 있던 사람들은 아주 중요한 기술을 연마해 왔단다. 그 사람들은 어떻게 서로에게 음식을 먹일 수 있는지 그 방법을 배웠지."

어빈 얄롬(Irvin Yalom)과 케이티 위어스(Katy Weers)는 1973년 암 환자들을 대상으로 그들의 첫 번째 집단상담을 시작할 때 앞에서 언급한 유대인들의 이야기를 인용했다(Yalom, 1995). 이 이야기는 집단의 문화가 어떻게 다를 수 있으며, 집단의 문화가 사람들의 일상에 좋은 방향으로 혹은 나쁜 방향으로 얼마나 강한 영향력을 행사하는가를 보여 준다. 치료 집단은 긍정적 영향을 주는 집단 문화를 만들어 내는 것이 목적이다. 그래서 집단의 구성원들은 말 그대로 서로에게 '음식을 먹일 수 있는 방법'을 학습할 수 있다. 특히 해결중심 집단상담은 공동의 유익한 목표를 설정하는 것을 목적으로 하며, 단기간에 이러한 목표를 이루는 현실적인 단계를 만들어 나가기 위해 구성원의 역량 강화에 필요한 집단의 자원과 강점을 이용하는 것도 목적으로 한다. 제2장에서 이 접근의 원리를 설명하기 전에, 이 장에서는 해결중심 집단상담의 발달 배경을 간략히 설명하고자 한다.

1. 전통적으로 오랜 기간이 걸리는 집단상담 형태에서 어떻게 해결중심 집단상담이 출현하게 되었는지를 추적해 본다. 특히 자조 운동의 영향에 초점을 맞추고, 강점에 근거하여 보다 짧은 치료 형태를 선호하게 된 문화적 선호의 성장이 어떻게

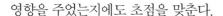

영향을 주었는지에도 초점을 맞춘다.

2. 변화를 위해 집단상담에 독특한 힘을 부여하는 치료적 요인을 설명한다. 또한 이러한 요인들이 해결중심 접근에서 어떻게 활성화되는지를 설명한다.
3. 일반적인 집단상담의 효과와 특별한 해결중심 집단상담의 효과에 대한 연구 결과들을 평가한다.

1. 해결중심 집단상담의 발달

사람들은 항상 자기 혼자서 하지 못하는 것들을 만들고 이루기 위해 집단을 만들어 함께해 왔는데, 예를 들면 과제를 계획하거나 수행할 때, 무언가를 가르치거나 배울 때, 동의하지 않는 것에 대해 이야기하거나 그것을 해결할 때 그러했다. 고대 아일랜드 역사를 살펴보면, 서로 다른 지방의 임금들이 상담을 받고 분쟁을 해결하기 위해 만났다던 '다섯 번째 지방(fifth province)'에 대한 신화적 이야기가 있다(Colgan McCarthy & O'Reilly Byrne, 1995). 아마도 이것이 첫 번째 중재 집단 가운데 하나일 것이라는 생각이다!

그렇기 때문에 비록 처음에는 개인을 대상으로 상담을 했던 정신분석학자들이었지만, 이들이 집단역동이라는 힘을 이용하기 위해 집단의 형식으로 상담할 필요성을 인식하기 시작했다는 것은 놀라운 일이 아니다. 처음으로 치료 집단을 구성한 사람은 1905년 조지프 허시 프랫(Joseph Hersey Pratt)으로 추정된다. 그는 결핵

환자들을 집단으로 구성하여 그 환자들의 병세를 모니터하고, 환자들에게 질병과 질병 관리에 대한 교육을 실시하였다(Gladding, 1991; Tudor, 1999). 처음에 프랫은 그 집단을 단지 비용 효과적인 시도로 여겼다. 즉, 환자들을 교육하는 데 있어 집단으로 구성하면 시간을 절약할 수 있으리라 여겼던 것이었는데, 그는 곧 집단의 환자들이 얼마나 많이 서로를 지지하고 격려하는지를 목격하게 되었다. 프랫의 공로를 인정하자면, 프랫은 이러한 집단의 긍정적인 영향을 알아채어 이를 더 조장하였고, 집단상담의 치료적 힘을 활용하는 첫 번째 이론가들 중 한 명이 되었다(Gladding, 1991).

1920년대와 1930년대의 정신분석은 정신 내적 갈등에 우선적인 관심을 두었기 때문에 환자 개개인과 개인상담을 진행하였지만, 그때 당시에도 예외는 있었는데, 특히 아들러(Adler)는 교도소와 아동 지도 환경에서 집단상담을 활용하였다(Gazda, 1989). 이 시기 동안 집단상담의 발달에 주로 공헌한 사람은 모레노(Moreno)였다. 그는 성인과 아동을 데리고 사이코드라마를 활용하였으며, 집단 심리치료와 집단치료라는 용어를 처음으로 만들어냈다(Gladding, 1991). 1940년대와 1950년대는 현대적 집단상담 시대의 시작으로 여겨진다. 런던의 타비스톡(Tavistock)에서 일하던 비온(Bion)은 집단과정에 대한 정신역동적 이해를 도왔으며, 커트 레빈(Kurt Lewin)(1951)은 '장 이론(field theory)'을 발달시켜 집단 맥락에서 사람들이 서로 어떻게 연결되는지와 집단역동에 대한 통찰을 갖게 하였다. 레빈의 연구는 훈련이나 T-Group의 발달과 차후의 참만남 집단 운동(encounter group movement)에 영향을 끼쳤다.

1960년대는 집단치료와 집단상담의 전성기였으며, 『뉴욕타임즈(*New York Times*)』는 1968년을 '집단의 해(year of the group)'라고 선언하기에 이르렀다(Gladding, 1991). 이전에 집단상담에 참여했던 전통적인 내담자와 더불어 개인의 성장 집단과 참만남 집단에 참여하는 일반 대중 모두 집단상담에 참여함으로써 참여의 급성장이 이루어졌다. 또한 집단의 종류와 유형이 확장되었고, 이론적 다양성도 대단한 시기였다. 대부분의 주요 인본주의 실천가들은 그들의 아이디어를 집단 상황에 적용하고 발달시켰다. 펄스(Perls, 1967)와 번(Berne, 1966)은 각각 집단치료에 형태이론과 상호교류 분석을 적용하였다. 칼 로저스(Carl Rogers)는 그의 인간중심 접근을 집단상담에 적용하여 참만남 집단 운동의 발달에 힘이 되었으며, 이 참만남 집단 운동은 미국과 다른 여러 나라의 주된 사회적 현상이 되었다(Rogers, 1970). 개인적 성장 그리고 다른 사람들과의 연계를 갈망하는 보통의 사람들이 많은 수의 참만남 집단에 참석하였다. 1970년대는 집단상담의 발달이 굳게 다져지는 시기로 그려졌다. 비록 참석자의 수는 증가했으나, 집단의 잠재적인 부정적 영향에 대한 인식과 비판 또한 널리 이루어졌다(Gladding, 1991). 얄롬은 1970년에 『집단 정신치료의 이론과 실제(*The Theory and Practice of Group Psychotherapy*)』라는 책을 출판함으로써 큰 기여를 하였는데, 이 책은 그때까지의 모든 형태의 집단상담이 가지고 있는 치료적 요인들에 대해 범 이론적이면서 연구에 근거한 설명을 제시하였다(Yalom, 1970).

단기 치료의 영향

1980년대까지 치료적 집단상담은 일반적으로 긴 기간, 자유로운 내용 선택, 열린 종결의 형식이라는 특성들이 있었다. 개인심리치료와 유사하게 집단상담도 종결하기까지 몇 달 또는 심하게는 몇 년이 걸릴 것이라 생각되었다. 그러나 이 시기의 많은 연구들은 심지어 미리 계획된 장기치료에서도 치료가 오래 지속되지 않음을 발견하였다. 종결 시기가 정해지지 않은 장기 집단상담에 의뢰되었던 환자들을 연구한 스톤과 루탄(Stone & Rutan, 1983)은 1년간 지속되었던 집단에 단지 8%의 환자만이 참석했음을 발견하였다. 이러한 발견은 최근 몇십 년 동안 대부분의 연구에서 평균 치료 기간이 4회에서 8회 사이라는 개인치료에 대한 연구 결과와 유사한 것이다(Garfield & Bergin, 1994). 이러한 사실로 미루어 볼 때, 매일 이루어지는 대부분의 심리치료와 상담에서 그 지향하는 바가 무엇이든지 간에 그 실제가 짧아지고 있다고 잠정적인 결론을 내릴 수 있다.

전통적인 집단상담은 많은 예에서 볼 수 있듯이 '우연하게' 단기적이 되어 온 반면, 1980년대부터는 계획된 단기 치료에 대한 관심이 증가하였다(Hoyt, 1995; Yalom, 1995). 오코넬(O'Connell, 1998: 6)에 따르면, "단기 치료는 '같은 것을 적게' 하는 것을 의미하는 것이 아니라, 치료의 구조와 과정이 장기적인 치료와 다른 치료를 의미하는 것"이라고 하였다. 많은 연구자가 이러한 새로운 단기 집단개입의 특징들을 특성화하려고 시도하여 왔다(Budman

& Gurman, 1988; Klein, 1993; MacKenzie, 1994). 이를 〈글상자 1-1〉에 요약하여 제시하였다.

📋 글상자 1-1 **단기 집단상담의 특성**

- 명확하고 구체적인 목표들이 가능한 시간 동안 성취될 수 있다.
- 집단의 좋은 응집력이 가능한 한 빨리 형성된다.
- 현재의 쟁점과 최근의 문제들에 초점을 맞춘다.
- 비슷한 문제와 목표, 혹은 생활 경험을 갖는 내담자에게는 동질성이 있다.
- 개인 내적인 관심보다 개인 간 관심에 초점을 맞춘다.
- 치료자는 적극적이고 긍정적이며 공개적으로 영향력이 있는 사람이다.

단기 집단상담에 대한 인기 증가는 우리 사회에서 일어나고 있는 다수의 패러다임 변화를 대변하고 있다. 즉, 비용 효율적이고 책임감 있는 치료에 대한 요구가 증가하고 있으며, 장기치료로만 효과를 볼 수 있는 소수의 내담자가 아닌 잠재적 서비스 사용자 집단의 요구에도 부응할 수 있는 기관에 대한 요구가 증가하고 있다. 그에 더하여 기간이 짧아지는 개입 형식에 대한 내담자들의 선호도 증가하고 있다(O'Connell, 1998). 따라서 지금은 일반적으로 대부분의 내담자들이 자신의 문제가 해결되는 데 단지 몇 회기만 필요할 것이라 믿고 치료에 오며(Koss & Shiang, 1994), 이에 더하여 내담자들이 비용을 내지 않고 추가로 몇 회 더 참여할 수 있는 상황에서도 더 짧은 치료를 선택할 것이라는 증거도 있다(Hoyt, 1995). 단기 집단상담의 출현은 치료자와 내담자가 그들 스스로

발견한 새로운 맥락에 대한 반응이다. 최근 영국과 미국의 정신건강 서비스에서 내담자들에게 제공되는 대부분의 집단상담은 인지행동치료 집단처럼 10주에서 12주 정도의 단기간 동안 진행되며, 분노 조절이나 사회 기술, 불안이나 우울 조절과 같은 특정 주제에 초점을 맞춘 집단이다(Lambert, 2004).

자조 집단의 영향

첫 번째 자조 집단인 금주 집단(Alcoholics Anonymous: AA)이 1930년대에 만들어졌음에도 불구하고, 지난 20년 동안, 즉 1980년대 이후에서야 비로소 자조 집단 운동이 긍정적 정신건강에 주된 공헌자로 도약하였다. 얄롬(Yalom, 1995)은 왕성하게 성장하는 자조 집단 운동이 참만남 운동을 대신하여 집단의 개인 간 상호작용에서 발견할 수 있는 또래의 지지와 격려를 기대하는 평범한 사람들의 선택이 되었다고 말한다. 그래서 지금은 보편적 문제 혹은 특정 문제에 직면한 사람들이 자조 집단에 참석할 수 있게 되었다. 즉, 알코올/약물 문제, 사별 또는 자살 시도, 수줍음 극복의 의도 또는 주요 정신질환으로부터의 회복 등 어떠한 문제에 직면해 있든 모두 자조 집단에 참석이 가능해졌다. 또한 미국의 의료 조건들은 거의 대부분 고통을 당하고 있는 당사자나 그 가족들이 지원을 찾을 수 있도록 자조 집단으로 연계되어 있다. 또한 자조 집단은 비만이나, 흑인(인종), 동성애, 한부모와 같은 이유로 사회에서 소외되고 낙인 찍힌 소수의 사람들이 서로 함께할 수 있도록 이들을 불러 모았다. 한편 자조 집단은 새로 부모가 되거나 혹은 최근에 이혼을 하거나 퇴직 준비를 하고 있는 등 평범한 생애주기의 전이를 경험하고 있는 사람들에게도 주된 지지 자원이 되고 있다. 최근 몇 년 동안 북미에서 어마어마하게 많은 수의 사람들이 자조 집단에 참석해 왔다. 최근 사회사업과 임상병리학을 전공하는 대학원생들의 연구에 의하면, 북미 인구의 40%에 달하는 사람들이 자조 집단에 참석한 경험이 있었다(Meissen et al., 1991). 1991년 북미에 거주하고 있는 인구 집단을 조사한 결과, 성인 인구의 7% 정도가 자조 집단에 참석했던 것으로 나타났다(Wuthnow, 1994). 이러한 수치는 전문적 치료 서비스를 받은 사람들의 수와 동일하거나 그보다 더 크기 때문에 일반 대중에게 지원을 제공한다는 측면에서 볼 때 자조 집단이 전문적인 정신건강 서비스만큼 중요하다는 것을 입증하는 것이다(Corey, 2000; Yalom, 1995).

집단치료에서 단기 모델의 발달과 자조 집단의 발달 간에는 많은 부분이 유사하거나 중첩된다. 두 접근 모두 전문 상담자에 의존하기는 하나, 내담자 스스로 자신의 강점으로 문제를 해결한다는 가치가 증가하고 있음을 보여 준다. 실제로 모든 치료적 개인 간 집단치료는 '자조적' 요소가 그 안에 있는 것으로 여겨진다. 성숙하고 발전된 치료 집단의 가장 우선되는 힘은 각 구성원의 서로에 대한 영향력이다. 중요한 것은 어떻게 구성원들이 서로를 돕는가 하는 것이다. 이후의 장에서 보겠지만, 집단 상담자의 목표는 집단 내에 어떤 상황과 믿음을 형성하여 내담자들이 서로 도울 수 있도록 하는 것이며, 이를 위해 집단 상담자는 그 과정에서 빠지는 것이다. 또한 단기 집단상담과 자조 집단 간에 중첩된 부분이 있어 종종 그 구별이 뚜렷하지 않다. 북미에서 진행된 자조 집단 조사에 따르면, 집단을 운영하는 기간 동안 구조적으로 계획되어 있든, 혹은 자문의 정도이든 자조 집단의 70~80%가 전문가의 개입이 이루어지는 것으로 나타났다(Goodman & Jacobs, 1994). 반대로 많은 단기 집단이 자조 집단의 기능을 하게 되어 사라지거나, 자신들의 용이성을 돕기 위해 자조 집단과 연계된 내담자들에게 의존하게 되었다. 틀림없이 모든 단기 집단 상담자들은 자신들이 촉진하고 있는 집단들을 집단 구성원 자신이 이끄는 자조 집단으로 변형시키는 것이 목적일 것이다. 즉, 어떤 전문가적 개입도 없는 단기 집단상담이 그들의 마지막 종착역이다.

해결중심치료의 영향

해결중심치료는 가족치료와 체계적 접근의 전통 내에서 그 뿌리를 찾을 수 있으며, 미국 밀워키에 있는 단기 가족치료 센터 (Brief Family Therapy Center)의 드 셰이저(de Shazer)와 인수 버그(Berg) 및 그 동료들의 작업에 의해 탄생하게 되었다(de Shazer et al., 1986). 이 해결중심치료는 기존의 다른 많은 치료들과는 다른데, 문제나 문제의 원인과 그 발달 배경에 초점을 맞추는 것이 아니라 해결, 즉 원하는 미래와 목적에 초점을 맞춘다는 점에서 그러하다. 치료에 대한 문제중심적 접근과 해결중심적 접근의 근간을 이루는 가정을 〈표 1-1〉에 제시하였다.

표 1-1 문제/병리적 접근과 해결/강점 접근의 비교

문제중심	해결중심
내담자의 삶에서 일어나는 고정화된 문제의 패턴을 이해하는 것에 초점을 맞춘다.	내담자의 삶에서 어떤 변화가 일어나며, 어떠한 긍정적인 가능성이 그들에게 열려 있는지를 이해하는 것에 초점을 맞춘다.
문제나 원하지 않는 과거에 대한 자세한 설명을 이끌어 낸다.	선호하는 미래와 목표에 대한 자세한 설명을 이끌어 낸다.
사람은 그들이 갖고 있는 문제나 진단명에 의해 분류된다.	사람은 문제 그 이상이며, 자신만의 독특한 개성과 강점 및 자신만의 이야기가 있는 존재로 여겨진다.
'무엇이 잘못이고' '무엇이 제대로 작동하지 않는지'에 초점을 맞추고, 개인과 가족 및 지역사회에서 결핍된 것이 무엇인지에 초점을 맞춘다.	'무엇이 옳고' '무엇이 잘 기능하고 있는지'를 확인하는 것에 초점을 맞추고, 개인과 가족 및 지역사회에서 발견할 수 있는 강점과 기술 및 자원에 초점을 맞춘다.
내담자는 항상 변화나 치료에 저항하고, 문제로 인해 생기는 이차적 이득을 선호할지도 모른다.	'저항'은 치료적 목표나 방법, 치료적 동맹이 내담자에게 적합하지 않을 때 발생한다. 치료자의 의무는 내담자의 목표와 내담자들이 선호하는 방법에 치료를 맞추고, 건설적인 동맹을 만들어 내는 것이다.
지속적인 변화를 창출하기 위해 치료는 장기간을 필요로 한다.	치료는 내담자의 삶에서 '중요한' 변화를 만들어내면서 짧아질 수 있다.
외상(trauma)은 항상 내담자에게 손상을 주고 이후 병리의 원인이 된다.	외상은 개인을 약하게 할 수도 있고 강하게 할 수도 있기 때문에 외상이 반드시 병리를 초래하지는 않는다. 치료자는 내담자가 그 외상을 어떻게 대처해 왔는가를 발견하는 데 관심이 있다.
치료의 중심은 '전문가'인 치료자에 의해 고안된 치료 계획이다.	치료의 중심은 내담자의 목표인데, 이 목표를 그들의 강점과 자원 및 그들에게 다가올 자신들의 삶에서의 전문성과 연결시킨다.

출처: Saleebey (1996)에서 일부 인용함.

해결중심치료가 처음 개발될 때 병리중심(pathology-centred) 치료로부터의 패러다임 전이를 표방하였는데, 그때 당시 병리중심치료는 심리치료(psychotherapy)에서 가장 우세한 치료적 접근이었다. 오한런과 와이너-데이비스(O'Hanlon & Weiner-Davies, 1989)는 이러한 발달을 심리치료의 '거대한 물결(megatrend)'이라 묘사하였다. 즉, "단순하게 말하면 이러한 물결은 설명, 문제, 병리에서 벗어나 해결, 유능함, 역량으로 향하는 것이다"(1989: 6). 이러한 '거대한 물결'은 강점에 근거한 방향을 강조하는 다른 많은 치료적 방법의 발달에도 반영되었는데, 즉 이야기치료(White & Epston, 1990), 사회사업에서의 강점에 근거한 접근(Saleebey, 1992), 가족 회복탄력성에 초점을 맞춘 가족치료(Walsh, 1996), 그리고 최근에 형성된 인지행동치료(Meichenbaum, 1996)다.

모델의 발달로 해결중심치료는 다양한 환경에서 다양한 내담자 집단에게 집단상담으로 적용되었는데, 예를 들면 아동과 청소년들이 있는 학교 상황(LaFontain et al., 1995), 정신건강 주간 센터(mental health day centres)의 긴장이완 집단(Schoor, 1995), 정신병원의 환자들(Vaughn et al., 1996), 부모 집단(Selekman, 1993), 가정폭력 가해자들(Uken & Sebold, 1996)이다. 해결중심 아이디어들은 분노 조절 집단(Schoor, 1997)과 부모 훈련 집단(Sharry, 2004a)에서 다른 인지행동 모델과 함께 사용되었다.

저자의 관점에서 보면, 내담자와의 작업에서 강점에 근거한 협동 방식에 강조점을 두는 것이 해결중심치료의 가장 큰 공헌이고, 이것은 이전의 보다 병리적이고 문제중심적 접근과 균형을 이룰 수 있도록 했다. 그런 강점에 근거한 접근과 그것에서 발생한 서로 존중하는 협동 방식은 그동안 과소평가된 내담자와 정신건강 분야에서 전통적으로 어렵거나 문제가 있는 것으로 여겨져 왔던 내담자들을 끌어들이는 데 유용하다(제5장과 제8장 참조).

2. 해결중심 집단상담의 치료적 요인

이 생에서 가장 아름다운 보상들 중 하나는 어떤 사람도 자기 자신을 돕지 않으면서 다른 사람을 진심으로 돕거나 도우려 노력할 수 없다는 것이다. 다른 사람을 섬긴다는 것은 결국 섬김을 받게 되는 것이다.

-Ralph Waldo Emerson

해결중심치료에서는 내담자가 자기 자신의 문제를 풀 수 있는 자원과 강점을 가장 많이 갖고 있다고 본다(George et al., 1990). 이상적으로 치료는 역량을 강화하는 과정이다. 즉, 내담자는 자신의 삶에서 이미 존재하고 있는 자원들과 '다시 연결되고', 자기 스스로의 회복을 책임지도록 격려받는다. 비슷한 목표를 향하여 나아갈 때 사람들로 하여금 함께 더불어 다른 사람들을 격려하고 지지하도록 하는 것을 강조하는 단기 집단상담은 역량 강화와 자가치유의 가치 또한 지지한다. 그러나 단기 집단상담은 집단 구성원자신의 자원뿐 아니라 다른 구성원의 자원도 함께 나눌 수 있도록 한다. 이에 더하여 개인은 집단을 형성하여 사회에 대한 외부 압력으로 힘을 행사할 수 있게 되는데, 즉 자신들 혼자서는 가능할 수 없었던 방법으로 문제에 저항하는 것이다. 예를 들면, 집단에서는 소수 인종의 구성원들에게 자신들을 향한 어떠한 차별에도 인식을 새롭게 하고 도전할 수 있는 보다 나은 위치에 있게 한다.

이러한 방식으로 해결중심치료는 집단상담 내에서 이상적으로 자리하고 있다. 즉, 해결중심치료 원칙들 중 많은 부분이 집단상담에 내재한 치료적 요인들과 함께 공조하고 있다는 것이다. 얄롬 (Yalom, 1970, 1995)은 개인상담과 구별되는 것으로서 집단상담만의 독특한 힘을 발휘하는 집단상담의 치료적 요인들을 포괄적으로 분석한 최초의 이론가들 중 한 명이다. 해결중심 집단상담은 집단상담의 치료적 요인들을 '활성화'하는 것에 목적을 둔 것으로 여겨질 수 있다. 잘 기능하는 해결중심 집단에서는 집단 구성원들이 자신들의 목표를 추구함에 있어 조화를 이룰 수 있도록 집단역동이 이용된다. 얄롬의 치료적 요인 목록은 모든 유형의 집단에 적용되었다. 그러나 해결중심 집단상담의 경우, 주어진 단기라는 집중적인 성향으로 인해 서로 다른 요인의 군집들이 나타났다. 이들은 〈표 1-2〉에 제시되어 있다. 이 표에는 해결중심 집단상담에서는 찾아볼 수 없는 '실존적 요인(existential factors)'이라는 얄롬의 개념을 볼 수 있는데, 이는 삶, 죽음, 자유, 고립이라는 기본 쟁점과 의미를 포함한다. 한편 얄롬의 목록에서 찾아볼 수 없는 '집단 역량 강화'라는 요인이 해결중심 집단상담에 포함되는데, 이 요인을 통해 집단은 바깥세상에 대해 행동을 취할 수 있도록 자신들만의

 **집단상담의 치료적 요인**

해결중심 집단상담	얄롬(Yalom, 1995)의 치료적 요인들
집단지지	보편성(혼자만이 아니라는 느낌) 집단 응집성 카타르시스
집단 학습	정보의 공유 개인 간 학습 사회화 기술의 개발 행동 모사 가장 우선시하는 가족 집단에 대한 수정적 재협상
집단 낙천주의	희망의 주입
타인을 돕는 기회	이타주의
집단 역량 강화	비교 대상 없음
비교 대상 없음	실존적 요인들

정체성을 공통으로 발달시킨다. 다음에서 집단의 치료적 요인들 각각을 설명하고, 내담자에게서 보여지는 결과를 이끌어 내는 요인들의 잠재성을 설명하고자 한다. 제3장에서는 이러한 치료적 요인들을 활성화하는 집단 상담자의 역할에 대해 알아보고, 필요한 주요 집단 촉진 기술들을 생각해 볼 것이다. 이는 개인상담자의 기술에 첨가되는 것이다.

집단지지

많은 내담자들은 '그들만이' 특정 문제를 가진 사람이라는 생각의 짐을 지고 전문가의 도움을 구하러 온다. 그들은 다른 사람들이 자신을 비난한다고 느끼고 있으며, 실제로도 빈번히 자신을 비난한다. 또한 그들은 종종 자신의 생각이나 느낌이 수치스럽거나 수용할 수 없는 것이고, 다른 어떤 누구와도 나눌 수 없다고 느낀다. 그런 자기 비난은 치료 과정에서 너무나 큰 장애가 된다. 집단이 제공할 수 있는 보편성의 느낌은 이러한 짐을 완화시키는 데 있어 매우 강력한데, 이는 종종 개별 작업만으로는 불가능한 방법이다. 예를 들어, 상실을 경험한 내담자는 때때로 마음에 품기 어려운 감정이나 받아들일 수 없는 감정에 머무를 수 있다. 그들은 자신이 사랑했던 사람을 잃고 혼자 남겨졌다는 것에 엄청난 분노를 느낄 수 있고, 혹은 그보다 더 수용할 수 없는 것은 그 사람이 죽었다는 것에 큰 안도감을 느낄 수도 있다는 점이다. 비록 그러한 감정이 일반적인 것일지라도 내담자들은 그러한 감정을 가진 것에 대해 많은 죄책감을 경험할 수 있으며, 이는 치유에 장애가 될 수 있다. 집단에서는 내담자들의 그러한 경험이 혼자만의 것이 아니라는 것을 인식할 수 있는 매우 큰 지지를 이끌어 낼 수 있다. 그 경험이 얼마나 나빴는지에 상관없이 다른 사람들이 같은 방식으로 느끼고 있다는 것은 커다란 위안이 된다. 사실 집단개입 프로그램을 마친 내담자들의 소감문 중 가장 일반적인 것 중의 하나가 자기 자신이 '유일한 사람이 아니라는 것'을 깨달으며 느끼는 안도감이라는 것이다.

집단 상담자는 성폭력 생존자 집단, 돌봄자 집단, 사별 집단 등 비슷한 문제를 경험하고 있는 내담자들을 한 집단으로 하는 것과 같이 특정 쟁점이 있는 사람들을 집단으로 구성하여 보편성이라는 큰 힘을 사용할 수 있다. 집단 내 구성원들 간에 문화적 차이나 다른 어떤 차이가 있을지라도, 집단 상담자는 집단에서 보편적 목표를 확실히 하고 보편적 경험들에 초점을 맞추어 집단을 촉진시킴으로써 보편성의 느낌을 확대시킬 수 있다.

이해되고 수용되었다는 느낌은 개인을 대상으로 할 때와 집단 상황에서 할 때 차이가 있다. 즉, 집단에서는 내담자가 이러한 수용을 상담자뿐 아니라 구성원들로부터도 경험하게 된다. 내담자들은 전문 상담자 혼자보다 자신의 또래들에게 이해받을 때 자기 가치(self-worth)를 더 강하고 크게 끌어올리게 된다. 이와 동일하게 한 집단 안에는 매우 다양한 성격과 서로 다른 유형의 사람들이 있다. 내담자들은 이러한 혼합 속에서 자신의 사고방식과 유사한 사람을 찾아내는 경향이 있으며, 풍성하고 다양한 관계 유형이 존재할 수 있다. 많은 단기 집단에서 내담자들은 집단이 끝나고도 계속적으로 우정과 동맹을 경험하는데, 이는 이전의 전문적 관계보다 확실히 더 도움이 되는 것으로 알려져 왔다.

집단 학습

일반적으로 성공적인 개인치료는 내담자 입장에서 볼 때 어느 정도의 학습을 내포하는데, 이러한 정보는 치료자가 제공한 것이거나(예를 들어, 많은 중독 관련 상담자들은 그들의 내담자들에게 약물의 영향에 대한 정보를 제공한다) 혹은 개인 간 학습에 의한 것이다. 내담자는 치료자와 개인적으로 상호작용하는 법을 깨닫게 되어 상담 장면이 아닌 외부 사람들과의 관계에 이를 일반화시킬 수 있게 된다. 집단이라는 상황은 학습이 일어날 수 있는 보다 풍부하고 다양한 환경을 제공할 수 있으며, 개인에게 보다 강한 영향력을 행사할 수 있다.

집단은 서로 공유해야 할 정보를 더 강력하게 전달하는 하나의 방법일 수 있다. 일대일이 기본이 되는 상담에서는 정보의 나눔이 위계적이고 가르치기 위한 교훈적인 것으로 보일 수 있으며, 그렇기 때문에 상담자로 하여금 보통의 촉진적인 전문가로서의 치료적 역할을 할 수 없게 할 가능성이 있다. 그러나 집단에서는 제시된 주제에 대해 토론하고 논쟁할 수 있는 기회가 있다. 집단 구성원들은 주제에 대하여 논쟁함으로써 더욱 힘을 얻었다고 느낄 수 있으며, 이에 따라 그들로 하여금 어떤 가치적 문제에 직면하게 될 때, 이를 피하는 것이 아니라 그러한 주제들을 자신의 삶의 상황에 적용하도록 한다. 두 번째로 집단 상황에서는 집단 구성원들 간에 서로에게서 배울 수 있는 기회가 있다. 학습은 서로 공유하는 협동적 노력이 된다. 즉, 각 구성원뿐 아니라 상담자도 집단과 정보를 공유할 수 있다.

집단 상황은 또한 개인 간 학습이 일어날 수 있는 훌륭한 기회를 제공한다. 내담자들은 집단의 다른 구성원들과의 관계를 통해, 그리고 다른 구성원들이 서로 상호작용하는 것을 관찰하고 학습함으로써 타인들과의 관계에 대한 통찰력을 얻을 수 있다. 해결중심 집단에서는 종종 역할극이나 구조화된 연습을 통해 이를 직접 성취할 수 있다. 예를 들어, 의사소통 기술을 가르칠 때 역할극은 내담자들에게 서로 다르게 관계하는 경험을 하도록 하며, 다른 구성원들로부터 피드백을 받아 강화되는 학습을 하게 된다. 이와 동일하게 개인 간 학습이 간접적으로도 일어날 수 있다. 내담자들은 집단에서 상호작용을 관찰하고 경험하면서 매시간 서로에게서 간접적으로 학습한다. 해결중심 집단에서 상담자는 집단의 긍정적 의사소통 패턴에 초점을 맞추고, 내담자들이 이에 주의를 기울이게 함으로써 간접 학습을 하도록 한다. 예를 들어, 상담자는 "저는 진이 큰 목소리로 자신이 생각하는 바를 명확하게 얘기하는 것뿐 아니라 게리의 말에도 귀 기울이는 것에 감탄했습니다."라고 말하는 것이다. 이러한 긍정적 초점 맞추기는 개인 간 학습을 확장시킬 수 있다.

해결중심적 관점에서 집단상담의 목표는 집단 구성원들 간에 긍정적이고 지지적인 개인 간 의사소통 문화를 창조하는 것이다. 내담자들 중에는 문제가 많고 스트레스를 주는 가족이나 기타 집단 상황에서 온 사람들이 많다. 해결중심 집단상담의 목적은 이해나 분석을 위해 부정적 의사소통 패턴을 반복하는 것이 아니라, 그것의 긍정적 예외를 제공하는 것이다. 집단상담은 각 구성원들에게 즐거운 학습과 치료 경험이 되어야 한다.

집단 낙천주의

희망과 낙천주의는 치료적 변화를 위해 필수적인 사전 조건이다. 연구자들은 내담자뿐 아니라 치료자 측면에서 일반적으로 플라시보 요인이라 칭하는 변화에 대한 기대나 희망이 결과에 매우 강력한 영향을 끼칠 수 있음을 반복적으로 증명해 왔다(Snyder et al., 1999). 우울증 치료 임상 연구에서 연구자들은 활동성이 없는 플라시보가 정신에 영향을 주는 약물만큼이나 강력할 수 있음을 밝혀 왔다. 특히 환자나 의사가 그 역할을 믿을 때 더 그러하다(Greenberg & Fisher, 1997). 더 중요한 것은 희망의 주입인데, 심리치료 결과에 대한 조사로 가장 널리 인용되는 램버트(Lambert, 1992)는 긍정적인 결과를 창출해 냄에 있어 플라시보 요인이 치료적 기법과 기술만큼이나 **중요하다**고 추정하였다. 즉, 긍정적 결과에 대한 변량의 15%를 설명한다고 하였다.

집단은 또한 변화에 대한 희망과 기대를 키우는 독특한 방법을 제시하는데, 이는 개별 작업에서는 가능하지 않은 것이다. 집단이 하나 만들어지는 것은 내담자의 입장에서 볼 때 종종 드라마틱한 사건으로 여겨지기도 한다. 즉, 몇몇 사람들이 공통의 이유로 함께 모였다는 사실이 개인 혼자보다 더 큰 희망을 줄 수 있다. 해결중심 집단 상담자들은 집단의 잠재적 구성원들에게 긍정적 측면에서 집단의 목적을 제시함으로써 이러한 사실을 극대화할 수 있다. 집단의 목표와 각 구성원의 강점을 강조함으로써 상담자는 집단의 잠재성에 대한 강한 믿음을 형성할 수 있다.

두 번째로 집단에서 내담자는 자신과 비슷한 문제를 해결하고 있거나 해결한 다른 사람들을 목격함으로써 자신의 생활에서도 그와 같은 변화가 가능할 것이라는 커다란 희망을 갖게 된다. 집단 상담자는 집단의 주된 방향이 해결중심이므로, 집단 구성원들이 자신의 문제를 어떻게 대처하고 풀어 나가는지에 초점을 맞추고, 자신의 한계를 극복하고 역경에서 살아남을 수 있는 강점에 초점을 맞춘다는 것을 확신시켜 줌으로써 이를 가능하게 한다. 또한 이후에 계속되는 일련의 이전 집단들의 '성공적인 종결(graduates)'을 포함하는 것은 도움이 된다. 예를 들어, 대학에서 집단상담을 할 경우 이전에 집단을 성공적으로 마친 학생을 공동상담자로 초대하는 것도 매우 큰 도움이 될 수 있다. 다른 학생들은 자신의 나이와 배경이 비슷한 이 공동상담자의 경험을 통해 보다 더 확신을 갖게 된다. 공동상담자의 긍정적이고 실제적인 변화에 대한 설명을 들으면서 자신의 삶에서도 그러한 변화가 가능할 것이라는 것을 믿고자 하는 마음이 들게 된다.

타인을 돕는 기회

집단상담에는 분명하게 명시되지 않은 치료적 요인이 있는데, 그것은 집단이 구성원들에게 제공하는 다른 사람들을 돕는 기회다. 얄롬(Yalom, 1995: 12)은 다음과 같이 말했다.

> 치료를 시작하는 정신과 환자들은 사기가 저하되어 있고, 다른 사람에게 나누어 줄 어떤 가치도 가지고 있지 않다는 감정에 빠져 있다. 그들은 오랜 기간 동안 자기 자신을 짐으로 여기고 있었기에, 자신이 다른 사람에게 중요한 존재라는 것을 발견하는 경험을 통해 자존감을 환기시키고 끌어올릴 수 있다.

집단에서 제공되는 상호 도움은 가장 큰 자원이며, 전문가의 '숙련된' 도움에 관한 하나의 대안이다. 실제로 집단 구성원들은 자신과 거리가 있는 것으로 여기는 전문 상담자의 수준에 비해 자신의 수준이라고 보여지는 집단의 다른 구성원들의 지지나 제안, 격려를 종종 더 잘 수용한다. 도와주는 행위는 도움을 받는 사람뿐 아니라 도움을 주는 사람에게도 혜택이 있다. 라파포트와 그의 동료들(Rappaport et al., 1992)은 집단과 조직에서 지도자의 역할이 GROW 프로그램(이전 정신과 환자들을 위한 12단계의 자조 프로그램)의 선배 구성원에게 얼마나 큰 혜택을 주었는지를 설명하면서 실제로 다음과 같이 적었다.

집단 모임에서 상세한 행동 관찰로 측정하였을 때, 다른 사람들에게 도움을 주는 행동을 더 많이 했던 구성원들이 시간이 지날수록 출석률도 높고 사회 적응에서 보다 큰 발전을 보였다(1992: 87).

집단상담에서 타인을 돕는 기회는 구성원들에게 스스로 가치감을 갖고 집단에 의미 있게 공헌할 수 있는 좋은 기회를 주고, 그로 인해 스스로를 가치 있게 여기게 된다. 또한 구성원들에게 자신이 몰두하고 있는 자신의 문제에서 벗어나게 하여 새로운 관점을 갖도록 할 수 있다. 남을 돕는 행위는 다른 사람의 관심사에 집중하고 듣는 것이 수반된다. 그리고 남을 돕는 것은 다른 사람의 입장을 이해하기 위해 집단 구성원들로 하여금 서로에게 다가가게 만든다. 이를 통해 자신의 문제에 대해 이전과 다른, 보다 기본이 되는 관점을 얻게 된다.

집단 상담자는 내담자와 함께 협동적으로 집단을 운영하고, 그들의 장점과 자원과 기술을 끌어내는 등 집단 기능의 모든 측면에 이들을 개입시키는 것에 주의를 기울임으로써 치료적 요인을 확장할 수 있다. 이는 집단상담을 하는 바로 그날 기분이 저조한 구성원에게 다른 집단 구성원으로 하여금 일시적으로 찾아온 우울증을 어떻게 극복할 수 있었는지를 설명하도록 부탁하는 것과 같이 간단할 수 있다. 비슷한 차원에서 상담자는 집단을 설계하고 진행하는 과정에서도 집단의 각 구성원들이 될 수 있으면 책임이 큰 역할을 맡을 수 있도록 할 수 있다. 시간이 흘러 집단을 이끄는 역할을 그만두고 때때로 자문가의 역할을 하여 종국적으로 집단 스스로가 잘 굴러가도록 집단의 역량을 강화하는 기회가 있을 것이며, 따라서 집단 구성원들에게 도움을 주는 것과 도움을 받는 것 2가지 역할을 통해 최대의 혜택을 누릴 수 있도록 한다.

집단 역량 강화

치료 집단은 그 자체만으로도 막강한 힘이 될 수 있으며, 크게는 사회 내의 각 영역에도 영향을 미칠 수 있다. 공통의 경험을 하는 집단 구성원들은 공통의 목적으로 서로 하나가 되어 혼자서는 할 수 없어서 외부의 힘을 빌렸던 쟁점들에 대해 이야기할 수 있게 됨으로써 자기 스스로 힘이 생겼다고 느낄 수 있다. 이에 덧붙여 보충 자원을 갖고 있는 집단의 일원이 됨으로써 각 구성원은 혼자 무언가를 하는 개인으로서 보다 더 큰 영향력을 소유할 수 있다. 이 집단이 가정폭력으로 고통을 받아 보다 나은 보호 입법을 요구하거나 사회가 갖는 태도에 대해 변화를 요구하는 여성들의 집단이든, 혹은 특수학교의 부모 집단이어서 장애아를 둔 부모의 요구에 대한 인식을 촉진시키기 위해 같이 모여 일을 하고 보다 나은 편의시설을 위해 로비 운동을 하는 집단이든, 집단 구성원들은 좀더 폭넓은 쟁점에 영향을 주기 위해 집단의 범위 밖으로 자신들의 주장을 드러낼 수 있도록 힘이 생겼다.

이야기치료자는 많은 문제들이 외부의 힘에 의해 생겼다고 믿고 있으며, 문제가 순수하게 개인 내에만 존재할 수는 없다고 믿는다(Madigan, 1998; White & Epston, 1990). 예를 들어, 식욕부진은 일반적으로 여성에 대해, 그리고 특히 여성의 신체에 대해 사회가 갖는 태도로 인해 만들어진 것으로, 혹은 확실히 보급된 것으로 이해될 수 있다. 만약 그 문제를 해결하려면 개인은 사회에 스며든 이런 왜곡된 발상에 도전하고 대응하기 위해 역량을 강화할 필요가 있다. 역량을 강화한다는 것은 개인의 외부로 문제를 외현화시키는 것이고, 사회의 억압적인 담론과 이를 지지하는 생각에서 원인을 발견하는 것이다.

이야기치료자는 집단이 이러한 과정을 발생하게 하는 강력한 장을 제공함을 발견하였다. 같은 문제로 영향을 받은 사람들이 함께 있음으로써 강력한 '두뇌 집단(think tanks)'이 만들어질 수 있는데, 그곳에서 각 구성원들은 그들의 생각을 나누고, 현재 문제에 영향을 미치는 현존하는 편견에 도전할 수 있는 문제에 대한 지식과 새로운 해석을 만들어 낸다. 자조 운동처럼 이러한 지식은 아주 멀리까지 영향을 미치는 결과를 가져올 수 있으며, 그 문제로 영향을 받고 있는 다른 사람들에게 큰 혜택을 줄 수 있다. 이것이 Anti-Anorexia League의 목적이며(Grieves, 1998; Madigan,1998) 덜위치 센터 지역 정신건강 프로젝트(Dulwich Centre Community Mental Health Project)에 의해 설립된 'Power to Our Journeys' 집단의 목적이다(Brigitte et al., 1997). Power to Our Journeys 집단은 정신분열증에 영향을 받은 여성들로 구성되었는데, 이들은 자신들의 정신분열증 경험과 이의 부정적 영향을 극복하기 위해 수행했던 방법에 대한 글을 모아 출간하였다. 이 출판물에는 그들만의 독특한 경험에 대한 설명이 실려 있는데, 이들의 출간은 그들이 자신의 삶을 통제할 수 있는 상태로 돌아왔다는 증표였으며, 이는 곧 정신분열증으로 고통받고 있는 다른 사람들을 지원하는 것이다. 이에 덧붙여 이 집단의 구성원들은 정신건강 프로젝트의 자문가로 활동하고 있으며, 전 세계의 비슷한 집단들이 자신들과 접촉하도록 초대하고 있다(Brigitte et al., 1997).

3. 집단상담의 효과성을 보고하는 연구

개인상담과 비교할 때 일반적으로 집단상담이 효과적인가?

치료적 집단상담이 비록 다양한 모델과 접근 방식을 포함하는 광범위한 영역일지라도, 집단상담이 효과적인 개입이라는 것은 많은 문헌연구에서 일반적으로 합의된 사항이다. 평균적인 내담자들은 최소한의 치료적 통제 집단에 속하는 것보다 치료 집단에 참석하는 것에서 더 많은 혜택을 받는데, 이러한 결론은 수많은 다른 연구들에서 반복적으로 보고되고 있고, 메타 분석에서도 검증되고 있다(Bednar & Kaul, 1994).

두 번째 의문사항은 아마 실천가들이 더 궁금해할 것인데, 집단상담이 이에 상응하는 개인상담과 비교할 때 더 효과적인가에 대한 것이다. 스미스와 그의 동료들(Smith et al., 1980)은 그들의 유명한 심리치료 연구에 대한 메타 연구에서 집단치료가 개인치료만큼 효과적임을 발견하였다. 토설랜드와 시포린(Toseland & Siporin, 1986)은 또 다른 메타 연구에서 32개의 연구를 비교하였는데, 이 중 25%가 개인상담보다 집단상담이 더 효과적이었음을 보고하였고, 나머지 75%에서는 서로 비슷한 것으로 나타났다. 맥로버츠와 그의 동료들(McRoberts et al., 1998)은 보다 더 최근에 23개의 연구 결과를 메타 검토하여 집단 형식과 개별 형식 간에 어떠한 차이도 없음을 보고하였다.

요약하면 일반적으로 집단상담은 개인상담만큼 효과적이며, 어떤 경우에는 실질적으로 더 효과적이라고 결론 내릴 수 있다. 이 말은 집단상담이 비용 대비 효과적인 개입 방법이라는 것을 확실하게 의미하는 바, 같은 수의 치료자가 투입되었을 때 더 많은 수의 내담자들이 집단상담을 통해 더 많은 도움을 받는다는 것이다. 실제로 많은 자조 집단에 한 명의 치료자도 없다는 것을 생각해 보라. 물론 집단상담이 개인상담을 대체해야 한다고 제안하는 것은 너무 순진한 생각일 것이다. 많은 내담자들에게 있어 집단상담은 선택사항이 아니다. 그들 중에는 개인상담을 선호하거나 집단상황이 자신의 욕구와 맞지 않는 사람들도 있다. 이에 더하여 많은 집단 형식은 개인상담에 의존한다. 예를 들어, 현재 진행되고 있는 집단개입을 촉진시키기 위해 예비 회기나 병행 회기 혹은 스크리닝 면담이 필요하기도 하다. 각 치료의 양식은 서로에게 보완적이거나 독립적인 것으로 이해하는 것이 보다 공정하다. 내담자에게 개인상담이나 집단상담 혹은 둘 다를 선택하는 선택사항을 제공하는 것이 최대의 결과를 이끌어 내는 가장 최선의 방법일 것이다.

단기 집단상담은 효과적인가?

장기 집단 심리치료에 의뢰된 수많은 내담자들을 다루기 위해 멜러머드와 매코버(Malamud & Machover, 1965)는 30명 이상의 내담자들에게 집단상담을 준비하는 차원에서 15회기의 예비 집단을 실시했다. 이들은 이러한 집단 준비가 뒤에 이어지는 집단상담의 결과에 긍정적인 영향을 미칠 것인지에 대해 관심이 있었다. 물론 이것은 사실로 드러났을 뿐 아니라, 많은 수의 환자들이 장기 집단상담을 시작하는 것이 필요하지 않을 정도로 예비 집단의 참여에서 실질적인 소득이 있었다. 이로 인해 연구자들은 우연히도 단기 집단상담에 대한 지지를 제공하게 된 것이다.

1980년대와 1990년대 동안 단기 집단상담의 출현으로 연구자

들은 이에 대한 효과성 검증 연구를 시작하게 되었다. 이러한 연
구에 대한 보고서에서 로젠버그와 지멧(Rosenberg & Zimet, 1995)
은 시간 제한이 있는 통원 환자 집단치료가 행동주의적 접근과 인
지행동주의적 접근 및 정신역동적 접근에서 효과적이었음을 발견
하였다. 최근에는 정신건강 서비스에서 유럽을 제외하고 세계적
으로 실시되고 있는 집단상담의 대부분은 최대 12회기의 단기 집
단상담인데, 이는 우울이나 불안 다루기 등의 특정 쟁점에 초점을
맞추고, 인지행동치료(Cognitive Behavioural Therapy: CBT)와 같
은 단기 모델을 사용한다. 집단상담을 지지하는 최근의 메타 연
구들의 대부분은 상대적으로 단기 집단상담 개입에 대한 것이다
(Burlingame et al., 2004).

결과를 산출하는 데 집단과정은 얼마나 중요한가?

집단상담의 효과성을 보여 주는 연구들 중 많은 부분이 개인 심
리치료 모델에 근거한 접근이었고, 치료하는 과정에서 공식적으
로 집단과정 원리를 지킨 것은 아니었다(Burlingame et al., 2004).
그로 인해 어떤 연구들은 그러한 결과를 이끌어 내도록 공헌한 것
이 개인치료 모델인지, 아니면 집단치료적 요인인지 명확하지 않
다. 이 책의 마지막 부분에서 논의된 바와 같이, 이 책(그리고 다른
책들, 예를 들면, Yalom, 1970, 1995)의 주요 주장은 집단치료가 몇
가지 치료적 요인들로 인해 개인치료와 구별되며, 이는 독특한 치
료적 힘을 준다는 것이다. 아주 간결하게 말해서 집단치료는 '집단

앞에서 개인치료'를 하는 것 그 이상의 것으로 이해된다. 집단상담의 치료적 요인들에 대한 이러한 신념을 연구 결과들이 증명할 것인지에 대한 의문은 남아 있다.

이 영역에서 체계적 연구가 부족함에도 불구하고 집단과정 원리의 중요성을 지지하는 증거들이 나오고 있다. 첫째 벌링게임과 그의 동료들(Burlingame et al., 2004)의 평론에서는 집단토의와 지지에 개입된 통제 집단이 CBT와 같은 특정 치료적 모델을 사용한 아주 활발한 치료 집단의 결과에 필적할 만하다는 것을 보여 주는 의미 있는 다수의 연구를 강조하였다. 이러한 결과들은 기분장애나 사회공포증 내담자 집단에서도 반복적으로 보고되어, 집단과정 원칙이 변화에 대한 형식적 모델만큼 강력함이 제시되었다. 더욱이 자조 집단과 변화의 주체로서 주로 집단과정을 활용하는 준전문가가 이끄는 집단이 특정 치료 모델을 사용한 전문가가 이끄는 집단과 비교하여 그 결과가 대등하다는 것을 보여 주는 상당한 양의 증거들이 있다(Beutler et al., 1993; Burlingame & Barlow, 1996; Heimberg et al., 1990). 보다 최근에는 연구의 흐름이 결과에 대해 특정 과정과 특정 집단 유형을 연결하기 시작했다는 것이다. 예를 들면, 집단과정 책략에 명백하게 주의를 기울이는 인지행동 집단의 연구들은 응집과 구성원 참여와 같은 과정들이 개선의 예측 인자라는 것을 발견하였다(Castonguay et al., 1998; Glass & Arnkoff, 2000). 벌링게임과 그의 동료들(2004)은 연구들을 포괄적으로 살펴보고 결론을 내렸는데, 집단상담의 결과에 대한 집단과정들의 구체적 영향에 대해 더 큰 주의를 기울여야 하며, 이 영역에 대해 보다 많은 연구가 필요함을 제언하였다.

집단상담에 해결중심적 접근이나 강점 관점의 접근이 효과적인가?

일반적으로 해결중심치료(solution-focused therapy: SFT)와 특히 해결중심 집단상담이 상대적으로 새로운 발달 영역임에도 불구하고, 이들의 효과성에 대한 연구들이 이미 많이 진행되고 있나. 우울이나 불안장애를 갖고 있는 내담자들에 대해 단기 정신역동 심리치료와 SFT의 효과를 비교한 연구들을 무작위로 비교하였을 때, SFT가 더 적은 회기로 결과를 성취했다(5.7개월, 15회기에 비하여 7.5개월, 평균 10회기)는 몇몇의 증거들로 두 치료 모두 동등하게 효과적이었음을 보여 주었다(Maljanen et al., 2005). 또한 SFT는 전통적으로 서비스 체계에 '합류하기 어려운' 것으로 여겨져 온 내담자들에게 효과적이라는 증거도 있다. 예를 들어, 한 무선연구에서는 통제 집단과 비교하여 5회기에 진행된 SFT에서 더 낮은 재범률을 보고했다(16개월 후 추후 조사에서 86%에 반해 60%)(Lindforss & Magnusson, 1997). 또한 직업 재활 프로그램에 대해 미국에서 진행된 비교 연구에 의하면, 코크번과 그의 동료들(Cockburn et al., 1997)은 SFT로 교육받은 내담자들이 다른 기본 재활 패키지와 비교할 때 직장으로 더 많이 복귀했음(4% 대비 68%)을 보여 주었다.

해결중심 집단개입에 대하여도 이와 유사한 증거들이 있다. 6회

기 해결중심 부모역할 집단에 대한 연구는 대기자 명단의 통제 집
단에 비해 치료 집단에서 부모역할 기술이 의미 있게 개선되었음
을 발견하였다(Zimmerman et al., 1996). 해결중심 집단상담을 마
친 학생들이 대기자 명단의 통제 집단 학생들보다 자존감 면에서
의미 있게 더 높은 수준이었으며, 보다 더 적절한 대처 행동을 보
였다. 이에 더하여 해결중심 상담자들은 1년 후 추후 조사에서도
'소진(exhaustion)'이나 '자아상실감(depersonalisation)'을 덜 보
고하였다(LaFontain & Garner, 1996; LaFontain et al., 1996). 또 하
나, 전통적으로 치료에 합류하기 힘든 내담자를 대상으로 한 해
결중심 접근에 대한 증거가 있다. 151명의 가정폭력 가해자 치료
에 해결중심 집단개입을 사용한 2개의 프로젝트에 대한 연구에서,
7명의 내담자만이(4.6%) 프로그램을 마치고 재범하였으며, 6년 후
의 추후 조사에서 내담자의 누범률이 17%였다(Lee et al., 2003).
이러한 결과들은 전통적 치료 접근이 5년 후 추후 조사에서 누범
률이 40% 정도였다는 것과 비교해 볼 때 매우 인상적인 것이다
(Shepard, 1992).

　가정폭력에 대해 최초로 해결중심 부부치료를 한 아주 재미있
는 연구에서는 개인치료(N=14)를 다중 부부 집단(N=16)과 비교
하고, 또 치료가 없는 통제 집단(N=9)과도 비교하였다(Stith et al.,
2004). 6개월 후 추후 조사에서 남성 폭력의 누범률이 집단치료에
서 의미 있게 낮아졌으며(개인치료 43%와 통제 집단 66% 대비 25%),
다중 부부 집단은 다른 두 집단에 비해 결혼 만족도가 의미 있게
더 높은 수준을 보여 주었다. 이 연구는 SFT 접근에 대한 그 이상

의 증거를 보여 주었을 뿐 아니라, 그에 더해 집단치료적 요인이 결과를 어떻게 증진시키는지를 강조하였다.

요약하면, 해결중심 접근은 적어도 전통적 접근만큼은 효과적이며(보다 적은 회기를 실시한다는 증거가 있음), 집단상담 형식에서 성공적이었다는 증거가 있다. 또한 해결중심 접근은 특히 전통적으로 서비스에 합류하기 '어렵거나' 힘든 것으로 여겨져 온 내담자들에게 성공적임을 제안하는 증거도 있다. 이러한 특정한 성공에 공헌한 접근의 근간은 협동적인 강점 관점의 원칙이라고 저자는 믿고 있다. 이 원칙들은 해결중심치료만의 독특한 것이 아니며, 전통적 치료의 많은 실천가들이 이러한 원칙들로의 전환을 주장해 왔다. 예를 들어, *British Journal of Psychiatry*의 사설에서 포나지와 베이트먼(Fonagy & Bateman, 2006)은 경계성 성격장애를 지닌 내담자의 치료에 따라붙는 염세주의(pessimism)에 도전하였는데, 이러한 부정적 결과의 대부분은 일부 치료의 대항적 접근 때문이며, 강점 관점의 원칙과 비슷하게 협력적이고 융통성 있는 비전문가적 스타일이 더 나은 결과를 이끌어 내는 경향이 있음을 주장하였다.

이와 유사하게, 과소평가된 많은 부모들이 전통적 부모 훈련 과정에서 성공하지 못하는 이유를 검토해 본 결과, 웹스터-스트래튼(Webster-Stratton, 1998)은 이러한 어려움에 대해 부모들을 병리적인 것으로 몰아가는 것 대신에 보다 내담자 중심의 협동적 접근을 해야 한다고 주장하였다—"아마도 이 집단은 집단 개인의 특성 때문이 아니라, 그들이 받아 온 개입들의 특성 때문에 '도달할 수 없었던(unreachable)' 것이다"(1998: 184).

4. 요 약

해결중심 집단상담은 치료적 개입을 구조화하는 현실적 모델로서 최근에 등장하였다. 이러한 출현은 강점 관점과 보다 단기적인 치료 형태에 대한 소비자와 문화적 선호를 반영한다. 이 접근은 낙천주의와 지지 및 학습을 증가시키면서 참여한 집단 구성원들끼리 서로 함께 돕도록 치료적 힘을 발휘한다. 이는 구성원에게 개인적으로나 집단적으로 행동하게끔 역량을 강화한다. 비록 해결중심 집단상담이 상대적으로 새로운 발달 영역이지만, 하나의 치료적 개입으로서 효과적임을 제안하는 많은 연구들이 있다. 특히 전통적으로 합류하기 힘들다고 여겨져 온 내담자들에게 치료적 개입의 효과가 높다. 이에 더하여 이 접근은 강점 관점에 근거한 협동적 방법을 제시하여 실제에 있어 긍정적 함의를 많이 갖고 있다 할 수 있다. 이는 내담자와 전문가가 접근할 수 있는 자원을 최고로 활용할 수 있게 한다.

제2장

해결중심 집단상담의 원리

어느 한 여성이 자기 동네 약사와의 관계에서 문제를 겪고 있었다. 약사는 그 여자를 대할 때마다 거의 대부분 퉁명스럽고 불친절했다. 시간이 지남에 따라 약사의 예의 없음에 몹시 힘들었던 여성은 마침내 무언가를 해야만 한다고 결정하게 되었다. 그 약사는 그 동네의 유일한 약사여서 다른 약사로 바꿀 수는 없기에, 그 여성은 약사를 찾아가 그 상황에 대해 맞부딪히기로 하였다. 이러한 딜레마를 친구에게 털어놓자, 그 친구는 그 여성 대신에 자신이 약사를 찾아가 말을 전하는 게 좋을 것 같다고 제안했다. 왜냐하면 그 여성은 너무 흥분해 있었고, 자기 자신을 잘 통제하기 어려울 것 같았기 때문이었다.

바로 그다음 주에 그 여성이 약사를 찾아갔을 때, 약사는 이전에는 볼 수 없었던 아주 예의 바른 태도로 그 여성을 대하였다. 그 여성은 너무나 기쁜 마음으로 친구에게 가 그 약사에게 무슨 말을 했었냐고 물었다.

"그 약사하고 싸웠니? 내가 그 사람이 예의 없을 때마다 얼마나 기분 나빠했는지를 얘기했어?"라고 그 여성이 물었다.

그 친구는 "아니, 그러지 않았어. 나는 그 사람에게 네가 그 사람을 가끔 매력적인 사람이라고 생각하고 있으며, 그 사람이 너에게 예의 바르고 친절하게 대할 때 네가 그것을 얼마나 감사하게 생각하고 있는지를 말했을 뿐이야."라고 대답했다.

이 이야기는 벤 퍼먼(Ben Furman)과 타파니 아홀라(Tapani Ahola)의 저서인 *Solution Talk*이라는 책에서 인용한 것으로 (Furman & Ahola, 1992), 해결중심치료의 급진적인 원리를 설명하며, 문제해결에 대한 전통적인 문제중심적 접근과 실질적으로 어떻게 차이가 있는지를 설명한다. 이 친구는 약사를 만나 자기 친구가 약사를 무례하고 불친절하다고 말했다고 얘기할 수도 있었다. 그러나 이러한 상황은 약사로 하여금 더 방어적이게 할 수 있고, 아마 앞으로 더 무례하게 할 수도 있다. 대신에 이 친구는 이 문제에 내재해 있는 목적, 즉 친구인 그 여성이 약사가 친절하기를 원한다는 목적을 확인하였고, 아마도 가끔은 약사가 친절했을 것이라는 예외를 집어내 그 가치를 인정해 주었다. 그러한 긍정적 접근은 양쪽 모두에게 수용할 수 있는 결과를 확실하게, 그리고 보다 효과적이고 빠르게 도출해 냈다.

이 장에서는 해결중심치료의 7가지 기본 원리를 실제적으로 탐색하며, 특별히 집단상담에 어떻게 적용될 수 있는지 알아보고자 한다.

1. 변화와 가능성에 집중하기

영원한 것은 없다. 단지 변화할 뿐이다.

-Heraclitus

내담자들은 특별히 집단을 찾아와 자신의 삶에서 특정 변화를 일으키기 위해 일반 상담을 받는다. 내담자들은 자신의 삶에서 어떤 특정 문제나 부족함을 보게 되는데, 이러한 인식은 외부로부터 도움을 구하게 할 정도로 고착되어 있는 것처럼 보인다. 문제중심치료자들은 내담자의 삶에서 고정화된 패턴, 즉 문제를 둘러싸고 형성되어 있는 패턴을 이해하는 데 관심이 있는 반면, 해결중심 치료자들은 내담자의 삶에서 어떻게 변화가 일어나는가에 관심이 있다. 해결중심 치료자의 역할은 내담자의 삶에서 이미 일어나고 있는 긍정적 변화를 발견하고 확장하는 것이다. 비록 내담자에게서 한 번 발견된 아주 작고 별로 의미 있지도 않은 긍정적 변화일지라도 '물결 효과'를 일으켜 내담자 삶의 다른 영역에서 보다 극적인 변화를 초래할 수도 있다. 혹은 에릭슨(Erickson)의 말처럼 "치료는 종종 첫 번째 도미노 조각을 건드리는 것과 같은 일"이다 (Rossi, 1980: 454). 내담자의 삶에서 이미 일어난 긍정적 변화에 초점을 맞추는 것은 새로운 희망을 만들어 내고, 그 이상의 변화를 위한 계기를 만들 수 있다.

> **🗂 글상자 2-1** **해결중심 집단상담의 원리**
>
> 1. 변화와 가능성에 집중하기
> 2. 목적과 원하는 미래 만들기
> 3. 강점과 기술 및 자원 위에 구축하기
> 4. '괜찮은 것'과 '효과 있는 것' 탐색하기
> 5. 진정한 호기심 갖기
> 6. 협력과 협동 만들기
> 7. 유머와 창의성 활용하기

면담 전 변화

드 셰이저(de Shazer)와 그의 동료들은 원래 치료를 '변화의 시도'로 보았다(de Shazer, 1988: xv). 그들은 첫 회기에 명확한 치료 목표를 확인하기 위해 내담자와 작업을 하고, 그러고 나서 변화를 일으키기 위해 여러 가지 개입을 고안해 냈다. 그러나 어떤 한 내담자가 첫 회기에 오기 전, 즉 상담을 접수하고 첫 회기에 오기까지 그 사이에 이미 얼마나 많은 긍정적 변화가 있었는지를 보여 주는 우연한 발견에서 그들의 접근 방식을 바꾸게 되었다. 이어지는 30가지 사례에 대한 연구에서 내담자의 66%가 면담 전 긍정적 변화가 있었던 것으로 보고하였다(Weiner-Davies et al., 1987). 82가지 사례에 대한 이와 유사한 연구에서 로슨(Lawson, 1994)은 제시하는 문제와 관련하여 내담자의 59.75%인 49명이 면담 전 긍정적 변화를 보고하였음을 발견하였다.

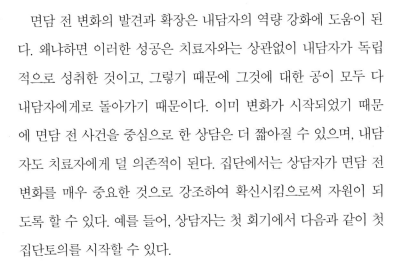

면담 전 변화의 발견과 확장은 내담자의 역량 강화에 도움이 된다. 왜냐하면 이러한 성공은 치료자와는 상관없이 내담자가 독립적으로 성취한 것이고, 그렇기 때문에 그것에 대한 공이 모두 다 내담자에게로 돌아가기 때문이다. 이미 변화가 시작되었기 때문에 면담 전 사건을 중심으로 한 상담은 더 짧아질 수 있으며, 내담자도 치료자에게 덜 의존적이 된다. 집단에서는 상담자가 면담 전 변화를 매우 중요한 것으로 강조하여 확신시킴으로써 자원이 되도록 할 수 있다. 예를 들어, 상담자는 첫 회기에서 다음과 같이 첫 집단토의를 시작할 수 있다.

> 상담자 여러분이 이 집단에 참여하기로 결정하고 오늘 여기 오기까지의 시간 동안에 이미 많은 긍정적 변화가 일어났을 수도 있습니다. 제가 함께 작업했던 많은 사람들이 오늘처럼 이렇게 집단에 오기 전 문제들이 해결되었던 것에 저는 항상 깊은 인상을 받았습니다. 오늘 토론을 시작하면서 저는 이미 일어난 어떤 변화라든지, 혹은 다시 일어나기를 바라는 어떤 긍정적 사건이 일어났었는지에 대해 들어 보고 싶습니다.

면담 전 변화는 상담자가 그것에 대해 묻고, 그런 변화가 보고되었을 때 그 어떤 예라도 서로 논의를 확실히 해 줌으로써 강조될 수 있다.

상담자	집단에 참여하겠다고 결정하고 나서부터 지금까지 어떤 변화가 있었나요?
내담자	솔직히 말하면, 지난 몇 주 전부터 뭔가가 좀 나아졌어요.
상담자	그래요? 무엇이 달라졌죠?
내담자	글쎄요. 제가 좀 일찍 일어나요. 그렇게 오래 침대에 늘어져 있지 않아요. 좀 의욕이 생긴 것 같아요.
상담자	와, 정말 좋은 일이군요. 그러니까 좀 일찍 일어나고, 의욕이 생겼다고 느끼고 있군요.
내담자	조금은 더 긍정적이 된 것 같고요.
상담자	그러니까 이미 변화가 시작되었군요. 어떻게 이런 변화가 있게 되었지요?
내담자	제가 생각하기로는 뭔가를 하겠다는 결심, 집단에 온다는 것이 제게 뭔가를 하도록 한 것 같아요.
상담자	정말 흥미롭군요. 다른 또 누가 이런 걸 경험했나요? 집단에 오기로 결심한 것이 이미 뭔가를 하게끔 한 것 말이에요?
내담자2	네, 저도 그랬어요.
상담자	그러세요? 무슨 일이 있었죠?

변화를 위한 예외 만들기

집단에 참석한다는 것은 그 집단이 상담 집단이든, 야간 수업이든 개인의 인생에서 극적인 사건이 될 수 있다. 집단에 참석하는 사람들은 종종 집단 참석에 큰 어려움을 겪게 되고, 다른 많은 사람들이 비슷하게 행동하고 있다는 사실을 통해 자신의 노력에 중요성을 더할 수 있게 되며, 집단에 대한 기대감이 증가할 수 있다. 해결중심 집단 상담자들은 이렇게 고조된 기대를 긍정적 변화로 연결되도록 한다. 이들이 참여자들로 하여금 변화가 가능하다고 믿게 하고 참여자의 삶에서 긍정적 변화에 대한 예들을 지속적으로 발견하도록 하면 할수록 그 집단은 보다 더 성공적일 수 있다. 다음의 제4장에서 보겠지만, 효과적인 집단상담은 집단 상담자와 참여자의 입장에서 많은 준비가 요구되는데, 긍정적 변화에 초점을 맞추는 것을 포함하여 이는 핵심적 기대가 형성되는 사전 모임에서 이루어진다. 예를 들어, 스크리닝 면담에서 다음의 제안이 잠재적 참여자에게 주어질 수 있다.

> 상담자   집단에 참석하는 것은 참여자들이 자신의 삶에서 일어나기를 바라는 변화를 만들어 내는 데 많은 도움이 되어 왔습니다. 어떤 사람들에게는 이것이 꽤나 극적이었습니다. 자신의 노력뿐 아니라 집단의 다른 구성원들의 도움으로 정말 큰 차이를 만들어 내고, 또한 그들의 삶에 있는 큰 문제들을 극복할 수 있었습니다.

이에 더하여 '첫 회기 과제 공식'(de Shazer, 1985)도 내담자 자신의 변화를 위해 내담자들에게 다양한 형태로 주어질 수 있다.

상담자 지금부터 집단이 시작되는 사이에 여러분은 관찰을 하기 바랍니다. 그래서 여러분의 삶에서 다시 일어났으면 좋겠다고 생각하는 그런 긍정적 사건이나 변화들을 관찰하시고, 다음 시간에 우리 상담자에게 설명해 줄 수 있으면 좋겠습니다.

2. 목표와 원하는 미래 만들기

궁극적으로 해결중심치료는 내담자들로 하여금 자신들의 문제와 원치 않았던 과거에서 해결과 원하는 미래로 옮겨가는 것을 돕는다. 모든 문제들은 목표로 변형될 수 있고, 원하는 미래를 창조하기 위해 원치 않았던 모든 과거로부터 무언가를 배울 수 있다. 예를 들어, 내담자가 학대받는 어린 시절을 보내서 우울함을 호소할 때 해결중심 치료자는 이 내담자가 치료에 와서 원하는 것이 무엇인지, 이들이 우울하게 있는 것 대신 어떻게 있기를 바라는지, 미래에 대한 선택을 할 수 있도록 자신들의 과거로부터 무엇을 배울 수 있는지에 대해 관심을 갖는다. 그러한 치료의 새로운 지향은 논쟁할 여지도 없이 보다 단기적이고 치료에 집중하게 할 뿐 아니라, 〈사례 2-1〉에서 설명하듯이 치료적 관계의 성격 또한 급진적으로 바꿔 놓을 수 있다.

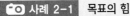 **사례 2-1** **목표의 힘**

폴이 나에게 의뢰된 것은 폴이 15세였을 때였고, 폭주와 절도를 계속 저질렀다고 하였다. 그에 대한 보고서에 따르면, 폴은 사회복지 서비스에 대해 냉소적인 태도를 갖고 있으며, 자신의 죄질에 대해 일말의 양심의 가책도 갖고 있지 않다고 하였다. 내가 처음 폴을 만났을 때, 폴의 문제에 대한 과거사에 대해 이야기를 나누는 대신 폴이 관심 있어 하는 그런 다른 것들에 대해 사교적으로 말하기 시작하였다. 나는 폴에게 앞으로 무엇을 하고 싶은지에 대해 물어보았다. 몇 가지 이유로 폴은 이 질문을 심각하게 받아들였고 잠시 생각하더니, 명확한 답을 내놓았다. 즉, 그는 비행기 조종사가 되고 싶다는 것이었다. 나는 그 대답을 듣고 놀랐다. 폴은 교육을 많이 받지 못했고, 읽고 쓰는 것도 잘 못했다. 그가 조종사가 되기 위한 기술을 갖게 된다는 것은 상상조차 하기 힘든 것이었다. 그러나 나는 그런 그의 생각을 버리게 하고, 보다 적합한 직장을 제안하려는 유혹을 이겨냈다. 아마도 사람들은 폴에게 다른 직업을 생각해 보기를 권했을 것이다. 그 대신 나는 무엇에 매료되어 조종사가 되고 싶은가를 물어보았다. 이것이 폴과의 긴 대화를 여는 포문이 되었으며, 폴은 그의 비행기에 대한 관심에 대해 쉬지 않고 이야기하였고, 이는 그의 어린 시절까지 거슬러 올라가게 하였다. 이후 몇 회기 동안 비행기와 기타 다른 탈것들이 우리 토론의 가장 주된 주제가 되었다. 나는 비행기 조종사가 되겠다는 그의 관심을 진지하게 받아들였으며, 우리는 그 직업을 향해 가기 위해 밟아야 하는 절차에 대해 논의하였다. 즉, 다시 교육을 받아야 한다는 것 등이었다. 우리는 서로 협상하여 폴이 수리공의 실습 과정을 밟아야 한다는 목표를 세웠고, 폴은 그다음 두 달 안에 이를 이루었다. 폴과의 상담이 끝날 무렵, 폴은 이 위치에서 행복하게 일하고 있었다. 비록 폴은 현재 비행기를 정비하는 수리공으로 일하는 것으로 자신의 목표를 변경하였지만, 아직도 여전히 비행기 조종사에 대한 바람을 말하고 있었다.

이 사례는 외부에서 부여된 목표나 문제를 설명하면서 만들어진 목표와는 대조적으로, 우리가 내담자 중심의 목표를 확인할 때 변화를 향해 얼마나 큰 에너지와 동기가 나올 수 있는지를 설명한다. 내담자에게 크고 이상적인 중요한 목표들은 높은 동기를 갖게 한다. 일단 이러한 목표들이 이해되고 지지받게 되면, 초점을 맞춘 '작은' 목표들이 협상될 수 있는데, 이 작은 목표들은 치료 계약에서 보다 현실적인 것이다. 일단 폴이 비행기 조종사가 되고 싶다는 바람이 타당하다고 인정되고 지지받으면, 실습 훈련에 대한 보다 현실적인 목표가 협상될 수 있다. 이와 동시에 이러한 상황은 의뢰자의 목적을 상당 부분 충족시킬 수 있는데, 즉, 폴이 수리공으로 일하는 동안은 다시 범죄를 행하지 않게 되는 것이다. 가장 중요한 것은, 이것이 폴을 동기화시켰던 목표였고, 폴은 단기간에 이를 이루기 위해 기꺼이 노력하고자 하였다는 것이다.

문제중심적 사고로부터 해결중심적 사고로의 전환은 내담자들로 하여금 자신의 역량이 강화되는 경험을 많이 하게 되는 결과를 초래할 수 있다. 문제와 그 문제에 대해 내담자가 어떤 것도 할 수 없었던 과거에 초점을 맞추는 것은 무심코 내담자를 비난할 수 있으며, 내담자에게 방어적인 마음을 갖게 할 수 있다. 반면 목표에 집중하고 내담자로 하여금 자신의 미래 행동에 책임감을 갖게 하는 것은 보다 낙천적이고 해방감을 경험할 수 있도록 한다. 이는 내담자에게 "당신은 어제 왜 그렇게 화를 냈습니까?"라고 묻는 것과 "내일 똑같은 상황에 대해 어떻게 반응하기를 원하십니까?"라고 묻는 것 간의 차이다.

내담자와 잘 형성된 목표를 만들어 갈 때, 내담자의 목표가 비록 비현실적일지라도, 그 목표에 대해 민감하고 정당화하는 것이 중요하다. 종종 치료자는 내담자의 목표를 무심코 비판하고 평가절하할 수 있는데, 이는 내담자와의 협력 수준을 떨어뜨린다. 앞에서 제시한 사례의 예에서처럼, 내담자의 목표를 이해하고 인정함으로써 변화에 대한 힘과 동기가 생성되었다. 부모가 별거한 아동 집단에서 발췌한 다음의 두 축어록을 보고, 자신의 부모가 다시 재결합하기를 바라는 아동의 목표가 어떻게 서로 다르게 다루어졌는지를 살펴보라.

〈무심코 내담자의 목표를 비판하기〉

상담자 이 집단에 왔기 때문에 좋은 일들이 생겼다고 한다면, 그 좋은 일들은 뭘까? 너는 어떤 일이 일어났으면 좋겠니?

아동 우리 부모님이 다시 합치는 것?

상담자 음, 그건 가능할 것 같지 않구나. 너도 알다시피 너희 엄마와 아빠는 별거하셨잖니.

아동 알아요. (아래를 본다.)

상담자 그게 가능하지 않다면, 그 대신에 어떤 게 일어났으면 좋겠니?

아동 몰라요.

〈내담자의 목표를 인정하기〉

상담자 이 집단에 왔기 때문에 좋은 일들이 생겼다고 한다면, 그
       좋은 일들은 뭘까? 너는 어떤 일이 일어났으면 좋겠니?

아동   우리 부모님이 다시 합치는 것?

상담자 너는 부모님이 정말로 다시 합치기를 원하는구나.

아동   네.

상담자 뭐가 좀 다를까? 만약 그렇게 된다면?

아동   글쎄요. 그럼 아빠를 좀 더 볼 수 있고, 우리 모두가 더 행
       복해져요.

상담자 네가 더 행복해질 때는 어떻지?

아동   글쎄요. 서로 으르렁거리지 않아요.

상담자 으르렁거리지 않을 때는 어떤 모습이지?

아동   미소가 더 많아지죠.

상담자 오호라, 미소가 더 많아진다……. 좋아, 내가 너의 얘기를
       잘 이해했는지 보자. 이 집단에 오면 넌 아빠를 더 많이 볼
       수 있고, 모든 사람이 더 행복해지기를 원하는데, 그건 더
       많은 미소를 볼 수 있게 되는 것을 말하는구나.

아동   네, 맞아요.

앞의 두 번째 예에서 내담자의 처음 목표인 부모님이 재결합하
기가 비록 치료 집단 상황에서 비현실적으로 보였을지라도 상담
자는 이 목표를 존중했고, 아동의 동기를 더 잘 이해하기 위해 노
력했다. 그렇게 함으로써 자신의 아버지와 더 많이 만나고, 집에

있는 사람들이 더 행복하기라는 보다 현실적인 측면들이 목표로
나타났으며, 이에 대해 아동 및 부모와 함께 작업할 수 있었다.

집단 목표 만들기

비슷한 목표가 있거나 겹치는 목표가 있는 사람들을 집단으로
함께 묶음으로써 변화를 위해 더 많은 치료적 힘이 발산될 수 있
다. 다른 사람들과 공통의 목표를 갖고 있다는 느낌은 높은 동기를
갖게 하고 지지적이 되게 하여, 어떤 구성원에게는 자신의 목표를
향해 나아가며, 긍정적 변화를 위한 순간이 만들어질 수 있는데,
이는 집단 모두에게 유익하다. 실제로 서로 공유하는 과제나 목표
에 대한 충분한 느낌이 없이도 집단이 응집력 있게 기능할 수 있
는지 의문이다(Johnson & Johnson, 1994).

따라서 처음부터 집단을 설계하고 준비할 때 집단의 공통 목표
를 갖게 하는 것이 중요하며, 이러한 측면이 사람들을 함께 모이게
하고 변화를 위한 동기를 갖게 한다(이것에 대해서는 제4장에서 자세
히 다룰 것이다). 또한 집단이 진행되어 나아갈 때 지속적인 기초로
서 공통의 집단 목표가 강조되고 협상되어야 함을 확실하게 하는
것도 중요하다. 이는 집단 상담자가 간단하게 개별 구성원의 목표
와 집단의 목표 간에 연계를 만들거나, 공통의 패턴을 확인시켜 줌
으로써 이루어질 수 있다. 각 구성원의 목표 간에 유사점을 강조하
는 것은 집단 응집력을 높이는 데 도움이 된다. 다음의 예는 남성
집단에서 상담자가 각 구성원의 서로 다른 목표들을 연계하는 것

을 보여 준다.

상담자 이 집단에 와서 성취하고 싶은 것은 무엇인가요?

프레드 저는 제가 냉정함을 유지할 수 있으면 좋겠는데요. 특히 직
장에서 제 상사와 관련해서 더 그랬으면 합니다.

상담자 그렇군요. 그러니까 그것은 아까 조가 직장에서 "침착함을
유지하고 싶다"고 말했던 것과 비슷하군요.

조 네.

상담자 그러니까 냉정함을 유지하거나 침착함을 유지하는 것은
이 집단이 서로 함께 작업할 때 중요한 것들이군요? 또 다
른 사람은 무엇을 생각하고 있죠?

목표 지향적인 집단 정체성

해결중심의 관점에서 집단은 집단 구성원의 문제보다는 구성원
이 바라는 목표로 정의되어야 하며, 그들의 약점보다는 강점으로
정의되어야 한다. 집단의 목표에서 자부심과 신뢰는 변화를 위한
잠재적 치료 요인이며, 반대로 문제에 대한 과도한 규명은 억제 요
인이 될 수 있다.

많은 집단상담이 성공적이지 못한데, 그 이유는 부정적이고 문
제중심적인 정체성에서 시작함으로 인해 집단 구성원들로 하여금
자기 강화나 변화를 어렵게 한다. 예를 들어, 자살을 시도했던 십
대 소녀들을 대상으로 집단을 형성할 때, 이것이 실제 딜레마 중

하나다. 만약 집단 정체성이 자살에 초점을 맞추어서 집단 구성원들이 자살 시도 행동 수준에 따라 자존감을 얻게 된다면, 집단은 의도와는 반대로 될 것이고, 결국은 집단의 참여자들이 그들의 원래 문제에 대해서 보다 심화된 버전으로 훈련받게 되는 것이다. 해결중심적 관점에서는 집단이 보다 긍정적 정체성을 갖게 될 때만 성공적일 수 있다고 보는데, '자살 극복하기'가 그 한 예다. 혹은 긴장이완 집단, 자기주장 집단, 또는 일반 활동과 교육 집단 등과 같은 서로 다른 목표들 모두에 초점을 맞춘 대안 집단을 형성하는 것이 최선일 수도 있다. 그런 긍정적으로 만들어진 집단들은 해결에 중심을 두며, "예를 들어, 자살 시도와 같은 그러한 문제가 완전히 없어지고 나면 무엇을 다르게 행동하고 있을까요?"라는 해결중심의 기본적인 질문에 답하려고 할 것이다. 많은 내담자들이 말하는 자신의 미래는 문제와는 별 상관없고, 학교생활을 즐기거나 친구를 사귀고 부모님과 더 잘 지낸다는 등의 평범한 일상생활 활동과 관련이 있을 것이다.

앞에서 언급했던 퇴원한 정신건강 환자들이 대상인 GROW (Rappaport et al., 1992)와 같은 많은 자조 집단 운동은 서로 공통된 목적으로 사람들을 모두 함께 불러 모으고, 그들로 하여금 자신들의 목표에 도달하도록 고무시키는 긍정적 집단 정체성의 힘이 있는 것으로 오랫동안 알려져 왔다. 이러한 긍정적 재형식화(re-formulation)를 야기시킨 것이 내담자가 이끈 자조 운동이라는 점은 주목할 만하며, 반면 전문가 집단은 아직도 여전히 집단의 정체성을 문제로 정의하려는 데 매달려 있다. 세상의 여러 다른 부분

표 2-1 문제 지향적 집단의 명칭과 목표 지향적 집단의 명칭 비교

문제 정체성	목표 지향적 정체성
폭력 남성 집단	폭력을 이겨 낸 남성(MOVE)[1]
사별한 부모 집단	온정적 친구들[1]
입양 지원 집단	기적을 기대하는 사람들[1]
분노 조절 집단	그냥 쉬는 집단[2]
식단 조절 집단	현명하게 체중을 감하기[3]
이혼한 사람들의 집단	새로운 시작[3]
심장 수술 환자 집단	수선한 심장[3]
정신건강 환자 집단	성장 회복 기업[1]
장애 아동 집단	아주 멋진 화요일 클럽[5]
청소년 행동 집단	침착한 클럽[6]

주: 1. Yalom (1995); 2. Schoor (1995); 3. Schubert & Borkman (1991); 4. Rappaport et al. (1992); 5. Curle & Bradford (2005); 6. 제6장 참조

에서 실제 집단에 사용하고 있는 문제 지향적 명칭과 목표 지향적 명칭들을 비교한 것이 〈표 2-1〉에 제시되어 있다. 대부분의 긍정적 목표 지향적 이름들은 내담자 스스로 만들어 낸 것들이다.

3. 강점과 기술 및 자원 위에 구축하기

> 당신의 장점으로 고칠 수 없는 당신의 단점은 없다.
>
> -Baruch Shalem

내담자의 약점보다는 강점에, 내담자의 결점보다는 자원에, 내담자의 약한 영역보다는 능력과 기술에 초점을 맞추는 것이 해결중심치료의 기본 원리다. 이는 내담자의 삶에 주된 문제나 어려움

이 있다는 것을 부정하는 것이 아니다. 오히려 강점에 초점을 둔 치료에서 변화를 만들어 내기 위해 노력할 때 보다 효과적이라는 주된 신념을 반영한다고 할 수 있다. 내담자가 그들의 삶에서 변화를 만들어 내거나 문제를 해결한다면, 그것은 **그들의 약점에서가 아닌 강점에서부터** 그렇게 되는 것이다.

예를 들어, 중년의 남성이 여러 다양한 원인으로 우울하게 될 수 있다. 즉, 이 사람은 최근에 어떤 외상을 경험하거나 삶에서 어떤 상실을 경험했을 수 있다. 혹은 자신의 파트너와의 관계로 인한 문제가 있을 수 있으며, 관계에 대한 어린 시절의 패턴을 다시 경험하고 있을 수도 있다. 또 어쩌면 자신의 삶에서 부정적인 사건에 대해 아주 강박적이 되어 있을 수도 있다. 그러나 이 남성이 우울의 문제를 풀어 나가는 것은 원래의 원인과는 거의 연관이 없을 것이고, 일반적으로 그 자신의 강점과 자원으로 그렇게 될 것이다. 예를 들면 다음과 같다.

- 이 남성은 자신의 우울에 대한 원인을 이해하고, 그 원인으로 부터 거리 두기를 자각하는 강점을 갖고 있을 수 있다.
- 이 남성은 친구나 가족으로부터 지지를 끌어낼 수 있는 용기를 갖고 있을 수 있다.
- 이 남성은 우울에서 벗어나 일을 하거나 여가 활동을 하는 등 무언가를 하는 끈기를 갖고 있을 수 있다.
- 이 남성은 '자기 자신을 가르칠' 수 있고, 부정적인 것을 되새기는 되새김증을 극복할 수 있도록 긍정적으로 자기 자신에

게 말을 할 수 있을지도 모른다.

해결책은 궁극적으로 자신의 행동에 달려 있으며, 자신의 강점과 자원으로부터 나온다. 만약 문제를 해결함에 있어 비형식적인 도움, 즉 가족의 지지와 같은 도움을 받는다면, 이는 이러한 지지를 스스로 끌어낼 수 있어야만 성공적일 수 있다. 즉, 자기 가족과 관계하고 그들의 지지를 끌어낼 수 있는 능력이 중요한 변인이다. 혹은 상담과 같은 형식적 도움의 경우에서도 그 자신의 협동력과 상담이 그 자신에게 운용되도록 만드는 능력이 있을 때만 성공적이기 때문에 내담자의 강점과 소망에 협력하는 것은 성공으로 향하는 최선의 길이다.

덧붙여 강점에 초점을 맞추는 것은 치료자와 내담자 간에 긍정적인 협력을 만들어 내는 데 의미 있는 영향을 준다. 치료자가 내담자의 삶에서 문제와 부족한 점에 초점을 맞추거나 '병리적인 것을 찾는 자'로서 자신의 역할을 생각한다면(Yalom, 1995), 그리고 나서 내담자가 그런 경멸적인 설명에 저항하거나 혹은 그런 경멸적인 설명을 받아들인다면, 그들의 자존감은 손상받으며 그들 자신만의 해결책을 발견해 내는 능력, 예로서 그들의 강점은 서서히 훼손될 것이다. 치료자가 결점이나 문제를 민감하게 인식하는 것에 반대로 긍정적인 의도를 가정하고 내담자의 강점을 찾으려고 노력하는 등 내담자에 대해 건설적인 관점을 성실하게 유지할 때, 긍정적 협동의 상황이 형성된다. 이것은 작업 관계가 빨리 이루어져야 하는 단기 치료에서 더욱 그렇다.

많은 치료자들은 이러한 건설적이고 강점에 근거한 관점이 내담자에게 강점이 거의 없어 보이거나, 더 나쁜 경우 내담자가 다른 사람에게 매우 학대적인 아주 어려운 상황에서도 가능한지 의심스러워한다. 강점에 근거한 관점은 이러한 상황에서 특별히 더 중요하다. 사실 학대하는 사람에게서 변화를 일으키는 최선의 방법은 그들과 협력적 관계를 형성하는 것이며, 그들을 변화시킬 수 있도록 돕는 강점을 확인하는 것이다. 자신의 파트너와 자녀에게 성적으로 혹은 신체적으로 학대를 해 온 남성들을 대상으로 하는 치료 프로그램에 대한 많은 초기 연구들은 내담자들의 높은 중도 탈락률과 빈약한 결과물을 보여 왔다(Lee et al., 1997; Shepard, 1992). 그러나 일반적으로 이러한 프로그램들은 협력적인 자세를 취하기보다는 직면적인 자세를 적용하거나 결점에 초점을 맞춘 것이다. 성격적 문제가 있거나 무너지기 쉬운 자아감을 갖고 있는 것으로 알려진 내담자 집단은 비판에 대해 잘 반응하지 못할 것이고, 기술 교육에 대해서는 이것이 마치 자신들을 거부하는 것으로 경험할 수 있다(Lee et al., 1997). 보다 최근에는 치료자들이 협동적인 강점에 근거한 접근을 이러한 내담자 집단에게 적용해 왔다(Jenkins, 1990; Uken & Sebold, 1996). 젠킨스(Jenkins)는 학대하는 남성에게 폭력에 대해 맞서거나 논쟁하는 것은 효과적이지 않다고 주장한다. 오히려 폭력에 대한 책임감을 갖도록 하는 용기나 강점에 초점을 맞추고 이러한 점에 대해 내담자가 취해 왔던 어떤 작은 조치라도 발견하는 것이 더 효과적이다. 예를 들어, 젠킨스는 첫 회기에 다음과 같은 질문하기를 제안한다.

- 당신이 했던 폭력에 대해 말씀하실 수 있다는 것이 정말인가요?
- 그건 쉬운 일이 아니에요. 스스로 당신이 사랑하는 사람에게 상처를 주었다는 사실을 마주하려면 많은 용기가 필요합니다.
- 당신이 오늘 여기에 와서 나에게 당신이 했던 폭력에 대해 말하고 있는 것이 남자로서/당신의 강점으로서/용기로서 당신에 대해 무엇을 말해 주나요?(1990: 66)

이 남성이 강점에 근거한 설명을 부인할지라도, 그가 비록 강제로 치료에 의뢰된 사람일지언정 치료자는 내담자로부터 어느 정도의 협력은 있어야 한다는 사실에 초점을 맞추고 지속시킬 수 있다.

아무리 사람들이 폭력에 대해 말하라고 위협한다고 해도, 이렇게 1마일이나 떨어진 이곳에 오려 하지 않습니다. 이 건물에 올 용기를 내지 못하고 차에 그냥 주저앉아 있는 사람에 대해 들어 본 적이 있어요. 이 문으로 걸어 들어오려면 많은 용기를 냈음에 틀림없는데…… 당신은 어떻게 성공할 수 있었지요?(Jenkins, 1990: 67)

재구성하기

해결중심치료는 문제에 대해 다르게 생각하는 것이 필수다. 즉, 잠재적 해결책을 드러내는 방법으로서 문제에 대해 새로운 설명을 만들어 내는 것이 목적이다. 새로운 설명이나 은유는 내담자의 삶에서 건강한 측면을 강조함으로써 혹은 문제 내에 숨겨져 있는 강점이나 좋은 점을 실질적으로 드러내 줌으로써 문제의 소지를 감소시킬 수 있다. 사물을 다르게 보게 될 때, 그것이 해결책을 창조하는 데 자원이 될 수 있다. 이것은 밀턴 에릭슨(Milton Erickson)의 활용(utilisation)의 원리와 유사하다. 오한런과 와이너 – 데이비스(O'Hanlon & Weiner-Davies, 1989)는 다음과 같이 말했다.

> 에릭슨은 치료자는 마치 유기농으로 농사를 짓는 농부처럼 내담자가 제시하는 모든 것을 잡초처럼 치료의 일부분으로 사용해야 한다는 관점을 갖고 있었다. 경직된 신념, 강박적인 행동 등 '저항'하는 증상의 '잡초'들은 여러 가지 생각을 하는 데 중요한 구성요소이고, 해결책의 한 부분으로서 아주 유용하게 활용된다 (1989: 15).

재구성하기는 가족치료에서부터(Barker, 1992) 단기 문제중심치료에 이르기까지(Watzlawick et al., 1974) 서로 다른 심리치료에서도 활용되는 기술이다. 우울한 내담자들을 위한 연속적인 인지행동치료 집단에서 스코트와 스트래들링(Scott & Stradling, 1998)은 다음과 같이 재구성하기를 제안하고 있는데, 이는 첫 회기에 내담자에게 제시되는 것으로서, 우울이 회복을 위해 건강하고 필요한 시간이라고 설명해 주는 것이다.

상담자 우울은 신경 체계에 도화선을 당기는 일과 마찬가지입니다.

즉, 모든 것이 정지되어 마치 여러분이 딱딱한 조가비가 된
것 같고, 입맛도 이전과 동일하지 않습니다. 그것은 여러분
이 보다 나은 수입과 조건을 위해 데모를 하고 있을 때, 밖
으로는 '수리를 위해 임시 휴업'이라 써 붙여 놓는 것과 같
은 의미입니다. 그리고 여러분이 여러분 자신에 대한 수리
의 일이 다 끝났을 때, 여러분의 사업을 다시 개시할 것입니
다(1998: 142).

문제를 재구성하는 많은 창의적인 방법이 있다. 가장 중요한 것
은 그 내담자에게 딱 맞고, 내담자들이 수긍할 수 있는 한 가지를
골라 내는 것이다. 예를 들면, 만약 우울을 경험하고 있는 내담자
가 우울에 대한 부정적인 생각과 씨름하는 경험을 했다면, 그런 내
담자들은 우울을 회복을 위한 긍정적 시간이라는 앞에서 제시한
재구성하기를 받아들이지 않을 수 있다. 이런 경우, 다음에 제시한
것이 대안적 재구성하기로 더 유용할 수 있다.

상담자 우울은 부정적 생각이라는 '검은 구름'과 같아서 여러분을
덮어 버릴 수 있습니다. 그것은 여러분이 한구석에 몰아 놓
으려 애쓰는 구름이며, 종종 여러분은 그렇게 하는 데 성공
합니다. 때로 여러분은 태양이 그것을 뚫고 나간다고 확신
할 수 있습니다. 이 집단에서 우리는 여러분이 '태양 빛을
얻을 수 있는' 더 많은 방법을 발견하도록 돕는 것에 관심
이 있습니다.

이상적으로 재구성하기는 오고 가는 치료적 대화에서 나와야 한다. 즉, 재구성하기를 내담자들에게 유용한 것이라고 확신시키기 위해서는 내담자 자신의 말과 언어를 사용하여 내담자와 함께 만들어야 한다. 가장 최고의 재구성하기는 내담자의 문제에 대한 경험을 정확히 반영하는 것인데, 이때 새로운 강점이나 가능성을 줄 수 있는 전혀 생각해 보지 않았던 새로운 관점을 덧붙이는 것이다. 다음에 제시되는 예는 치료적 대화 안에서 만들어진 긍정적 재구성하기다.

내담자 저는 지난 몇 년 동안 바닥에 가라앉는 것처럼 느꼈어요. 상황이 너무 나쁘게 흘러가서 직장도 잃고 말았죠.

상담자 당신의 직장이 당신에게 매우 중요한 것처럼 들리는데요.

내담자 네, 그랬죠. 그리고 그건 제가 잘하는 것이기도 했고요.

상담자 그것을 잘한다고요?

내담자 네, 전 오랫동안 온몸을 바쳐 일한 일꾼이었고, 책임감 있는 가장이었어요. 전 항상 정시에 일터에 나갔고, 열심히 일했으며, 내 아이들을 위한 돈이 항상 테이블 위에 있게 했죠. 그렇지만 지난 몇 달 동안 전 일을 할 수가 없었어요. 전 너무나 지쳐 있었고, 내 자신과 가족의 상황을 정리하기 위해 노력하느라 너무 바빴어요.

상담자 그러니까 요즘 당신은 다른 유형의 일을 하고 있는 것처럼 들리는군요. 지난 몇 달 동안 당신은 당신 자신과 가족의 상황을 정리하는 매우 중요한 일을 하고 있었군요.

내담자　네, 맞습니다. 전 뭔가를 정리할 필요가 있어요.

　이 재구성하기에서 내담자가 갖고 있는 일의 중요성에 대한 신념과 직장을 갖는 것을 엮음으로써, 현재 내담자가 겪고 있는 우울한 시기를 그런 '일이 없어서'로 보는 것이 아니라 오히려 자신을 정리하는 중요한 새로운 일을 하고 있는 것으로 보는 것이다. 이러한 방법으로 '헌신적인 일꾼'이나 '책임감 있는 가장'과 같은 내담자의 많은 강점을 확인할 수 있었고, 자신의 우울에 대한 해결책을 얻도록 이끌어 낼 수 있었다.

집단 강점

　집단은 단순히 구성원 개개인들의 정체성 집합이 아니라 그들만의 권리와 그들만의 정체감 및 특성으로 특징지어진 총체로 여겨질 수 있다. 그 합은 전체보다 크다. 아무리 신생 집단일지라도 빠른 시간 안에 정체성과 특성을 발달시키며, 해결중심 집단상담에서는 집단 내에 있는 집단의 강점과 기술을 확인하고 이를 모아 강조하는 것이 유용하다. 예를 들어, 어떤 집단 상담자가 다음과 같이 말할 수 있다.

상담자　이 집단은 여러분 서로의 관계가 실로 매우 솔직하고 진실합니다.
상담자　이 집단은 각 구성원 서로에게 너무나 큰 지지를 보여 줌

니다. 여러분 중 몇 분이 서로를 만나기 위해 얼마나 일찍
이곳에 도착하는지를 보면 이를 아실 수 있습니다.

상담자 여러분 모두 그 모든 어려운 일들을 견디어 왔음에도 불구
하고 이 집단에는 따뜻함과 유머가 넘칩니다.

집단에게 주어지는 이러한 건설적인 피드백은 집단의 응집성을
만들고 특정 집단 내에 그들만의 독특한 자원을 확인하며 이용할 수
있어, 구성원 모두에게 유용할 수 있게 하는 데 효과적일 수 있다.

집단은 매우 빨리 그들만의 고유한 역사를 만든다. 해결중심 접
근에서는 강점 관점에서 이를 기록하는 것이 매우 강력할 수 있다.
즉, 각 회기 끝에 참여자의 성공, 획기적인 약진 또는 '큰 정보'를
기록하거나 각 구성원 가운데서 공헌한 점을 적어서 요약하여(혹
은 central flip chart 같은 지속적인 기록 등) 참여자에게 줄 수 있다.
이러한 요약은 각 회기에 근거하여 진전 상태를 강조하고 두드러
지게 하며, 자원이나 지식의 부를 축적할 수 있는데, 이는 다른 때
참조되거나 끌어낼 수 있다.

4. '괜찮은 것'과 '효과 있는 것' 탐색하기

해결중심 치료자는 내담자의 삶에서 '무엇이 괜찮고' '무엇이 효
과적인지'를 우선적으로 찾는다. 치료자는 그들의 내담자들이 성
공과 성취 및 재능을 갖고 있는 사람으로 알게 되기를 원하고, 또

한 내담자들이 문제에 영향을 받는 것만큼 자기 자신을 위해 옳은 것을 한 사람으로서 많이 알게 되기를 원한다. 이러한 방식으로 치료자가 내담자의 이야기를 들을 때, 긍정적이고 강점 지향적이 된다. 이는 듣기에 대한 전통적인 접근과 반대되는 것이다. 다음을 참고하라(Miller et al., 1997: 12).

불행하게도 감정이입이나 감정이입으로 여겨지는 것에 대해 쓰여진 많은 것들은 치료자가 내담자의 부정적인 느낌과 개인 경험, 즉, 예를 들어 내담자의 아픔이나 고통, 내담자의 절망이나 희망이 없는 것과 같은 느낌, 내담자의 현재의 어려움과 불평이 생기게 된 역사 등을 확인하고 그것에 연결되는 것에 거의 대부분 과도하게 초점을 맞추었다. 그러나 내담자의 강점과 자원이 심리치료 결과에 큰 공헌을 하기 때문에 우리는 감정이입에 대해 보다 넓은 관점을 적용하곤 한다. 이는 어둠과 빛, 절망과 희망, 아픔과 가능성을 다 포함하는 관점이다.

내담자의 희망과 소망, 강점과 성공, 재능과 특별한 능력에 대해서 진실로 존중하면서 듣는 것은 강력한 감정이입적 연결을 하는 데 도움이 되며, 해결중심적 관점에서 보면 내담자가 해결책을 구축할 수 있는 자원들의 저장소를 만드는 데 보다 유용하다. 원래 해결중심 모델에서 사용하는 의식 중 하나는(de Shazer, 1988) 내담자의 자원을 구동시키기 위한 하나의 수단으로서 구조화된 회기 중 휴식시간 이후에 일련의 칭찬을 내담자에게 해 주는 것이다.

일부 치료자들은 그것이 강요되거나 고안된 것이라고 보여지는 경우가 있어 공공연한 칭찬을 주는 것에 대해 반대하는 경고를 하고 있다(Nylund & Corsiglia, 1994). 크리스 아이베슨(Chris Iveson)은 이 과정에 대해 중요한 것은 치료자가 내담자에게 칭찬을 해 주느냐 안 해 주느냐는 것이 아니라, 회기 동안 치료자가 내담자의 이야기를 듣는 방식을 어떻게 바꾸느냐는 것이라고 하였다(Iveson, 1998). 회기 끝에 내담자에게 주어야 하는 잠재적인 칭찬거리나 강점을 발견하기 위해서 치료자는 내담자의 이야기를 들으면서 '무엇이 괜찮은지'에 초점을 맞추게 되며, 이는 치료적 면담의 정신을 바꾸게 된다. 다음에 제시한 서로 비교되는 2개의 치료적 경청의 예를 보기 바란다.

〈'무엇이 잘못되었는지'에 초점 맞추기〉

상담자 우리가 지난번에 만나고 나서 어떻게 지냈나요?

내담자 재앙이에요. 주말에 어딜 다녀오고, 일요일에 집에 돌아갔는데, 집에서 끔찍한 장면이 일어났어요.

상담자 끔찍한 장면요?

내담자 네, 제 아들이 말도 안 되는 떼를 부렸어요. 정말 끔찍했죠.

상담자 정말 무시무시하게 들리는군요.

내담자 정말 그날은 내 인생에서 가장 최악의 밤 중의 하나였어요.

상담자 음…….

내담자 정말 그 아이를 죽여 버리고 싶었다니깐요.

상담자 상황이 나빠졌군요. 당신이 말한 대로, 당신은 그 아이를 죽여 버리고 싶었고요.

〈'무엇이 괜찮은지'에 초점 맞추기〉

상담자 우리가 지난번에 만나고 나서 어떻게 지냈나요?

내담자 재앙이에요. 주말에 어딜 다녀오고, 일요일에 집에 돌아갔는데, 집에서 끔찍한 장면이 일어났어요.

상담자 주말 내내 집에 없었다고요?

내담자 네, 여동생을 보러 갔었어요.

상담자 그건 어땠어요?

내담자 글쎄요, 뭐 그렇게 나쁘지 않았어요. 그 아이를 만나서 좋았어요.

상담자 어떻게 가게 된 거죠?

내담자 지난주 상담하고 나서 내가 결심한 게 나도 때로는 내 자신에게서, 내 아이들에게서 좀 멀리 떨어져 있는 시간이 필요하다는 거였어요.

상담자 네, 그러니까 당신은 당신을 돌아보는 것이 중요하다는 것을 결심했군요.

내담자 네, 맞아요. 그게 내가 동네로 돌아왔을 때, 그렇게 골치가 아팠던 이유였어요.

상담자 네, 어떤 건지 상상할 수 있어요. 당신이 여동생과 즐거운 주말을 보내고 집으로 돌아왔더니 갑자기 어떤 일을 처리해야 하는 거죠.

내담자 네, 맞아요. 내가 집을 떠나서 생각해 보았더니, 집에서 특

히 나와 로버트 사이에 뭔가 더 좋게 되기를 내가 얼마나
원하는지 알게 되었어요.

상담자　당신에게 있어 그것이 정말로 중요하군요. 그러니까 당신
과 로버트 사이에 뭔가 좀 더 나아지는 걸.

내담자　네, 그게 정말로 중요해요.

두 번째 예는 '무엇이 괜찮은지'에 집중하는 것이 상담자의 듣
기를 어떻게 바꿀 수 있는지를 설명해 준다. 상담자의 두 번째 반
응에서 상담자는 즉각적으로 집에서 벌어지는 장면에 대해 묻기
보다는 내담자가 주말 동안 집에 없었다는 것에 반응하기로 선택
했다. 이러한 선택은 내담자가 자신의 여동생 집을 방문함으로써
(자원) 그녀 자신을 돌아보기로(강점) 자신의 인생에서의 어떤 결
정(변화)을 내린 것에 대한 인식을 끌어냈다. 이러한 3가지 정보
는 그녀의 문제가 여전히 있음에도 불구하고 그녀에게 '아주 효과
적인' 그녀의 삶의 측면들을 보여 주며, 지속적인 해결책을 만들어
내는 데 유용할 수 있다. 이후 내담자가 소란 속에서 곤혹스러워
했던 것이 상담자에 의해 인정되었으나, 이것 또한 그녀가 지금까
지의 모든 것들이 달라지기를 얼마나 원했는지를 나타내는 건설
적인 이해와 더불어, 그녀의 높은 동기 수준을 입증하였다.

해결중심 집단상담에서는 집단의 각 구성원이 단순히 집단에
오게 된 문제와 '무엇이 잘못되었는지'보다는 오히려 각 구성원들
의 삶에서 '무엇이 괜찮고' '무엇이 효과적인지'에 초점을 맞추어
서로의 대화에 건설적으로 귀 기울이게 함으로써 집단 구성원들

간에 해결중심적인 대화를 만들어 가는 것이 큰 목적이다. 각 구성원이 집단에서 상호작용하면서 그 방식으로 대화 스타일을 모델링할 뿐 아니라 상담자는 〈사례 2-2〉에 제시된 바와 같이 구조화된 연습을 이용하여 그와 같은 초점을 격려할 수 있다. 이 연습은 집단을 시작할 때 사용할 수 있다.

> **사례 2-2** **무엇이 괜찮은지에 초점 맞추기 - 상담 집단을 위한 연습***
>
> **목적**
>
> 종종 사람들은 '나쁜 소식'을 말하거나 자신의 삶에서 잘되어 가지 않는 것들을 말하는 것에 사로잡히게 된다. 이 연습의 목적은 이것을 뒤집어 보기 위함이며, 여러분의 삶에서 잘되어 가고 있는 것들에 대한 '좋은 소식'을 말하도록 격려하기 위함이다. 이 연습은 하기 힘들 수도 있는데, 이는 우리가 종종 우리 자신에게 칭찬하는 말투로 말하는 것에 익숙하지 않기 때문이다. 또한 이를 듣는 사람도 힘들 수 있는데, 이는 우리가 종종 사람들에게 긍정적으로 말하라고 격려하는 데 익숙하지 않기 때문이다. 그러나 말하는 사람에게 있어서 좋은 것들을 발견하고, 발견한 것을 인정하는 것으로 시작하는 것은 매우 도움이 되고 힘이 될 수 있다. 또한 듣는 사람도 이러한 다른 초점으로 옮겨가고, 말하는 사람의 삶에서 좋은 것들에 대해 들으려고 하는 것이 신선한 일일 수 있다.
>
> **방법**
>
> 집단을 듣는 사람, 말하는 사람, 관찰자의 3가지 역할로 나눈다. 이 연

* 이 연습의 버전은 원래 런던에 위치한 단기 치료 실천(Brief Therapy Pratice)에 의해 개발된 것이다.

습은 각 방식으로 5분에서 10분 정도 소요된다. 여러분은 이 연습을 각 사람이 각 역할을 돌아가면서 한 번씩 다 하게 하여, 총 세 번의 연습을 하게 한다.

말하는 사람의 역할

지금 이 순간 여러분의 삶에서 잘되어 가고 있는 것을 발견해야 합니다. 여러분은 요새 즐겁게 하고 있는 것, 여러분에게 좋은 어떤 관계, 자랑스럽게 느끼는 어떤 것, 지난주에 그냥 잘 지나간 것 등을 뽑아 낼 것입니다. 그리고 나면 여러분은 듣는 사람에게 무엇이 괜찮으며, 왜 그런지 그냥 단순하게 설명을 해야 합니다. 또한 여러분은 여러분의 삶에서 이렇게 좋은 것이 발생하도록 어떻게 했는지에 대해서도 말해야합니다. 이것이 발생하도록 도운, 여러분이 갖고 있는 특별한 자질은 무엇입니까? 이러한 강점과 자질이 한 인간으로서 당신에 대해 무엇을 말해 주나요?

듣는 사람의 역할

여러분은 파트너의 이야기를 신중하게 들어야 합니다. 앞에서 말한 주제에 대해 계속 말할 수 있도록 격려해야 합니다. 말하는 사람이 상세히 말하도록 격려하기 위해 여러분은 다음의 질문을 할 수 있습니다.

1. 무엇이 잘 되었나요?
2. 무엇이 당신을 가장 기쁘게 했나요?
3. 어떻게 이런 일이 일어났죠? 이런 일이 일어나도록 당신은 어떻게 했죠?
4. 이러한 일이 발생하도록 한 당신이 갖고 있는 특별한 자질은 무엇인가요?
5. 이러한 강점과 자질이 한 인간으로서 당신에 대해 무엇을 말해 주나요?

관찰자의 역할

이러한 과정을 주의 깊게 듣되, 필요하면 기록도 할 수 있으며, 다 끝나고 말하는 사람과 듣는 사람 모두에게 피드백을 준다. 즉, 듣는 사람에게는 여러분이 관찰한 듣는 기술에 대해 언급하고, 말하는 사람에게는 여러분이 관찰한 강점에 대해 말해 준다.

집단상담에서 '효과적인 것'에 초점 맞추기

'무엇이 괜찮고' '무엇이 효과적인지'에 대해 초점을 맞추는 것은 내담자와 상담자가 어떻게 문제를 함께 해결하는가에 적용될 뿐 아니라, 상담자가 치료 과정에 어떻게 접근해야 하는지에도 적용된다. 집단 상담자는 내담자에게 성공적이고, 결국에는 내담자가 자신들의 목표에 도달할 수 있도록 돕는 데 효과적인 집단 운용 방법을 발견하는 데 관심이 있다. 가장 큰 목적은 내담자의 목표에 부합한 집단을 고안하는 것뿐 아니라, 그것이 내담자에게 '효과적이도록' 촉진하는 것이다. 이를 알기 위해 상담자는 집단을 고안함에 있어 내담자의 의견을 듣고, 무엇이 효과적이고 무엇이 효과적이지 않는지에 대해 내담자들로부터 피드백을 받음으로써 상담자 자신의 일에 대한 지속적인 평가를 한다. 이는 회기 끝에 다음과 같은 간단한 질문을 던짐으로써 가능하다.

- 오늘 이 집단 회기에서 도움이 된 것은 무엇입니까?
- 다음 회기에도 계속 하고 싶은 것은 무엇입니까?

• 다르게 하고 싶은 것은 무엇입니까?

상담자가 내담자의 피드백을 격려하고 경청하며 반응해 줌으로써 치료가 효과적으로 유지될 수 있다는 믿음의 자기 반성적 고리가 형성된다. 제7장에서는 집단이 제대로 유지될 수 있도록 상담자가 회기별로 내담자의 피드백을 얻을 수 있는 체계적 방법에 대해 서술하였다.

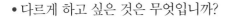 **사례 2-3** 효과적인 것 발견하기

수는 직업 치료자로서 성인 정신건강 낮 병동에서 일하고 있었다. 수는 낮 병동에 다니는 여성들의 요구에 부응하기 위해 여성 집단상담을 하기로 결정하였다. 이 여성들의 대부분은 과거에 다양한 정신장애로 입원한 경력이 있는 사람들이었다. 첫 만남은 다음의 3가지 질문에 초점을 맞추었다.

• 집단에 와서 성취하고자 하는 것이 무엇인가?
• 집단이 어떻게 진행되기를 원하는가?
• 집단이 잘 진행되기 위해 각 내담자가 집단에 가져올 수 있는 기술과 자질은 무엇인가?

첫 만남이 진행되는 동안 여성들이 그저 '말만 하는 집단'을 바라지 않는다는 것을 알게 되었다. 그들은 집에서 나와 재미있고 새로운 사람들을 만나며, 보석 만들기나 빵 만들기, 뜨개질이나 아로마테라피와 같은 실용적인 새로운 기술을 배우는 것으로 집단을 활용하기 원했다. 흥미롭게도 그들은 전문가들이 의뢰했던 불안을 다스리는 방법이나 지지적 관계를 형성하는 방법의 학습과 같은 목적들을 원하지 않았다. 그들 각자가 가진 기술이 무엇이 있는지 논의했더니, 여러 사람이 앞에서 논의한 활동들을 해 본 적이 있었기에 나중에 일부 회기에서는 상담자와 함께 공동으로 집단을 이끌 수 있었다.

2회기 후, 상담자는 집단시간의 일부를 내담자의 성장을 평가하는 데 보냈다. 모든 여성은 활동이 즐거웠다고 말했다. 활동 전후에 일어나는 비형식적인 토론 또한 좋아했으며, 토론시간이 더 많기를 원했다. 그 결과 집단토의와 집단지지로 인해 공식적인 시간들이 밀려났다. 집단 모임은 크게 두 부분으로 나뉘어졌다. 즉, 1시간 30분 동안 활동을 하고 나서 친교를 위한 휴식시간(social break)과 토론시간을 가지게 되었다.

이 토론시간은 자신의 삶에 영향을 미치는 실질적 쟁점들을 가지고 오는 여성들에게 매우 강력한 토론의 장이 되었다. 4회기에는 여성들이 지지 집단을 긍정적으로 평가했고, 집단이 제대로 진행되도록 집단을 이끌어 온 치료자의 역할을 가치 있게 여긴다고 반응하였다. 그래서 그들은 같은 형식으로 4회기를 더 하기로 계약하였다.

5. 진정한 호기심 갖기

내담자 중심의 상담자들은 치료적 변화를 위한 촉진적 분위기를 조장하는 데 아주 중요한 부분으로서 치료자의 3가지 핵심 태도가 있음을 믿는다. 이는 진정성, 조건화되지 않은 긍정적 존중 혹은 수용, 그리고 감정이입적 이해다(Rogers, 1986). 해결중심치료는 이러한 기본적 핵심 태도 위에 구축될 수 있는 것으로 여겨질 수 있으며, 여기에 내담자에 대한 진정한 호기심을 하나 더 추가한다. 해결중심 치료자가 문제와 사람을 분리하여 사람인 내담자에게 흥미를 가지고 경청할 때, 내담자 스스로 자신의 목표와 자신이 삶에서 원하는 것이 무엇인지에 대한 호기심을 갖게 되고, 그 목표에 도달하도록 도울 내담자 자신이 소지한 강점과 자원을 더 많이 발견하는 데 흥미를 갖게 된다. 이러한 과정은 '숨겨져 있는 보물찾기'와 같은 것이다(George, 1998). 상담자는 내담자의 숨겨진 재능과 자원을 찾는 것에 내담자와 합류한다. 이러한 재능과 자원은 실제 존재하며, 내담자의 목표를 달성하도록 이끄는 것이라고 치료자와 내담자 모두 믿는다. 지도자가 집단에 가져오는 어떠한 태도이든 그것은 매우 큰 영향력을 발휘한다. 구성원들은 남이 하는 대로 따라 할 것이다. 따라서 상담자가 자신의 역할을 병리적인 것을 발견하거나 내담자의 저항을 해석하는 것으로 본다면, 이것이 집단의 구성원들이 서로에게 행하는 방식이 될 것이다. 그러나 반대로 상담자가 자신의 역할을 강점을 발견하고 긍정적 변화에 초점을 맞추는 것으로 본다면, 내담자 역시 이러한 방식으로 서로에게 관련될 것이다. 얄롬(Yalom, 1995: 115)은 다음과 같이 말하였다.

지도자는 무비판적인 수용과 다른 사람의 강점뿐 아니라 이들의 문제 영역에 대한 감사의 모델을 제공함으로써 건강 지향적인 집단을 형성하는 데 도움이 될 수 있다. 반면 지도자가 병리성을 탐색하는 것으로 자신의 역할을 인식하고 있다면, 집단 구성원들도 이를 따라 할 것이다.

건설적 질문

해결중심 치료자들은 그들의 내담자에 대한 진정한 호기심을 그들이 묻는 질문을 통해 표현한다. 질문들은 해결중심치료에서 주요 개입 방법이며, 내담자의 강점과 자원 및 목표에 초점을 맞추는 건설적인 것으로 고안되었다. 질문은 정보를 모으기 위해 사용되는 것이 아니라, 경험과 새로운 아이디어를 만들어 내기 위해 사용된다(Freeman & Combs, 1996). 건설적 질문은 잠재적 해결책과 내담자의 강점과 능력에 대해 새로운 경험을 만들어 낸다. 다음 질문들 간의 차이를 생각해 보자.

- 얼마나 오랜 기간 우울해 왔습니까?(내담자가 이미 알고 있는)
- 만약 당신이 우울하지 않았다면 당신의 삶은 어땠을 것 같습니까?(내담자가 알지 못하거나 기억하지 못하는)

해결중심치료에는 5가지 유형의 건설적 질문이 있는데, 그에 대한 설명은 다음과 같다. 〈글상자 2-2〉에 질문을 요약해 두었다.

📖 글상자 2-2 건설적 질문

- 목표 설정 질문
- 기적 질문
- 예외 질문
- 대처 질문

• 척도 질문

목표 설정 질문

이 장 처음에 설명했던 것처럼 명확하고 내담자 중심이며, 성취 가능한 목표가 단기 치료의 중심이다. 불명확하거나 모호한 목표는 치료를 효율적이지 않게 하며, 항상 치료를 길게 끌게 만든다(Berg, 1994). 치료의 초기 단계는 문제의 진술에서 기초적 목표로 이동하게 된다. 〈글상자 2-3〉에 목표 설정 질문에 대한 몇 가지 예를 제시하였다.

글상자 2-3 목표 설정 질문

- 집단이 끝났을 때 당신은 무엇이 가장 다를까요?
- 어떤 변화가 당신의 삶에 가장 큰 차이를 가져올까요? 당신이 생각하기에, 집단에서 어떤 변화가 당신이 그렇게 되도록 도울 수 있었던 것이라 생각되나요?
- 집단이 끝났을 때 집단으로 인해 당신이 모든 것을 성취했다는 것을 어떻게 알까요?
- 당신이 당신의 목표에 도달했다고 가정해 봅시다. 뭐가 다를까요? 무엇을 다르게 행동할까요? 어떻게 느낄까요? 누가 그것을 알아챌까요? 당신이 당신의 목표를 성취했다는 것을 그들에게 말할 수 있게끔 그 사람들이 알아챌 만한 것에는 무엇이 있을까요?
- 당신의 목표를 향한 가장 첫 단계는 무엇일까요?
- 당신이 당신의 목표를 향해 나아가고 있다는 것을 말해 줄 첫 번째 변화는 무엇일까요?

질문의 목적이 명확하고 구체적인 세부 항목을 끌어내려는 것임에 주의해야 한다. 목표가 더 상세할수록 내담자들이 그 목표를 더 쉽게 성취할 수 있을 것이다. 또한 내담자가 다른 사람과 맞부딪혀 무엇을 다르게 할지에 어떻게 질문의 초점을 맞추는지, 그래서 보다 성취 가능하게 목표를 만들어 가는지에 주의해야 한다. 그러나 목표를 만들어 가는 것이 절대 쉬운 일이 아니다. 내담자는 종종 '우울해지고 싶지 않다'와 같이 자신이 무엇을 원하지 않는지에 대해서는 명확하다. 그러나 그 대신에 무엇을 원하는지에 대해서는 명확하지 않다. 아마도 내담자는 처음에는 다른 사람의 행동과 관련된 목표나 자신에게 직접 관련되지 않은 목표를 설정할 것이다. 내담자와 잘 형성된 목표를 구성해 가는 것에는 시간이 좀 걸린다. 그렇다 하더라도 이러한 과정을 서두를 수는 없다. 드 세이저는 치료에 대해 두 사람이 한 공간에서 함께 '두 사람 중 한 사람이 원하는 것이 과연 무엇인지!'를 찾아내려 노력하는 것이라 설명하였다. 다음의 일련의 과정을 생각해 보자. 상담자는 내담자가 다른 사람의 행동으로 정의된 모호한 목표에서 내담자 자신에게 직접적으로 영향을 미치는 명확하고 구체적인 목표로 이동하도록 돕는다. 다음 대화는 실제 학대로 영향을 받은 가족 구성원들을 위한 집단에서 일어난 것이다.

상담자 집단에 와서 성취하고 싶은 것이 무엇인가요?

내담자 모르겠어요. 남편이 다시 술을 마시기 시작했어요.

상담자 세상에, 그랬군요. 무엇이 어떻게 달라지기를 원하시죠?

내담자　전 단지 남편이 술을 끊기를 바랍니다.

상담자　그러면 남편이 술을 끊었다고 가정해 봅시다. 그것이 당신에게는 어떨까요?

내담자　정말 좋겠죠. 그럼 전 매일 밤 남편이 들어오기를 기다리면서 걱정하고 있지는 않을 거예요.

상담자　그 대신에 밤이 어떻게 지나갈까요?

내담자　(침묵) 글쎄요. 아마 훨씬 더 부드럽게 지나가겠죠. 남편이 화도 내지 않을거고요.

상담자　그럼 그렇게 부드럽게 되면, 그것이 당신에게는 어떨까요? 당신은 어떤 모습일까요?

내담자　나만의 삶을 살아갈 수 있겠지요.

상담자　아, 알겠어요. 그러니까 당신만의 삶을 살아갈 수 있게 되는군요. 당신만의 삶을 살아갈 수 있다면 무엇을 할 건가요?

내담자　아마 더 많이 밖으로 나가겠죠. 전 한동안 친구들과 만나지도 못했어요.

상담자　그럼 제가 잘 이해했는지 봅시다. 이 집단에 와서 당신은 저녁 시간에 당신 자신을 위해 뭔가 좀 더 부드럽게 지낼 수 있는 방법을 찾고 싶었고요. 이것은 당신만의 삶을 사는 데 도움을 주는데, 예를 들면 그건 친구들을 만나러 나가는 것이고요.

기적 질문

기적 질문(Berg, 1991; de Shazer, 1988)은 내담자의 목표에 대한

그림을 명확하고 상세하게 하며 동기화시킬 수 있는 방법으로 해결중심치료에서 추천하고 있다. 질문의 기본형은 다음과 같다.

> 어느 날 밤 자러 갔을 때 기적이 일어나서 치료를 받으러 오게 했던 문제가 완전히 사라졌다고 상상해 봅시다. 당신은 자고 있었기 때문에 기적이 일어난 것을 모릅니다. 당신이 깨어났을 때 처음에 무엇을 보면 기적이 일어났었다는 것을 알 수 있을까요?

내담자는 기적이 일어나면 무엇이 다를지, 무엇을 다르게 보고, 어떻게 다르게 느끼는지, 내담자와 다른 사람들이 어떻게 다르게 행동할지 등에 대해서 상세하게 설명하도록 요구받는다. 이 질문은 개별 해결중심치료의 기본이며, 종종 전체 회기의 기초가 된다(Berg, 1995). 기적 질문은 집단 환경 상황 내에서 서로 다른 방식으로 많이 활용될 수 있다. 단순한 형식은 질문의 배경에 있는 이론적 근거와 구체적이고 상세한 목표를 달성함에 있어서의 중요성을 설명하면서 집단에게 이 질문을 그냥 던져 주는 것이다. 처음에는 집단의 각 구성원들이 펜과 종이를 사용하여 개별적으로 이 질문에 대해 반응하도록 격려하고, 그리고 나서 전체 집단이 서로 나누기 전에 2명씩 짝을 지어 그 결과를 토론하도록 한다. 집단 상담자는 각 사람의 목표에서 긍정적이고 상세한 측면을 강조하고 강화하도록 하며, 일상적 목표 간에 연계를 만들어 집단의 응집성을 만들어 간다. 시각화를 통해 기적 질문을 사용하는 창의적 집단 형식은 제9장에서 설명한다.

예외 질문

해결중심치료의 중심은 문제에도 항상 예외는 있다고 하는 믿음이다(de Shazer et al., 1986). 문제 패턴은 다른 시간과 다른 상황에서도 절대 고정되어 있지 않다. 문제가 아주 약하거나 혹은 거기에 더해서 아예 없는 때와 상황이 항상 존재한다. 실제로 사람이 문제가 있음을 인식하고 있다는 사실은 문제가 존재하지 않았던 다른 시간이나 상황과 비교하여 그런 결정을 내렸음을 말한다. 예를 들어, 우울함을 느끼고 있는 어떤 한 여성은 자신이 더 행복했던 다른 시간들에 대한 느낌을 갖고 있어야만 이러한 것을 알 수 있다.

이러한 예외는 종종 잊혀지거나 무시되고, 혹은 '요행'으로 여겨진다. 그러나 해결중심 치료자는 예외도 치료에서 가장 가까이 주의를 기울일 가치가 있음을 믿는다. 예외는 내담자가 갖고 있는 자원을 적용해 온 자신의 경험과 생활방식에서 이미 일어나고 있는 '작은 해결책(micro-solution)'의 예시다. 예외는 문제라는 갑옷의 틈새로 여겨질 수 있다. 이를 이해하고 더 탐색해 들어간다면 예외는 더 확장되고 반복될 수 있으며, 결국에는 문제의 폐기를 이끌어 낼 수 있다. 예외 질문에 대한 예를 〈글상자 2-4〉에 제시하였다.

 글상자 2-4 예외 질문

일반적인 것

- (불평)이 일어나지 않거나 다른 때보다 덜 일어나는 때에 대해서 말해 주세요.

구체적인 것

- 언제 당신의 배우자가 당신 말을 듣던가요?
- 당신이 삶에 대해 만족해하며 아침에 깨어난 날에 대해 말해 주세요.
- 직장에서 모든 일을 다 해낼 수 있었던 때가 언제였나요?

변형

- 당신이 아이를 훈육할 때 침착함을 유지하는 것에 가장 근접했던 때는 언제였나요?
- 최근에 당신이 좋은 느낌으로 일어났던 날은 언제였나요?
- 당신이 술자리에 다니다가 갑자기 무슨 일이 생겨서 스스로 안 하게 된 때는 언제였나요?
- 성질을 낼 것 같은 순간이었는데, 자제할 수 있게끔 뭔가를 기억하게 된 때가 있었나요?

예외의 확장

- 이런 때는 왜 달랐는지 스스로에게 어떻게 설명하시겠어요?
- 어떻게 그렇게 할 수 있죠?
- 그러면 어떻게 다르게 할까요?
- 그러한 차이를 알아채는 또 다른 사람이 있나요? 그 사람들은 뭐라 말할까요? 아니면 무엇을 할까요? 또 다른 것은요?
- 이러한 것이 좀 더 자주 발생하기 위해서는 무엇을 하거나 무엇을 말해야 할까요? 이러한 것이 일어나기 위해서는 또 무엇이 도움이 될까요?

다른 모든 건설적 질문과 마찬가지로 예외 질문도 〈글상자 2-4〉에 제시된 단순한 일반적 질문보다는 자연스러운 대화의 흐름에서 나올 때 더 잘 작동한다. 다음에 제시되는 대화는 상담자가 내담자의 말 속에서 힌트를 얻은 예외에 대해 질문하는 것인데, 어떻게 질문하는지 살펴보라.

> **내담자** 주말은 최악이었어요. 금요일에 퇴근해서 집으로 들어오는 데 부정적인 생각들이 제게 막 밀려들기 시작했어요. 그래서 그 후 이틀이 무서웠어요. 내가 정말로 혼자인 것 같다는 느낌이 들 때예요.
>
> **상담자** 그러니까 금요일에 집으로 돌아올 때 문제가 시작되었군요.
>
> **내담자** 네.
>
> **상담자** 그러니까 추측하건대 금요일 전까지는, 혹은 주중까지는 그 문제가 그렇게 크지는 않았군요. 아마도 모든 것들이 조금 더 나았나요?
>
> **내담자** 그런 것 같아요.
>
> **상담자** 그때는 뭐가 좀 낫던가요?

대처 질문

해결중심치료는 내담자의 능력을 강조한다. 비록 문제가 있기는 하지만, 내담자는 여전히 많은 강점과 자원을 갖고 있는데, 이러한 점이 그들로 하여금 여전히 생존하게 하고 그들의 삶을 관리할 수 있도록 한다. 이러한 강점들은 종종 잊혀지거나 충분히 드러나지 못한다. 그래서 만약 강점을 확인하고 강조할 수 있게 되면, 현재 상황을 유지하는 것뿐 아니라 문제를 해결하는 자원으로 가득찬 창고를 제공할 수 있게 된다. 대처 질문은 자신의 변화에 대해서 덜 낙천적인 내담자나 예외를 발견할 수 없는 내담자, 혹은 해결책이 자신의 통제 밖에 있다고 생각하는 내담자들에게 특별히 유용하다. 질문은 문제와 싸우고 관리하기 위해 내담자가 이미 하고 있는 것을 강조하기를 시도하는 한편, 문제가 실제이고 만만치 않은 것이라는 것을 모두 시인하는 것이다. 질문은 비록 문제가 있을지라도 그 상황 속에서 내담자가 가치를 인정해 줄 수 있는 긍정적인 것이 있다는 측면에 내담자의 주의를 돌린다. 〈글상자 2-5〉에 제시된 대처 질문의 예를 보자.

🧳 글상자 2-5 | 대처 질문

현재의 문제

- 당신이 직면하고 있는 이 어려움들에 대해 어떻게 대처하고 있나요?
- 무엇이 당신으로 하여금 계속 그렇게 하도록 합니까?
- 하루하루 어떻게 지내세요?
- 이 문제를 다루는 데 가장 큰 지지자는 누구입니까? 도움이 되는 것은 무엇입니까?
- 이 문제가 이 순간에는 너무 어렵게만 느껴지는데, 그럼에도 불구하고 오늘 이곳에 오실 수 있었군요. 당신을 여기에 오게 한 게 무엇인가요?
- 때때로 문제는 더 나빠지는 경향이 있는데, 당신의 문제가 더 나빠지지 않도록 무엇을 했나요?

과거의 문제

- 그 시기를 어떻게 지나오셨죠?
- 누가 가장 큰 지지자였나요?
- 그 사람들은 어떻게 도움이 되었죠?
- 과거에 그 문제를 풀기 위해 어떻게 하셨죠?

- 다른 사람들은 더 어려움을 겪고 있는데, 당신은 잘 견뎌 내시고 오늘 여기에 왔습니다. 어떻게 그렇게 할 수 있었죠?

척도 질문

내담자가 목표를 설정할 때, 때때로 그 목표는 너무나 멀리 있거나 너무나 커서 한 번에 모든 것을 이루기 어려울 수도 있다. 척도 질문은 짧은 기간 동안 목표를 수행할 수 있게 다루기 가능한 작은 단계로 분해하는 방법을 제공한다. 또한 척도 질문은 내담자로 하여금 그들이 이미 이루어 놓은 과정을 볼 수 있도록 돕고, 내담자가 해결책을 향해 움직이게 하는 자원과 기술 및 강점에 창의적으로 초점을 맞추도록 돕는다. 〈글상자 2-6〉에 척도 질문의 예를 제시하였다.

글상자 2-6 척도 질문

표준
- 1점에서 10점 사이까지의 척도에서 10점은 당신의 목적을 완벽하게 이룬 것이고, 1점은 지금까지 경험했던 최악의 상황이라면 지금 몇 점에 있다고 말할 수 있나요?
- 1점에서 10점 사이까지의 척도에서 1점은 가장 최악의 것이고, 10점은 최상의 것이라면 오늘 몇 점에 있다고 말할 수 있나요?

후속 질문
- 무엇이 그 점수에 도달하도록 했을까요?

- 이 점수에 있게 되도록 당신이 이미 했던 것은 무엇일까요?
- 1점 더 오르려면 무엇이 필요할까요?
- 1점 더 올라간 것을 알 수 있는 첫 번째 표시는 무엇일까요?
- 당신이 1점 올라간 것을 처음으로 알아챌 수 있는 사람은 누구일까요? 그 사람은 당신에게서 무엇을 알아챌까요?

척도 질문은 무수한 다른 방법으로 물어볼 수 있으며, 해결중심 치료의 다양한 기술 가운데 하나다. 비록 내담자의 목표가 너무 멀게 느껴지거나 많은 진전을 이루어 내지 못했다고 느낄지라도, 척도 질문은 내담자의 변화에 대한 신념과 동기의 정도를 평가하는 데 사용될 수 있다.

내담자 저는 수년 동안 우울증을 앓아 왔습니다. 우울증은 제가 아이였을 때부터 시작되었어요. 전 전혀 대처할 수 없었어요.

상담자 그러니까 지금 선생님에게는 선생님이 오래된 문제와 씨름하고 있는 것으로 여겨지시는군요.

내담자 네, 맞아요. 저와 관계가 있어요. 저는 제가 달라져야 한다는 것을 알고는 있는데, 어떻게 해야 하는 것인지 정말 모르겠어요. 행복과는 정말 동떨어져 있는 느낌이에요. 제가 언제 마지막으로 행복했었는지조차 기억이 나지 않아요.

상담자 제가 보기에 선생님은 동기 유발이 많이 된 것으로 보이는데요. 다시 말하면 선생님은 정말 변화하기를 바라고 계세요.

내담자   네, 그렇습니다.

상담자   1점에서 10점 사이까지의 척도에서 10점은 모든 것이 정
        말로 달라지기를 원하는 것이고, 1점은 전혀 달라지기를
        원하지 않는 것이라면 당신은 몇 점에 있나요?

내담자   9점에 있다고 말하고 싶어요.

상담자   세상에, 그렇게나 높이. 무엇이 그렇게 높은 점수에 있게
        만들었나요?

내담자   글쎄요. 제가 지금까지 살아온 방식으로는 더는 살 수 없
        을 것 같아요. 전 더 나은 삶을 살 만한 가치가 있는 사람이
        에요. 그리고 우리 아이들도 마찬가지고요. 제 아이들이 저
        때문에 정말 힘들게 지내고 있거든요.

상담자   그러니까 당신은 더 나은 삶을 살 만한 가치가 있는 사람
        이라고 느끼고 있군요. 그리고 당신의 자녀들에게도 더 나
        은 뭔가를 바라고 있고요. 그것 외에 또 무엇이 9점에 있게
        했죠?

  이 대화에서 상담자가 내담자에게 목표에 대한 근접성 혹은 그
목표를 성취하는 것에 대한 확신의 정도에 대해 척도 질문을 물어
봤다면, 아마도 이 질문은 낮은 점수를 이끌어 냈었을 수 있다. 그
러나 그 대신에 내담자의 동기에 대해 척도로 물어봄으로써 새로
운 강점과 변화에 대한 강력한 동기가 발견되었다.

6. 협력과 협동 만들기

협동적 자세는 해결중심 집단 치료자 역할의 기본이다. 치료자는 항상 내담자 편에서 협력적인 의도를 가정하고 찾는다. 치료 과정에서 갈등이 있다면, 이를 내담자의 저항의 표현이라 보지 않는다. '저항의 죽음(The death of resistance)'이라는 매우 유명한 글에서 드 셰이저(de Shazer, 1984)는 저항의 개념을 협력을 만들어 내는 데 도움이 되지 않는 것으로 보았다. 오히려 '저항'을 치료 관계에서 함께 만들어 낸 공유된 과정으로 본다. 이는 아마도 모호한 목표 때문이거나 혹은 치료자가 내담자의 '독특한 협력 방식'을 이해하지 못한다는 사실 때문이다. 치료자의 책임은 이 맥락을 변화시키기 위해 '뭔가 다르게 하는 것'을 이끌어 내어 보다 협력적인 맥락으로 가게 하는 것이다. 이는 맞서기보다 내담자의 입장에서 강점을 찾는다든가 긍정적 의도와 내담자가 협력적일 수 있도록 하는 목표를 찾음으로써 성취될 수 있다. 종종 이러한 것은 치료자가 치료 대화에서 내담자를 자신의 삶에서 전문가라고 가정하는 진정한 '한 단계 낮은 자세(one-down position)'를 취할 때 이루어질 수 있다. 이러한 치료자들은 내담자들의 의견과 관점을 이해하고 적응하기 위해 자신의 방식을 고집하지 않는다. 이러한 점은 내담자의 삶과 변화의 과정에 있어서 치료자가 심리적 전문가 역할을 하는 상담과 치료에서, 치료자와 내담자 사이에 경험되는 일상적인 힘의 차이에 정면으로 반대되는 것이다. 다음의 예에서 상반되는 접근을 살펴보자.

내가 폴라라고 부르는 26세의 약물 사용자인 여성은 약물치료 집단에 지속적으로 지각을 하는데, 이 여성은 법원으로부터 이 집단에 출석 명령을 받았다. 폴라가 이 집단에 제대로 출석하지 않으면 법원으로 다시 돌아가야 하며 구속 영장을 받을 것이었다. 치료자는 무언가를 해야 한다는 결정을 하게 되었으며, 내담자에게 치료자와 개별 모임을 하자고 말하였다.

〈직면적 자세〉

내담자 이 모임이 제가 왜 한두 번 집단에 늦었는지에 대한 것인가요?

상담자 네, 당신은 모든 집단에 지각을 합니다. 당신도 알다시피 모든 집단에 정시에 출석하는 것은 규칙이에요.

내담자 매주 집단에 참석하는 게 너무 어려워요. 제가 얼마나 먼데서 오는지 아세요?

상담자 글쎄요. 당신은 이 모든 것에 대해서 동의한다고 서명하셨잖아요?

〈협력적 자세〉

내담자 이 모임이 제가 왜 한두 번 집단에 늦었는지에 대한 것인가요?

상담자 전 당신이 지각하는 것에 대해 매우 합당한 이유를 갖고 있을 것이라 확신해요.

내담자 네, 그래요. 전 해야 할 것이 너무 많아요. 제가 약물 클리

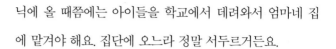

닉에 올 때쯤에는 아이들을 학교에서 데려와서 엄마네 집
에 맡겨야 해요. 집단에 오느라 정말 서두르거든요.

상담자 당신은 정말 중요하게 해야 할 것들이 많이 있군요. 좋은
엄마여야 하고, 또 자신의 치료에도 확실하고…….

내담자 네, 집단에 제대로 오려고 정말로 노력해요.

상담자 네, 들었어요. 다른 여러 가지 일에도 불구하고 당신은 정
시에 이곳에 오려고 정말 큰 노력을 들이고 있어요. 어떻게
그렇게 할 수 있죠?

내담자 네, 제가 그래야 한다는 걸 알고 있어요. 전 제 등에서 법원
이라는 딱지를 떼어 내고 싶어요. 전 다시 감옥으로 가고
싶지 않아요. 전 제 아이들을 돌보며 지내고 싶어요.

상담자 그러니까 당신은 자녀들을 돌보며, 그리고 가족과 함께 지
내기를 원하시는군요.

내담자 맞아요.

두 번째 대화를 보면 상담자가 직접 폴라에게 맞서는 대신 폴
라가 늦는 것에 대해 처음부터 충분한 이유가 있을 것이라고 가정
하였다. 이러한 측면이 폴라에게서 가족과 함께 있기와 같은 긍정
적인 목표를 끌어내었고, 집단에 집중하기라는 법원이 원하는 것
에 협조하기 위해 그녀가 이미 밟아 왔던 단계를 이야기하고 강조
하게 하였다. 이렇게 좀 더 협동적인 시작점에서부터 상담자는 어
떻게 하면 좀 더 잘 출석할 수 있는지에 대해 함께 작업할 수 있는
방법을 탐색해 갈 수 있는 보다 좋은 위치에 있게 된다.

비록 내담자의 이야기 속에 일치하지 않거나 다른 사람들의 사건에 대한 시각과 갈등이 있을지라도, 종종 약물을 하거나 술을 마시는 내담자와 작업을 하게 되는 경우가 그러한데, 해결중심 치료자는 이러한 불일치함에 직접적으로 맞서지 않는다. 대신 그 내담자가 문제를 명확히 할 정도로 충분히 잘 이해하고 있지 못하다고 가정한다. 많은 상담자들은 이러한 존중적이고 호기심이 있는 자세를 '콜롬보식 접근(Columbo approach)'을 적용하여 설명한다(Selekman, 1997; Van Bilsen, 1991). 상담자는 유명한 TV 속 형사의 별로 유능하지 못한 어벙벙한 스타일을 통해 내담자의 이야기 속에서 불일치함 때문에 헷갈리는 것을 표현한다. 기꺼이 그런 '한 단계 낮은' 위치를 택하고 혼란스러운 감정을 표현하는 등의 행동은 상담자와 내담자 간의 관계에서 갈등을 없애는 데 많은 기여를 하며, 내담자가 자신의 문제에 대한 시각을 바꿀지라도 자신의 권위를 유지할 수 있도록 한다. 다음에 제시하는 예는 한 워크숍에서 인수 버그(Berg, 1999)가 설명했던 것과 유사하다.

한 젊은 헤로인 중독자가 치료에 왔는데, 소변 검사에서 지난주에 대마초를 사용했던 것으로 밝혀졌다. 그는 이를 격렬히 부인하였는데, 지난주에 대마초를 피우는 사람들 모임에 갔다가 '간접흡연(passively inhaled)'으로 인해 검사에서 양성반응이 나온 것이라고 주장하였다. 그는 이러한 사실을 부인했다는 이유 때문에 집단 프로그램에서 퇴출될 위기에 처했다. 치료자는 내담자에게 자신의 이야기를 바꿀 수 있는 여지를 주는 다음과 같은 접근 방식을 택했다.

상담자 (진정으로 이해한다는 태도를 보이며) 제가 좀 혼란스러운데
       요……. 당신이 내가 이해할 수 있도록 도울 수 있나 봅시
       다. 그러니까 당신은 검사에서 양성반응이 나온 것이 대마
       초를 간접 흡연했기 때문이라고 생각하고 있어요.

내담자 네, 맞아요.

상담자 하지만 의사 선생님은 그 검사가 간접 흡연에 대한 것이라
       는 것을 확신하지 못하는데, 그 이유는 그런 일이 발생한
       다른 사례를 알지 못하기 때문이고요.

내담자 그건 간접 흡연 때문일 거에요. 그 외에는 다른 어떤 설명
       도 이해할 수 없어요.

상담자 당신은 다른 어떤 설명도 믿지 않는군요. 한번 생각해 봅시
       다. 간접 흡연 때문에 검사에 실패하는 경우는 매우 드물
       죠. 왜냐하면 이전의 어떤 학술지에서도 그런 것은 보고된
       적이 없기 때문이에요. 우리가 그것을 이해하고 있다는 것
       이 매우 중요해요. 왜냐하면 나는 당신이 이 프로그램에 계
       속 참여하기를 얼마나 바라는지 알고 있고, 또 당신이 지금
       까지 이 프로그램에 얼마나 정성을 들였는지 알기 때문이
       에요. 다른 어떤 설명의 여지가 있는지 생각해 봅시다.

내담자 만약 그렇지 않다면, 제가 그 밤에 우발적으로 담배를 한
       대 피웠을 수도 있죠. 하지만 많은 부분이 기억나지 않아요.

상담자 그러니까 당신이 우발적으로 담배를 한 대 피웠을 수도 있

네요.

내담자　전 파티에 갔었는데, 만약 누군가 마약을 하라고 권한다면 확실하게 거절하려 했어요. 그래서 그렇게 했고요. 그런데 나중에는 제가 술에 좀 취해서 무슨 일이 벌어졌는지 확신이 없어요.

상담자　그러니까 당신은 강한 의지를 갖고 파티에 갔고, 또 마약 제의에 강하게 저항했군요. 제 생각에 그게 얼마나 힘든 일이고 많은 정신력이 필요한 것인지 상상할 수 있어요. 그런데 나중에는…….

7. 유머와 창의성 사용하기

상담자가 다른 사람들과 교제를 나눌 때 자신의 직업을 이야기하면 사람들의 일반적인 반응은 "힘들지 않아요? 다른 사람의 문제를 하루 종일 듣는 것이 우울하게 만들지 않아요?"다. 해결중심 치료자로서 여러분이 대답할 수 있는 것은 하루 종일 문제를 듣는 것은 우울하게 할 **수도** 있다는 것이다. 그러나 그 대신에 여러분은 사람들이 문제를 어떻게 해결하는지, 어떻게 어려움을 극복하는지, 이상한 일에 대항하여 어떻게 승리했는지를 듣게 된다. 이러한 경청은 매우 다른 역동을 불러일으킨다.

사람들은 상담이나 치료가 힘든 일이라는 일반적인 인식을 갖고 있다. 상담자들은 문제나 어려움의 짐을 지고 있는 사람들을 다루어야 하기에 분명히 매우 심각한 반응을 하기는 해야 한다. 해결중심의 관점에서는 문제해결에 대한 심각하고 무거운 반응들이 실제로 문제의 한 부분일 수 있다. 프리먼과 그의 동료들(Freeman et al., 1997)은 *Playful Approaches to Serious Problems*라는 저서에서 다음과 같이 논쟁했다.

> 문제는 매우 무서운 경향이 있다. 만약 문제에게 어떤 신조가 있다면, 아마도 그것은 '나를 좀 심각하게 여기세요!'쯤 될 것이다. 결국 심각한 문제는 이러한 방식으로 자신을 다루어 달라고 요구하는 것이다. 그렇지 않은가? 문제가 얼마나 심각하느냐의 정도에 따라 그 문제를 개선하기 위해 우리가 취하는 주의력의 진중성과 측정의 엄격함이 증가하지 않을 수 없다. 걱정과 절망, 희망 없음과 같은 것들을 갖고 있을 때, 중요한 문제들이 가족뿐 아니라 가족을 돌보는 사람들조차 꼼짝 못하게 할 수 있다. 문제를 심각하게 여기는 것이 문제의 장점인지 알 수가 없다. 이런 방식으로 유머나 장난기 가득한 것에 위협받는 존재가 있을 것인가?(1997: 3)

해결중심 집단은 집단 구성원들에게 재미있고 즐거우며 에너지가 넘치는 경험이 될 수 있다. 사실 상담자의 역할은 이런 '재미있는' 에너지를 창의적인 해결을 만드는 것으로 돌리는 것이다. 장난스러운 접근일지라도 하나의 빛은 창의적인 사고를 자극하고, 에너지를 해결책을 만들어 내는 것에 활용한다. 즐겁고 서로를 돌보는 집단은 문제로 인해 사기가 꺾이고 억압당하는 사람들에게 자

유를 줄 수 있으며, 그들의 삶에서 창의적이 될 수 있는 에너지를
줄 수 있다. 집단 모임은 적어도 문제의 짐과는 다른 예외적 경험
이어야 한다. 그래서 집단에서 보내는 시간이 문제의 반복이 아니
라 그들에게 긍정적인 예외적 경험이어야 한다. 이러한 점이 그 자
체로 강력한 치료다. 예를 들어, 어떤 엄마는 일주일에 한 번 자기
주장 집단에 참석하기 위해서 집단이 있는 날 아이 돌보는 사람을
부른다. 이 저녁 집단은 오로지 '그녀 자신만을 위한 시간'이며, 네
자녀의 뒤치다꺼리에서 자유로울 수 있는 시간이었다. 따라서 이
집단은 그녀 자신에게 즐겁고 서로를 돌보는 경험일 뿐 아니라 치
료적으로도 유익한 것이라는 점이 중요하다.

이에 더하여 유머는 문제에 대항하는 아주 강력한 무기 중의 하
나다. 많은 집단 구성원들은 자신들의 문제를 심각하게 여기는 것
을 그만두고 자신들이 마주한 딜레마에 대해서 유머러스한 부분
을 보기 시작할 때 너무나도 자유로워짐을 발견하였다. 집단에서
다른 구성원들도 같은 유약함을 가졌다는 것을 웃음을 통해 깨달
을 때 집단 구성원의 짐을 가볍게 할 수 있으며, 그들이 해결책을
생각할 수 있는 자유로움을 줄 수 있다. 집단의 웃음은 수치심과
죄책감, 비방을 없애고, 자기 수용을 증가시킬 수 있다. 덧붙여 서
로 공유하는 유머를 통해 사람들 간의 동맹과 연합을 만들어 내며,
결국에는 서서히 치료 집단의 응집성을 만들어 간다.

집단 상담자는 집단의 설계와 집단 구성원의 준비에서 이와 같
은 예외를 만들어 냄으로써 가벼운 치료적 분위기를 연출할 수 있
다. 집단 상담자는 또한 방어적이지 않은 태도를 모델로 보임으로

써 이러한 환경을 만들 수 있다. 관대한 방식으로 자신들의 작은 연약함을 보여 주는 것에 대해 유머러스하게 준비된 집단 상담자의 태도는 집단 구성원들을 자유롭게 하고 선례를 따르도록 격려할 수 있다. 다음은 문제에 대해 학교와 접촉할 때의 어려움에 대해 토론하는 부모 집단의 축어록이다.

> 피터　(흥분하여) 제가 아들아이의 학교 모임에 갔을 때, 전 선생님들이 정말로 저를 공격하는 것처럼 느꼈어요. 정말 협박하는 것처럼 느꼈어요.
>
> 상담자　(유머로) 학교 모임에 들어가기가 무척 힘들었겠어요. 마치 피터 당신이 학생인 것처럼, 즉 다시 학생 시절로 돌아간 것처럼 느끼게 만들었을 수 있겠네요.
>
> 피터　(웃으며) 바로 그거예요. 제가 마치 다시 학생이 된 것처럼, 그래서 제가 그 모든 문제를 일으킨 것처럼 그랬어요.
>
> 앤　(우스꽝스러운 방식으로) 저도 그게 어떤 느낌인지 알아요. 지난번 저도 우리 아들 때문에 학교에 갔어야 했었거든요. 교장 선생님이 말씀하시는 것에 "네, 선생님."이라고 대답했었어요. 제가 다시 일곱 살이 된 것처럼 느껴졌다니까요. (집단 모두 웃음)
>
> 상담자　그러니까 선생님을 만날 때 내가 지금 몇 살인가를 기억해 내는 것이 중요하군요.

이 대화에서 유머는 문제에 대한 압박감을 해체시키고, 유머에 의해 간과된 문제는 문제가 갖는 힘을 잃게 된다. 이렇게 새로운 자리에서 집단 구성원들은 해결책을 찾는 부분에서 자유롭게 된다. 앞의 예에서 치료자는 자녀의 문제로 선생님과 얘기할 때 가장 좋은 방법에 대해서 집단 구성원들과 토론하는 것으로 주제를 옮길 수 있었다.

8. 요 약

이 장에서는 7개의 해결중심치료의 원리를 요약하였고, 어떻게 이 원리들이 집단상담에 현실적으로 적용될 수 있는지를 설명하였다(〈글상자 2-1〉 참조). 또한 변화와 가능성에 초점을 두는 것에 대해 논의하고, 원하지 않는 과거나 문제보다는 차라리 원하는 미래와 목적을 추구하는 집단을 만드는 것에 대해 논의하였다. 두 번째로 건설적 집단문화를 만들어 가는 것의 중요성에 대해 설명하였는데, 이는 강점과 자원, 기술들에 초점을 맞추며, 내담자 개인의 삶과 집단 전체에서 '무엇이 괜찮고' '무엇이 효과적인지'를 찾는 것이다. 해결중심 치료자의 접근 가운데 가장 현저한 특징인 진심어리고 호기심 가득한 자세에 대해 설명했는데, 이는 언제 어디서나 내담자와 협력을 이루는 데 초점을 둔다. 마지막으로 해결중심 집단은 항상 심각하고 힘든 노력을 들이는 것이 아니라 유머와 가벼움과 창의성으로 특징지어질 수 있는데, 이는 종종 치료적 힘이라는 자원의 초점이 된다.

제3장

해결중심 집단의 역동

"같은 문제를 가진 다른 사람들을 만나는 것이 참 좋았습니다.
저 혼자가 아님을 알게 되었고, 그것이 큰 도움이 되었습니다."

"그곳에서 내가 받아들여졌다고 느꼈어요. 사실 그것이 집단을
끝내고 돌아갈 때마다 제게 큰 힘을 주었습니다."

"자신의 경험을 다른 사람들과 나누게 되고, 그들은 또 다른 사
람들과 자신의 경험을 나누기 때문에 집단에서는 항상 뭔가를 얻
게 됩니다."

"일주일에 한 번 집단에 참여하여 집단의 일부가 되었던 경험이
제가 자신감을 되찾는 데 큰 도움이 되었습니다."

(부모들의 집단 참여 경험에 대한 연구에서 발췌한 피드백)*

---

* Griffin, C., Sharry, J. et al. (2006). I'm not alone: The importance of the group in parent education programme. *Eisteach: Journal of Counselling & Psychotherapy*, 6(2).

개인상담을 주로 하는 심리상담자들이 집단상담을 처음 시작할 때 그들은 집단과정에 주의를 기울이지 못하고, 이로 인해 집단의 첫 회기가 마치 '집단 앞에서 개인상담을 진행하는 것'과 같이 보이는 경우가 종종 생긴다. 그러나 조만간 집단과정에서 생기는 강력한 역동이 집단의 진행에 어떤 영향을 미치게 되는지를 관찰하게 될 것이다. 집단 상담자는 집단 내 상호작용의 힘과 집단 구성원들이 서로 간에 주고받는 영향이 집단이 다루는 내용과 자신의 고유한 접근법보다 집단에 더 큰 영향을 미치는 것을 자주 목격한다. 이러한 집단과정은 집단 구성원들로 하여금 서로에 대한 지지와 배움의 기회를 제공하는 등 집단 구성원에게 이롭고 상담적인 역동이 생길 수 있도록 힘을 실어 주기도 하지만, 반대로 집단 구성원들에게 악영향을 줄 수 있는 희생양을 만들어 낸다든지, 따돌림을 받거나 역기능적 모델이 될 수도 있는 부정적인 역동을 일으킨다든지 할 수도 있다.

집단 상담자의 목표는 집단과정을 이해하여 그것이 집단 구성원에게 이롭게 기여할 수 있도록 책임지는 것이다. 상담자로서의 여러분은 집단 구성원 모두에게 도움이 되도록 서로의 대화가 긍정적인 집단역동을 만들어 그것이 각 집단 구성원이 자신의 목표를 향해 진전하도록 도울 책임이 있다. 모든 기능이 순조로운 해결중심 집단에서는 이러한 집단역동이 각자의 목표를 이루려는 집단 구성원들의 노력과 조화를 이루어 상승작용을 할 수 있도록 활성화될 것이다.

이 장은 해결중심의 관점에서 집단역동을 개념화하고, 또 집단

상담자가 구성원들이 각자의 개별 목표와 또 집단 전체의 목표를 이루어 가는 과정에서 서로를 지지하고 도울 수 있는 집단과정의 운영 방법에 대해 살펴본다. 이러한 내용들은 제1장에서 소개된 효과적인 집단상담의 치료적 요인들의 토대가 되며, 이는 제8장에서 '어려운' 집단의 관리를 살펴볼 때 더 깊게 논의될 것이다.

1. 균형과 조화를 이루기

지휘자를 칭하는 불어, chef d'ovchestre, '오케스트라의 우두머리'는 지휘 또는 명령을 의미하지만 지휘자의 문제는 지휘에 있다기보다는 오히려 대화에 있다고 할 수 있다. 지휘자는 말이 아닌 몸짓, 태도, 텔레파시, 그리고 거부할 수 없이 날카롭게 내뿜는 에너지를 대화의 수단으로 활용한다.

-Charles Munch

지휘자는 음악에서 자신을 없앨 수 있어야 하는데, 만일 지휘자의 그런 모습을 오케스트라의 단원들이 느낄 수 있다면 모든 것이 순조롭게 진행될 것이다.

-Giuseppe Sinopoli

집단의 효과적인 진행을 위해 가장 중요한 것은 균형과 조화를 이루는 것이다. 집단 상담자의 역할은 오케스트라의 지휘자에 비유될 수 있다. 오케스트라를 성공적으로 이끌고자 할 때 지휘자는 각각의 악기들이 내는 소리가 조화를 이룰 수 있도록 악기들이 전체에 균형 있게 기여할 수 있게 해야 한다. 지휘자로서 여러분은 각각의 악기와 연주자가 너무 많이도 또 너무 적게도 아닌 조화를 만들어 낼 수 있는 완벽한 음높이를 들을 수 있어야 한다. 오케스트라의 아름다움은 어떻게 각각의 악기들이 조화를 만들어 내고 서로를 보완하는가에 달렸다—현악기는 목관악기나 금관악기로부터 도움을 받고, 또 그 반대의 경우도 있지만 조화는 각각의 악기들이 적절한 구성 비율로 기여할 때 가능하다.

비유적으로 본다면 집단을 진행하는 일은 오케스트라를 지휘하는 것과 같다. 집단 상담자는 집단 구성원의 목소리가 모두 들릴 수 있도록 해야 하며, 또 어느 한 사람이 집단의 대화를 좌우하거나 반대로 목소리를 잃지 않도록 해야 한다. 집단 상담자는 집단의 대화가 너무 과도하게 비관적이거나 실망스럽거나 비판적이지 않도록 해야 한다. 또는 그 반대로 과도하게 긍정적이거나 내용이 집단 구성원들이 다루어야 할 문제의 범위를 벗어나는 정도가 되지 않도록 조화를 이룰 수 있도록 해야 한다. 또한 좋은 집단 상담자는 각 집단 회기의 구성에 있어서도 균형을 이루려 노력해야 한다. 집단은 이를 진행하는 광범위한 기술에서조차 균형이 맞을 때 가장 잘 운영된다. 즉, 집단 내에서의 논의와 경험적 활동 간의 균형, 작은 집단활동과 큰 집단활동 간의 균형, 상담자의 기여와 집단 구성원의 기여 간의 균형 등이 바로 그것이다. 가장 중요한 것은 항상 균형을 이루는 것인데, 집단 상담자로서 여러분은 어떤 것을 너

2. 해결중심 집단의 역동 | **121**

무 많거나 너무 적게 원하지 않으며 가장 적당한 양을 원할 것이다. 여러분은 집단이 즐길 만하고 재미있을 것을 원하지만 그렇다고 매우 중요한 부분이 이를 위해 다루어지지 않기를 원하지도 않는다. 또한 여러분은 집단이 너무 심각하고 무거워져서 지루해지거나 이도 저도 못하고 꼼짝하지 못하는 위험에 처하게 되는 것도 원하지 않는다. 중요한 것은 오케스트라를 지휘하는 것과 같이 집단의 상담자가 집단의 구성원과 어떻게 의사소통을 하는가인데, 많은 경우 이것은 몸짓이나 표정, 단어들로 이뤄진다. 결국에는 이부분의 서두에서 인용된 시노폴리(Sinopoli)의 말이 제시하듯 집단 상담자로서 여러분은 스스로를 집단과정 속에서 '보이지 않도록' 해야 하는데, 이는 집단의 성공을 분석하는 마지막 과정에서 집단 구성원 자신들이 스스로 성공을 이루어 낸 자신들의 기여를 인정할 수 있도록 하는 데 중요하다.

2. 해결중심 집단의 역동

어떠한 경우든 상담 집단은 다음에 제시되는 범위 내에서 운영된다고 볼 수 있다. 즉, 해결중심 대화와 문제중심 대화, 집단중심 상호작용과 상담자중심 상호작용, 그리고 내담자가 만들어 낸 해결과 상담이 만들어 낸 해결이다(〈글상자 3-1〉). 해결중심 집단 상담자는 다음에서 제시되는 목표를 이루기 위해 집단과정이 앞에서 언급된 범위 내에서 적절한 균형을 이룰 수 있도록 시도할 것이다.

1. 집단이 대체로 긍정적이고 해결에 중심을 둔 대화에 초점을 두고 진행된다.
2. 집단 구성원들이 상호 간뿐만 아니라 상담자와 직접 상호작용하며, 집단의 진행에 자신의 역할이 중요함을 인지하고 있다.
3. 집단 구성원들은 단순히 집단 내에서 다뤄지는 심리 · 교육적 내용과 상담 모델에 의해 '제시된' 해결을 취하기보다는 자신만의 고유한 해결을 만들어 낸다.

📋 **글상자 3-1** 해결중심 집단과정 유지하기

해결중심 대화		문제중심 대화
잘되고 있는 것, 해결과 목표가 집단의 대화를 주도	대	잘못된 것, 문제와 불평이 집단의 대화를 주도
집단중심 상호작용		**상담자중심 상호작용**
구성원들이 상담자를 통해서가 아니라 직접적으로 상호작용	대	구성원들이 주로 상담자를 중심으로 상호작용
내담자가 만들어 낸 해결		**상담이 만들어 낸 해결**
내담자가 자신의 문제에 대한 해결과 아이디어를 스스로 만들어 냄	대	내담자가 상담자, 집단의 심리 · 교육, 또는 집단의 상담 모델에 의해 제시된 아이디어를 따름

3. 해결중심 대화 대 문제중심 대화

해결중심상담의 유용한 특징 중 하나는 상담에서의 대화를 문제중심 또는 해결중심과 같은 범주로 나눌 수 있는 것이다(de Shazer, 1994). 문제중심 대화에서는 특정한 문제나 '무엇이 잘못되었는지'가 대화의 초점이다. 즉, 현재의 어려움에 대해 과거의 원인을 찾아내거나 또는 비난할 대상을 찾아내는 것에 초점이 있다. 대화의 감정 상태는 동요되고, 화가 나며, 실망스러운 것 같과 같이 부정적이다. 반면 해결중심 대화의 초점은 해결이나 '원하는 것'에 있다. 목표, 예외 그리고 강점 등에 초점이 있으며, 감정의 상태는 가볍고 활력적이며 창의적이다. 단기상담을 행함에 있어 해결중심상담의 중심 전제는 해결중심 대화가 내담자의 변화와 더 많은 연관이 있고, 해결중심 대화를 할 때 내담자는 그들의 목표를 향해 나아갈 가능성이 더 많으며, 이로 인해 상담은 더 집중적이고 단기적일 수 있다는 것이다.

그러나 문제중심 대화가 항상 필요하지 않은 것은 아니다. 문제중심 대화는 집단 구성원 사이에 유대감과 이해를 만들어 내는 데 종종 효과가 있다. 첫째, 제1장에서 언급했듯 보편성(universality)은 기본적인 치료적 요인의 하나로서(Yalom, 1995), 자신의 문제에 대한 대화를 집단에서 나누는 것은 '자기 혼자만이 아닌' 다른 사람들도 비슷한 문제가 있다는 것을 알게 하여 사람들로 하여금 안도감을 갖게 한다. 둘째, 특정한 문제중심 대화는 변화를 위한 동기를 부여하기도 한다. 우리가 원하지 않는 것에 초점을 둘 때 분노의 감정이 일어나기도 하는데, 이것이 변화를 만들어 낼 수 있는 동기로 전환될 수도 있다. 셋째, 어떠한 문제중심 대화는 집단에 현실감을 불어넣고 무엇이 변화 가능한 것인지를 명백하게 하여 목표 설정의 주제가 되기도 하고, 또 무엇이 변화될 수 없는 것이어서 그 자체로 받아들여야만 하는 것인지에 대해서도 알게 한다. 그러나 문제중심 대화만 가지고는 그 자체로 변화를 만들어 낼 가능성이 적으며, 그것이 너무 과도하거나 또는 다른 집단 구성원을 향한 비난으로 표출되었을 때 도움이 안 될 수 있다. 이러한 상황에서 문제는 '실망 나누기'의 분위기를 조장할 가능성을 높이며, 이로 인한 적대감이나 갈등은 결과적으로 집단을 분열시킬 가능성을 높일 수 있다.

따라서 해결중심 관점에서 볼 때 대부분의 집단시간을 해결중심 대화를 나누는 것이 이상적이다. 그렇지만 집단과정을 해결중심적으로 관리 또는 유지한다는 측면에서 보면 간헐적인 문제중심 대화와 해결중심 대화 사이의 균형을 유지하는 것이 필요하다. 이를 위한 좋은 규칙은 잘 기능하는 해결중심 집단의 경우 각 집단 회기의 80% 정도를 해결중심 대화에 활용하고 나머지 20% 정도를 문제중심 대화에 할당하는 것이다. 집단에서 생길 수 있는 많은 어려움은 이러한 균형이 유지되지 못할 때 나타난다. 문제중심 대화가 주를 이루어 무력감이나 갈등 또는 저항을 이끌거나, 해결중심 대화가 너무 과해 대화가 비현실적일 수도 있고 이는 집단과정이 과도하게 이상적이거나 또는 '해결강요적(solution forced)'로 바뀔 수도 있게 한다(Nylund & Corsiglia, 1994). 이러한 집단과정에서의 어려움을 관리하는 방법에 대해서는 제8장에서 더 자세하게 다룰 것이다.

집단에서 해결중심 대화를 장려하기

이전 장에서 설명된 해결중심상담의 원칙과 기법은 집단이 해결중심 대화에 초점을 둘 수 있도록 이끄는 방법으로 이해될 수 있다. 목표와 예외, 대처, 그리고 강점에 초점을 두는 것은 모든 집단 구성원들이 문제에서 벗어나 해결에 초점을 둘 수 있도록 이끈다. 이러한 기법들 외에도 집단과정에 참여하여 집단이 해결중심 대화를 할 수 있도록 하는 데 상담자의 역할이 매우 중요하다. 집단 상담자가 집단에서 구성원들의 주목을 이끌어 내고 집단시간을 확보하기 위해 무엇을 하는지는 집단과정의 내용과 본질에 매우 큰 영향을 미친다. 집단 내에서 상담자가 주의를 기울일 때 이것이 비언어적으로 표현되는 경우가 많으며, 이러한 이유로 상담자는 때때로 집단과정의 형성에 미치는 자신의 영향에 대해 미처 알아차리지 못할 때가 있다. 예를 들면, 상담자가 따뜻하게 눈을 마주친 사람은 다음 번에 더 말하기 쉽고, 상담자가 고개를 끄덕여 준 코멘트가 더 중요하게 생각되어 집단에 의해 받아들여질 가능성이 높다. 또한 상담자가 보이는 격려의 몸짓이 전에는 자신에게 말할 권한이 없다고 느꼈던 조용한 집단 구성원을 집단토론으로 끌어들이기도 한다. 상담자들은 집단 내에서 자신들이 보이는 창의적 행동이 사회적 강화인자 정도로 보이는 것에 대해 탐탁하게 여기지 않을 수도 있지만, 집단과정에서 상담자가 무엇을 어떻게 하는지가 집단의 중요성을 높인다는 것을 부정할 수는 없다. 얄롬(Yalom, 1995)은 다음과 같이 설명한다.

집단행동을 형성하는 데 있어 효과가 있는 기법을 설명하는 많은 연구들이 있다. 이러한 기법들의 계획적 활용은 상담자로 하여금 침묵의 시간을 줄이거나 개인과 집단의 의견 교환, 집단지도자에 대한 호의적 표현 또는 구성원 간의 수용을 더 많이 일어나게 한다(1995:114).

해결중심 상담자로서 여러분의 목표는 집단에서 문제중심 대화가 아닌 해결중심 대화가 보상을 받도록 하는 것이다. 그러나 이것은 겉으로 보이는 것보다 더 어려운 경우가 많다. 상담자들은 기존의 교육 등을 통해 집단에서 문제를 경청하고 그것이 좀 더 많은 주목을 받을 수 있도록 조건을 갖추고 있다. 상담자가 문제중심 대화에 지나친 주목을 하는 다음의 집단을 살펴보자.

실라는 정신건강을 다루는 한 기관에서 7명의 참여자와 더불어 6주간의 자기계발 집단을 운영하고 있다. 지금은 3주차이며, 실라는 집단에 지난주에 소개된 긍정확인 활동(positive affirmation exercise – 집단 구성원들에게 매일 자신의 삶에서 그들을 기쁘게 하는 3가지 일들을 찾아내게 하는 활동)을 어떻게 활용했는지 보고해 달라고 말한다. 제일 먼저 밥은 그 활동이 잘 이루어졌으며, 매일 목록을 작성하는 것을 자신이 얼마나 즐겼는지 말했다. 이날 따라 조금 피곤했던 실라는 밥에게 크게 반응하지 않고 그저 미소를 지으며 "잘했어요, 밥."이라고만 한다. 그리고는 집단 구성원들을 둘러보며 대화에 참여할 것을 독려한다. 다음으로 수전은 천천히 말을 하기 시작하면서 자신은 그 활동이 '괜찮았다'고 하며 몇 번 해 보았다고 말했다. 실라가 수전의 반응을 좀 더 자세히 알아보기 전 앨리스가 대화에 끼어든다.

앨리스   그거 별로였어요. 전 아무것도 할 수 없었어요.
실라   어(정신을 번쩍 차리며), 무슨 일이 있었나요?
앨리스   그냥 할 수가 없었어요. 해 보려고는 했지만 시간이 없었어요. (울기 시작한다)
실라   (앨리스 쪽으로 몸을 향하고 동정적인 표정으로) 괜찮습니다. 걱정 말아요. 무엇을 했는지 말해 보세요. 뭐가 잘못되었나요?

앨리스는 집단에서 제시된 어떠한 아이디어도 행동으로 옮겨 볼 수 없었다고 계속해서 불만을 토해 내며 집단에 할당된 15분 간의 문제해결 시간을 다 써 버리고 만다.

이 예에서 상담자는 어떤 형태의 활동 또는 대화를 보상하였는가? 그것은 분명 문제중심 대화다. 밥과 수전이 긍정적인 변화를 보고하고 두 사람 모두 제시된 활동을 모두 끝마쳤음에도 불구하고 그들은 아주 조금의 집단시간을 할애받고 집단 상담자로부터 아주 조금의 강화를 받았을 뿐이다. 앨리스는 문제에 대해 언급했기 때문에 더 많은 시간을 할애받았고 결과적으로 또 더 많은 주목을 받았다. 집단 상담자인 실라가 몸을 앨리스 쪽으로 기울이고, 어조를 바꾸고, 또 관심 있는 표정을 짓는 것을 통해 무심코 어떻게 주의를 기울였는지를 볼 수 있다. 결과적으로 집단에 문제중심적인 규범(problem-focused norm)이 확립되었다. 다음 주에 밥과 수전이 이러한 집단의 규범을 따르고 집단에서 말할 수 있는 시간과 주목을 얻기 위해 문제에 대한 보고를 한다고 해도 이는 놀랄 일이 아니다. 이것을 방지하기 위해 실라는 집단에서 표현하는 해결에 대해 좀 더 주의를 기울여야 한다. 실라는 밥과 수전이 어떻게 긍정확인 활동을 수행했는지 좀 더 상세히 알아보고 관심을 표현해야 했다. 이것은 앨리스에게도 흥미가 있고 큰 도움이 될 수 있는데, 왜냐하면 이러한 기술들이 앨리스가 배우려고 노력하는 것이기 때문이다. 집단 상담자라는 강력한 영향을 활용해 실라는 집단이 밥과 수전에게 더 큰 주의를 기울일 수 있도록 도움으로써 앨리스가 이러한 해결에 귀기울일 수 있도록 도울 수도 있었다. 예를 들면, 앨리스가 문제중심 대화를 통해 대화에 끼어들었을 때 실라는 다음과 같은 반응을 할 수도 있었다:

앨리스   그거 별로였어요. 전 아무것도 할 수 없었어요.

실라   그런 경험을 하셨다니 안됐습니다. 더 말씀을 하시기 전에 수전의 얘기를 끝까지 들어 봅시다. 그런 후 앨리스의 말을 더 들어 보는 것도 좋겠습니다.

집단이 해결중심이 된다는 것은 문제의 존재를 부정하는 것이 아니라 집단의 대화에서 해결이 좀 더 많은 주목을 받을 수 있도록 하는 것이다. 이것의 단순한 원칙은 '우선적으로 해결에 주의를 기울여라(attend to the solution first).'로 표현될 수 있다. 문제는 그것이 나중에도 문제로 남아 있을 경우 다시 다뤄질 수도 있다. 그러나 많은 경우 단순히 집단 내에서 생성되는 해결에 주의를 기울임으로써 문제가 극복될 수도 있다. 다음의 예를 살펴보자.

짐   그거 별로였어요. 긍정확인 활동을 전혀 해 볼 수 없었어요.

상담자 그런 경험을 하셨다니 안됐습니다. 다른 분들은 어떻게 생각하나요? (상담자는 집단의 다른 구성원들을 살펴본다.)

수   저는 참 재미있었는데요. (상담자는 눈을 마주치고, 말과 몸짓으로 계속 말하도록 독려하며 수에게 주의를 기울인다.) 변화를 만들어 내기 위해 제가 잘하는 것을 찾아내는 것이 제게는 유용했습니다. 그 활동이 제게 많은 격려가 되었죠.

상담자 그러셨다니 참 좋군요.

(상담자는 잠시 멈추었다가 수에게 비언어적인 주의를 기울인다.)

짐   제가 말하고자 하는 것은 다만 제가 아직 저 자신을 긍정적으로 생각하는 것에 익숙하지 않다는 것입니다.

상담자 (짐에게 모든 주의를 기울이며) 맞습니다. 익숙하지 않으시다면 배우기가 굉장히 어려울 수도 있지요. 자신을 긍정적으로 생각하는 것이 하고 싶은 일인가요?

짐   (잠시 멈추었다가) 네, 그렇게 생각합니다.

이 대화에서 집단 상담자로서 느끼는 유혹은 짐의 첫 마디에 "무엇이 그렇게 어려웠었는지요?"라고 반응하는 것이다. 그렇지만

이것은 문제중심적인 질문으로서, 집단을 문제중심 대화로 이끌고
말 것이다. 대신, 집단 상담자는 짐에게 바로 반응을 하지 않고 성
공적으로 그 활동을 수행해 볼 수 있었던 집단의 다른 구성원들에
게 우선적으로 주의를 기울였다. 그리고 결정적으로 짐의 다음 반
응을 기다림으로써 집단 내에서의 목표에 대한 토론(예를 들면, 해
결중심 대화)이 이루어질 수 있도록 도왔다.

문제중심 대화를 장려하기

대부분의 집단 상담자들이 집단의 대화가 문제중심에서 해결중
심으로 전환될 수 있도록 하는 것에 어려움을 겪기도 하지만, 집단
상호작용의 균형을 이루기 위해 그 반대의 경우가 종종 필요하기
도 하다. 예를 들면, 만약 집단 회기 중 몇몇 구성원이 매우 긍정적
인 진전이나 굉장한 성공을 보고할 경우, 이는 문제로 인해 아직도
힘들어 하는 다른 집단 구성원이 집단에 적극적으로 참여할 수 없
게 할 수도 있고 때론 그들을 방어적으로 만들기도 하며, 자신들이
비슷한 성공을 경험하지 못하는 것에 대해 뭔가 자신에게 잘못이
있을 것이란 생각을 하게 한다. 이런 일이 일어날 경우 구성원들은
집단에 더 이상의 기여를 하려 하지 않게 되기도 하고, 또 집단에
더 이상 참석하지 않을 수도 있다. 이러한 연유로 집단 구성원 모
두가 한 집단에 속해 있다는 느낌을 갖게 하기 위해 때때로 긍정
적인 보고에 대해 균형을 맞추는 것이 도움이 된다. 예를 들면, 만
일 몇몇 집단 구성원이 큰 변화에 대해 보고할 경우 다음과 같이

말하는 것이 도움이 되기도 한다. "앤과 수가 좋은 진전을 만들어 낸 것을 듣게 되어 참 좋습니다. 두 분께서는 좋은 한 주를 보내셨 군요. 그렇지만 모두 다 그렇지 않을 수도 있을 것 같은데요. 다른 분들 혹시 더 힘든 한 주를 보내셨다면 괜찮습니다— 우리는 이곳 에 서로를 지지하기 위해 모였으니까요."

이러한 언급을 하는 것은 좋은 한 주를 보내지 못했을 수도 있 는 다른 구성원들에게 그들이 아직 집단에 속해 있고, 또 여전히 집단에 기여할 수 있다는 것을 알려 줄 수도 있다. 해결중심 대화 에 균형을 맞출 수 있는 다른 방법은 다음에 소개되는 것과 같이 집단에서 좋은 소식을 보고하는 사람과 함께 그 사람의 문제와 변 화된 결과에 대해 탐색해 보는 시간을 갖는 것이다.

앨리슨　지난주는 참 좋았습니다. 제 아들 잭과 아무런 문제가 없었 지요. 잭이 발끈 화를 내는 것이 완전히 없어진 것 같아요.

상담자　잘하셨어요, 앨리슨. 그것에 대해 아주 기쁘게 느끼겠군요? 왜냐하면 과거에 잭과 많이 힘들어 한 것을 제가 잘 알거 든요.

앨리슨　(고개를 끄덕인다.)

상담자　어떻게 그런 변화를 만들어 냈어요? 무엇이 그런 차이를 만들어 냈죠?

앨리슨　음, 아마 잭한테 시간을 조금 더 썼던 것 같아요. 특히 잭과 함께 놀 수 있도록 신경을 썼죠. 잭은 제가 막 서두르면 그 것에 반응하지 않거든요.

> 상담자　조금 더 시간을 할애하고, 또 잭을 느긋하게 대하는 게 도
> 　　　　움이 되었다는 말씀이군요.
>
> 앨리슨　네.
>
> 상담자　(다른 집단 구성원들에게) 그것 참 흥미로운데요. 변화를 만
> 　　　　들어 내기 위해 여러분들이 할 수 있는 일이 있군요.

이 예에서 집단 상담자는 앨리슨의 변화에 대해 인정을 하면서, 동시에 어떻게 상황이 변화되었는지 탐색하는 시간을 갖는다. 내담자가 어떻게 변화를 이끌어 내었는지에 초점을 두는 것은 내담자에게 더욱 큰 역량 강화가 될 수 있고, 또 이것을 들음으로써 문제에 푹 빠져 있는 다른 내담자들이 문제를 해결하며 진전할 수 있는 방법을 모색하게 하는 희망적인 역할을 한다.

4. 집단중심 상호작용 대 상담자중심 상호작용

집단 내에서 이루어지는 대화가 문제중심과 해결중심 대화 사이를 오가는 것으로 이해할 수 있듯, 상담자와 관련된 집단의 기능 역시 상담자중심과 집단중심 사이를 오가는 비슷한 과정의 집단 상호작용을 따른다. 상담자중심의 상호작용을 따를 경우 집단 구성원들은 상담자를 집단의 지도자로 보며 집단을 이끌어 나갈 것으로 기대한다. 일반적으로 집단 구성원들이 집단 내에서 대화를 할 때 그들은 다른 집단 구성원보다는 상담자에게 직접적으로 말

을 건넨다. 이러한 의사소통의 형태([그림 3-1])는 일반적으로 집
단을 안내하고 방향을 제시하는 것에 있어 상담자에게 많이 의존
하는 새로운 집단에서 나타난다. 이러한 상호작용은 구조화된 심
리 · 교육 집단(psycho-educational groups)과 같은 형태에서 흔히
볼 수 있으며, 상담자가 집단과정에 많은 개입을 하는 특징이 있다.

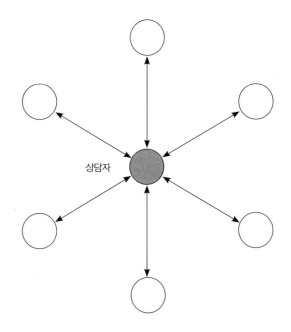

그림 3-1 상담자중심 상호작용

  집단중심의 상호작용이 집단과정을 이끌 경우 구성원들은 집단
의 중심에 위치한 상담자를 통해서가 아닌 다른 구성원들과 직접
적으로 상호작용하게 된다([그림 3-2]). 구성원들은 집단시간을 공
유하고, 듣고 말하는 순서를 지키며, 서로에게 지지를 주고받는 것

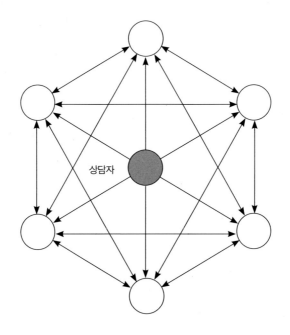

그림 3-2 집단중심 상호작용

사이에서의 균형을 이룬다. 이것은 집단과정에서 좀 더 성숙된 단계이며, 집단 구성원들 사이에서 높은 신뢰를 요구한다. 집단중심 상호작용은 집단역동이 최대로 발휘될 수 있도록 한다. 이러한 단계에서 집단 구성원들은 강력한 동료 간의 지지(peer support)를 이끌어 내고 서로를 격려하며 다른 구성원들에 의해 만들어진 아이디어와 해결책을 자신의 것으로 활용하기도 한다. 이러한 단계에서 집단 구성원들은 집단에 대한 공동의 지도자 역할을 취하고, 집단이 자신들의 욕구와 바람에 적합하게 진행될 수 있도록 더 많은 책임을 지게 된다.

상담자중심 상호작용

좋은 집단을 이끈다는 것을 달리 말하면 집단이 상담자중심으로 진행되는 것과 집단중심으로 진행되는 것 사이의 균형을 맞추는 것이다. 해결중심의 관점에서 볼 때 목표란 집단 내에서 집단중심의 해결중심 대화를 많이 나눌 수 있도록 하는 것이지만 상담자중심의 집단과정이 적절하고 바람직한 경우도 많다. 상담자가 책임을 지고 집단을 이끌 필요가 있을 때도 있고, 또 자신의 집단 통제력을 양보하고 집단 구성원들이 집단을 이끌도록 해야 할 때도 있다. 〈글상자 3-2〉는 이러한 측면에서 본 집단 상담자들의 몇 가지 특별한 책임, 특히 집단에서 상담자들이 집단을 이끄는 것이 중요한 시점을 열거한다. 상담자의 이러한 특별한 책임은 개인상담과 집단상담을 구별하는 것으로, 상담자들이 집단을 처음 시작할 때 가장 큰 어려움을 겪는 원인이 되기도 한다.

📋 글상자 3-2 집단 상담자의 책임

- 집단이 정시에 시작하고 끝날 수 있도록 하기
- 집단의 과제와 안건이 다루어질 수 있도록 하기
- 말이 없는 구성원들이 집단에 기여할 수 있도록 돕기
- 한 사람이 집단을 주도하지 않도록 하기
- 집단 구성원 간의 갈등을 다루기
- 비밀보장의 원칙과 집단의 규칙을 확립하기
- 집단의 대화가 균형이 맞을 수 있도록 조절하기

집단의 규칙과 범위(boundaries)를 확립하고 유지할 수 있도록 집단을 이끄는 일은 결국 상담자의 책임이다. 집단 규칙과 범위는 건강하게 기능하는 집단의 핵심이다. 이러한 것들은 집단의 비밀보장을 확립하고, 집단 구성원들이 상호 간에 존중적인 대화를 할 수 있도록 도우며, 집단이 제시간에 시작하고 끝나는 것(해야 할 일을 하면서) 등을 포함한다. 집단이 이러한 규칙을 확립하도록 이끌고(예를 들면, 초기에 집단 구성원들의 동의를 얻고 또 목록을 작성하는 등) 규칙들이 지켜질 수 있도록 적극적인 역할을 취하는 것(예를 들면, 집단이 계획한 대로 진행될 수 있도록 하거나 누군가 무례한 행동을 보일 경우 중간에 개입을 하는 등)은 집단 상담자의 책임이다. 이러한 역할 중 몇 가지는 집단 구성원에게 위임될 수 있지만(예를 들면, 집단 구성원 중 한 사람에게 시간 조절을 할 수 있도록 한다든지 하는), 궁극적인 책임은 상담자에게 있으며, 상담자는 집단을 이끌고 이러한 일들이 집단에서 일어날 수 있도록 하기 위해 준비가 되어 있어야 한다. 예를 들면, 만일 한 집단 구성원이 다른 구성원에게 (무심코라도) 오만한 행동을 보이거나 부정적일 경우 상담자가 개입하여 이러한 상황을 다루는 것이 중요하다. 다음의 대화에서 한 내담자는 다른 내담자에게 그 사람이 원하지 않는 충고를 주기 시작한다.

내담자 1: (내담자 2에게) 당신이 파트너를 다룬 방법은 실수였어요. 만일 당신이 그 사람에게 그렇게 말을 한다면, 그건 그 사람을 짜증나게 할 뿐입니다.

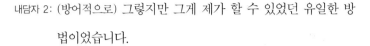

내담자 2: (방어적으로) 그렇지만 그게 제가 할 수 있었던 유일한 방법이었습니다.

상담자 (부드럽게 개입하며) 우리는 서로 다른 방법으로 일을 처리한다는 것을 인정하는 것이 정말 중요합니다. (내담자 1에게) 어떤 사람에게는 솔직하고 속에 있는 것을 다 말해 버리는 것이 중요하기도 하고, 또 (내담자 2에게) 어떤 사람에게는 한발 뒤로 물러나 나중에 얘기하는 게 중요하기도 합니다. (잠깐 멈춘 후, 두 내담자 모두 마지못해 고개를 끄덕인다.)

상담자 앞의 차트에 서로 다른 일 처리 방법에 대해 함께 써 볼까요, 괜찮으시죠?

이 대화에서 볼 수 있듯 상담자는 재빨리 개입을 해서 '잠재적인 논쟁의 가능성을 미연에 방지'하였다. 그런 후 상담자는 앞서 벌어진 대화에서 서로에게 비난하는 부분을 제거하면서도 내담자 간의 서로 다른 견해를 존중할 수 있는 재구성의 틀을 제공했다. 어떤 집단상담에서는 구성원 간에 비평 조의 피드백을 교환하는 것이 장려되기도 하지만 해결중심 모델에서는 이러한 상호작용은 피해야 하며, 집단의 형태가 단기적이고 구성원 간의 차이를 건설적으로 탐색하거나 해결할 수 있는 충분한 시간이나 공간이 부족할 때는 더욱 그렇다. 잘 이루어진 경우 이러한 방법으로 개입하는 것이 문제를 해결중심적으로 접근하는 본보기가 될 수도 있고, 또 이러한 방향으로 집단의 문화를 전환시킬 수도 있다.

집단 상담자의 매우 중요한 책임 중 하나는 개별 집단 구성원이 집단에 기여할 수 있는 기회를 가질 수 있도록 하고, 집단시간을 공평하고 공정하게 분배하는 것이다. 저자의 개인적 경험에 의하면 집단에 만족하지 못한 구성원들로부터 나온 가장 많은 2가지 불평이 있는데, 첫 번째는 다른 사람들이 집단에서 우월한 지위를 행사하는 것과 두 번째는 그래서 자신들이 집단에 포함되지 못했다고 느끼거나 또는 집단에 기여할 기회가 없었다는 것이다. 또한 이 2가지는 집단 상담자에 대한 슈퍼비전 시간에 제기되는 가장 빈번한 문제이기도 하다. 따라서 집단 상담자가 갖추어야 할 기술은 조용하고 참여율이 높지 않은 집단 구성원이 집단에 연결되었음을 느끼며 더 많은 기여를 할 수 있도록 돕고, 또 지나치게 말이 많거나 우세한 지위를 행사하는 구성원의 시간을 줄이고 관리하는 전략을 배우는 것이다. 이러한 2가지의 도전은 제8장에서 더 많이 다룰 것이다 (〈사례 8-3〉과 〈사례 8-4〉 참조).

집단중심 상호작용

상담자는 집단에 책임을 지고 이를 이끌 준비가 되어 있어야 하지만, 때때로 그들은 뒤로 물러나 집단이 스스로를 이끌도록 할 준비가 필요하다. 집단역동의 힘이 최대로 가동되었다면 집단 구성원들은 서로 간에 직접 상호작용하고, 또한 집단과정에 대해 공동 지도자의 역할을 하는 것을 당연한 것으로 간주하여야 한다. 다른 사람의 얘기를 듣고 또 다른 구성원이 자신의 얘기를 들으며, 서로에 대한 지지를 주고받으면서 서로에게 건설적인 영향을 미치고,

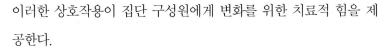

이러한 상호작용이 집단 구성원에게 변화를 위한 치료적 힘을 제공한다.

해결중심의 관점에서 볼 때 대부분의 집단시간은 집단중심의 해결중심 대화를 나누는 데 쓰여야 한다. 이때 집단 구성원들은 자신이 당면한 문제에 대한 새로운 아이디어와 해결책을 찾음으로써 창의적으로 상호작용하도록 장려된다. 대화의 초점은 작은 단계를 밟도록 격려하고 성공을 축하하며 서로에게 도움을 줄 수 있도록 지지하는 것이다. 집단의 분위기는 가볍고, 활기차며, 아이디어와 해결책을 창의적으로 찾아내는 것에 집중한다. 집단은 구성원들이 새로운 아이디어와 해결책을 수행해 보도록 하는 동기부여의 요인이 된다. 집단중심의 해결중심 대화는 많은 경우 높은 수준의 협력과 협동으로 가능하게 되는데, 이때 상담자와 집단 구성원은 당면한 어려움에 대한 해결책을 함께 찾으며 협력한다.

그러므로 상담자는 집단중심 상호작용을 격려하고 집단과정이 자신을 중심으로 운영되지 않도록 해야 할 책임이 있다. 상담자는 집단의 지지와 건설적 피드백의 교환을 격려하여 이것을 이루어 낼 수 있다.

집단의 지지를 격려하기

상담자는 집단 구성원들이 상호 간에 직접적으로 얘기를 나눌 수 있도록 초대하는 질문을 함으로써 집단중심의 상호작용을 격려할 수 있다. 예를 들면, 만일 한 집단 구성원이 집단에서 어려운 문제를 얘기했을 때 상담자는 다음과 같이 말함으로써 다른 구성원들이 지지할 수 있도록 제안할 수 있다. "저는 집단의 다른 분들도 그 경험에 공감할 것으로 확신합니다."라고 하고 다른 사람들에게도 경험을 나누도록 초대하는 것이다. 그런 후 상담자는 다른 구성원들이 어떻게 그 문제를 해결하거나 대처했는지를 묻고 처음 그 문제를 나눈 사람을 위해 해결책을 구성한다. 아마도 동료 간 상호작용(peer interaction)이 일어나도록 하는 가장 쉬운 방법은 다음과 같은 질문으로 토론을 시작하는 것이다. 주기적으로 "다른 분들은 어떻게 생각하세요?"라고 묻는 것이다. 십대 청소년 자녀를 둔 부모 집단에서 발췌한 다음의 예를 생각해 보자. 이 예에서 상담자는 집단 구성원들이 어느 한 구성원을 지지하도록 격려하고 있다.

앨리스   제 아이가 제게 욕을 했어요. 제 아들이 사람들이 보는 앞에서 제게 꺼져 버리라고 소리를 질렀죠. (울기 시작한다.)

상담자   맘이 많이 상하셨겠어요. 다른 분들도 그런 소리를 듣는 게 어떻게 느껴질지 이해하시리라 믿어요. (상담자는 집단을 죽 훑어본 후 다른 사람들에게 참여하도록 비언어적으로 독려한다.)

제어   맞아요, 제 아이가 처음으로 제게 욕을 했을 때 저는 일주일 동안 화가 났었죠.

앤   맞아요, 너무 창피한 일이죠.

앨리스   그런 일은 마치 혼자에게만 일어난 일이라고 생각하죠. 그리곤 스스로를 비난하게 됩니다.

앤   그건 절대 당신 혼자에게만 일어나는 일이 아니에요. (다른 사람들이 고개를 끄덕이며 지지를 보낸다.)

앨리스   (웃음을 짓는다.)

상담자   앤과 제어 그리고 집단의 다른 분들(상담자는 앨리스에게 다시 말을 하기 전 다른 집단 구성원들을 죽 쳐다본다)은 앨리스가 어떤 일을 겪고 있는지 이해하실 수 있어요. 혼자만의 일이 아니라는 것을 아시는 것이 중요합니다.

(앨리스와 다른 구성원들은 고개를 끄덕인다.)

이 예에서 상담자는 집단의 다른 구성원들이 건설적으로 문제를 인정하고, 문제를 나눈 내담자에게 지지를 제공하도록 하면서 집단의 치료적 역량을 촉진시킨다. 비슷한 문제로 힘들어 하는 동료 내담자의 지지와 이해는 상담자 혼자 하는 것보다 훨씬 더 큰 중요성과 힘을 갖는다. 또한 이 예에서 상담자가 집단 구성원의 이름을 말하고 집단의 지지와 이해를 인정하는 것에 주목할 필요가 있다. 이것은 앨리스에게 집단의 지지를 좀 더 분명하게 하는 직접적인 효과가 있을 뿐만 아니라 집단을 간접적으로 칭찬하고 격려하는 효과도 있다. 지지를 제공했던 사람들은 또다시 그렇게 행동할 가능성이 높아지며 건설적인 집단문화가 강화된다. 집단 구성원들이 서로를 지지하는 데 적극적인 역할을 취하도록 격려하는 것은 집단이 성숙할 수 있도록 도와주며, 집단이 좀 더 효과적일 수 있게 한다. 여기서 제1장에서 언급한 효과적인 집단활동을 위한 치료적 요인에 대한 논의를 기억할 필요가 있다. 지지를 하거나 다른 사람을 도와주는 행위는 도움을 주는 사람과 받는 사람 모두에게 치료 효과가 있다.

우울증에 대처하는 방법을 다루는 집단에서 발췌해 온 다음의 예에서 상담자는 두 집단의 구성원이 직접 대화를 나눌 수 있도록 연결해 준다. 일단 공감적인 연결(empathetic connection)이 만들어지면 집단 내에서 가능한 해결을 생각해 낼 수 있게 하는 장이 마련된다. 상담자는 다시 한 번 집단 내에서의 지지와 이해를 강조하고 강화시킨다.

스티브　제 아내는 제가 얼마나 우울해질 수 있는지를 이해하지 못합니다. 아내는 제가 그냥 기운을 차려야 한다고 생각하지만 전 그럴 수가 없습니다.

상담자　그게 얼마나 힘들지 상상할 수 있습니다. 당신에게 중요한 사람이 지금 현재 당신에게 처해진 상황을 이해하지 못한다는 게 얼마나 힘든 일인지 이해합니다.

스티브　네.

상담자　다른 분들도 비슷한 경험과 또 신뢰받는 것의 중요함에 대해 말씀하셨던 걸로 아는데요. (상담자는 비슷한 일을 경험했던 집단 구성원들을 쳐다보며 반응하도록 비언어적으로 독려한다.)

레이　(상담자에게 말을 하기 시작하며) 그래요, 직장에서 제 상관이 저를 믿지 않았던 것을 기억합니다. (상담자는 비언어적으로 레이가 스티브에게 직접 말을 하도록 초대하고, 레이는 이를 따른다.) 맞아요, 제 상관은 제가 게으름을 부린다거나 아무런 이

유 없이 일을 하지 않으려고 한다고 생각했던 것이 기억납
니다. 스티브 당신이 말했듯이 그냥 떨치고 일어나 기운을
차릴 수 없었던 것에 대해 정말 죄책감을 느끼기 시작했죠?

스티브 (레이에게) 바로 그거예요. 제 아내는 제가 죄책감을 느끼도
록 만듭니다.

레이 당신 부인이 의도한 대로 되게 하지 마세요. 스스로를 믿고
기다려 줘야 합니다. 그것이 당신을 얼마나 힘든 지경에 이
르게 하는지 잘 아시잖아요.

스티브 (고개를 끄덕인다.)

레이 여기에 오셔서 우리들에게 그것에 대해 말씀을 하실 수 있
으니 참 좋습니다. 제게는 그렇게 하는 게 도움이 되었어요.

스티브 (고개를 끄덕인다.)

상담자 그래요, 레이 당신은 스티브의 경험을 이해하실 수 있죠.
그리고 이 집단에서 그런 것에 대해 말을 하는 것이 도움이
된다는 것을 발견하셨죠?

(잠시 멈춘다.)

스티브 (전체 집단에 말을 한다.) 맞아요, 이곳에 계신 분들은 이해하
실 거라 알고 있습니다.

상담자 그래요, 이 집단에 계신 분들은 이해하실 수 있습니다.

건설적인 피드백 격려하기

해결중심 집단에서 건설적인 피드백은 내담자와 그들의 동료
집단 구성원들 그리고 집단 상담자 사이의 계속되는 의사소통 과

정의 한 부분이다. 내담자가 집단에서 자신의 이야기를 전하면 집단은 그것을 듣고 건설적인 피드백을 제공한다. 이러한 피드백은 강점과 긍정적 의도 그리고 미래의 가능성을 강조하며, 내담자에게는 긍정의 반영적 거울(positive reflective mirror)과 같은 역할을 한다. 이때의 목표는 집단이 구성원들을 위해 새로운 아이디어와 가능성에 대해 건설적이고 지지적이 될 수 있도록 하는 것이며, 이를 통해 모든 구성원은 혜택을 받고 기여를 한다.

집단 내에서의 건설적 피드백은 개인상담에서보다 훨씬 더 강력하다. 이는 상담자가 한 내담자에게 피드백을 주고 전체 집단이 그것을 지켜보거나, 혹은 집단 구성원들이 서로에게 직접 피드백을 주고 나머지 집단이 그것을 지켜보는 경우이든 상관없다. 이야기치료를 활용하는 상담자들이 관객(audience)의 치료적 힘에 대해 언급한 바 있다(White & Epston, 1990). 중요한 사람들로 이루어진 관객은 내담자의 새로운 이해나 자신에 대한 정의에 무게를 더할 수 있으며, 기존과는 다른 새로운 접근을 시도해 볼 수 있는 동기를 부여하기도 한다. 상담자는 집단 내에서 이러한 방법에 대한 시범을 보임으로써 건설적인 피드백을 격려한다. 상담자가 계속해서 긍정적인 이해를 제공하고 강점과 자원을 찾아내도록 하는 건설적인 질문을 활용할 때, 집단 구성원들 또한 비슷한 방법으로 상호작용을 한다. 그렇지만 상담자는 자신도 모르게 자신의 질문을 선택하고 이를 통해 비판적인 피드백을 줄 수 있기 때문에 '역할모델링(role-modelling)'은 그렇게 쉬운 일이 아니다. 자녀가 성적 학대를 받은 부모 집단에서 발췌된 다음의 대조되는 2가지 피드백의 예를 함께 생각해 보자. 집단에서 한 어머니(앨리슨)는 두 번째부터 종결 회기까지 다른 구성원들과 거리를 두고 비판적이었는데, 이 어머니가 종결 회기에서 자신도 어린 시절에 성적 학대를 받았으며, 이로 인해 자신이 그 누구도 믿지 못하게 되었다는 것을 밝혔다.

〈비판적 피드백〉

상담자   어떻게 집단에서 그런 것을 미리 이야기하지 못했는지 궁금하네요.

앨리슨   잘 모르겠어요.

상담자   아마 집단을 신뢰할 수 있을 것이라 느끼지 못한 모양이죠.

앨리슨   네, 사람들이 이해할 수 있을 것이라 생각하지 못했어요.

상담자   집단이 이해할 수 있을 것이라고 신뢰하는 것이 참 힘드신 모양이군요.

〈건설적 피드백〉

상담자   그것을 집단에 말씀하시는 것이 얼마나 용기가 있는 일이었는지 말씀드리고 싶습니다. 그리고 그것이 우리 모두에게 도움이 되었습니다. 많은 사람들이 똑같이 느꼈을 테니까요.

진   아시다시피 저한테도 그런 일이 있었죠. 모두에게 말을 하고 나니 기분이 좋아지더군요.

앨리슨   마음속에서 그걸 털어 버리고 싶었어요. 제가 그걸 맘속에

담고 살아온 것이 꽤 오래 되어서 여기에서 말을 할까 말
까 망설이고 있었어요.

상담자   무엇이 지금 집단에 그런 이야기를 할 수 있도록 했나요?

앨리슨   모두를 잘 알게 되었다고 생각했고, 이해해 줄 것이라 느
꼈습니다.

상담자   집단을 신뢰하기 시작했다는 말씀이신가요?

앨리슨   네, 신뢰, 바로 그겁니다.

진   그렇게 중요한 것을 얘기하기 전에 누군가를 충분히 신뢰
할 수 있을 때까지 기다리는 것은 정말 좋은 방법이라고
생각합니다.

첫 번째 반응(비판적 피드백)에서 상담자는 내담자가 미리 얘기
를 하지 않고 집단을 신뢰하지 않았다는 사실에 초점을 둔다. 상담
자의 말은 은근히 비판적이고, 앨리슨이 이전 회기들에서 말을 하
지 않았던 것이 결국 집단에 부정적인 영향을 주었다는 상담자의
실망이 담겨 있다. 그러한 비판적 피드백은 앨리슨과의 좀 더 깊
은 대화를 단절시키는 효과가 있을 수 있고, 집단이 해결(신뢰하기
를 배우는 것)보다는 문제(신뢰를 못하는 것)에 초점을 두게 한다. 두
번째 반응(건설적 피드백)에서 상담자는 집단에서 말을 할 수 있었
던 용기를 인정하고 감사해하며 앨리슨이 현 시점에서 집단에 말
을 하기로 선택한 이유에 대해 알아보고, 그렇게 함으로써 집단 내
에서 새롭게 등장한 신뢰를 강조한다. 이러한 방법으로 집단의 초
점을 해결에 맞출 수 있다.

집단의 후반 단계 또는 신뢰 정도가 높을 경우 상담자는 집단 구성원들이 서로에게 직접 개인적인 피드백을 주도록 격려할 수 있다. 다음과 같은 질문을 통해 각자의 경험에 대해 나누면서 간단히 이루어질 수 있다. "앨리슨이 지금 하신 말씀에 대해 다른 분들은 어떻게 생각하시는지요?" "앨리슨이 그것에 대해 말을 할 수 있을 정도로 모두를 신뢰할 수 있었던 것이 이 집단에 대해 무엇을 말해 주나요?" 이런 질문들에 대한 답은 앨리슨과 집단 전체에게도 강력한 개별적 강화를 제공할 수 있고, 더 깊은 집단 응집과 신뢰를 만들어 낼 수 있다. 약물 남용 상담을 위한 집단에서 발췌된 다음의 예를 살펴보자. 상담자는 음주문제로 힘들어 하고 있는 조에게 집단 구성원들이 개별적으로 피드백을 주도록 격려하고 있다.

조　　　술을 끊으려고 노력했던 것이 제게는 정말 전쟁과도 같았습니다. 주말 내내 집안에 앉아만 있었죠. 술집에 가지는 않았지만 온통 그 생각뿐이었습니다.

상담자　술을 마시지 않도록 조절을 했고, 또 그 유혹도 물리치셨다고요?

조　　　네, 가까스로요.

상담자　조가 유혹을 물리칠 수 있었던 것에 대해 다른 분들은 어떻게 생각하세요?

폴　　　대단하신데요. 술을 마시고 싶다는 생각이 들 때 그 유혹을 참는다는 것이 얼마나 힘든 일인지 잘 알죠. 조에게는

너무 힘든 일이었을 겁니다. 술을 끊은 지 얼마되지 않았
잖아요.

상담자 그래요, 술을 끊은 지 얼마되지 않았기 때문에 그건 정말
대단한 일이죠. (잠깐 멈춘다.) 여러분은 그런 강렬한 욕구
를 물리칠 수 있었다는 것이 조에 대해서 무엇을 말해 준
다고 생각하시나요?

폴 그것을 할 수 있었던 대단한 힘이 있다고 생각합니다.

상담자 정말 그런가요, 조? 정말 그렇게 할 수 있었던 힘이 있었
나요?

조 그럴지도 모르죠.

상담자 폴이 말씀하신 것처럼 술을 마시고 싶은 욕구를 물리칠 수
있도록 도왔던 그 힘이 뭐죠?

이 예에서 상담자의 질문들, 즉 "조가 유혹을 물리칠 수 있었던
것에 대해 다른 분들은 어떻게 생각하세요?"와 "여러분은 그런 강
렬한 욕구를 물리칠 수 있었다는 것이 조에 대해서 무엇을 말해
준다고 생각하시나요?"는 집단 구성원들이 생각하는 조의 강점과
개인적 특징에 대해 알아내고, 주말 동안 술을 먹지 않을 수 있었
던 능력에 대해 건설적으로 논의하도록 집단을 격려한다. 이런 피
드백은 조를 강력히 지지하고, 술에 대한 강렬한 갈망을 물리칠 수
있었던 조의 개인적인 자원에 더욱 접근하도록 돕는다. 제6장에서
는 해결중심 집단의 종결 회기에서 행해지는 의식(ritual)이 집단
에서 얻어진 그동안의 변화를 견고히 하고, 강화시킬 수 있는 기회

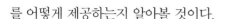

를 어떻게 제공하는지 알아볼 것이다.

5. 내담자가 만들어 낸 해결 대 상담이 만들어 낸 해결

상담 집단의 초점은 내담자가 스스로 결정하고 자신의 고유한 해결을 만들어 내도록 돕는 것이지만, 대부분의 집단은 심리 · 교육적인 구성요소를 가지고 있기도 하다. 이것은 직접 또는 간접으로 상담에 의해 처방되거나 상담이 만들어 낸 해결을 내담자에게 전하는 것으로, 인지행동 집단에서 우울에 맞서 싸울 수 있는 인지적 기법을 가르치는 형태나(예를 들면, Scott & Stradling, 1998) 친족지지 집단(relatives' support group)에서 정신분열에 대한 의학적 정보를 제공하는 등 집단 구성원에게 어떠한 질환에 대한 배경 정보를 제공하는 형태를 띠기도 한다. 교육이나 정보 전달 없이 상담 목적만을 가진 집단일지라도 그 안에는 항상 내재된 심리 · 교육적 구성요소가 있기 마련인데, 그 집단만의 고유한 상담 모델을 통해 내담자를 교육하는 것이다. 예를 들면, 해결중심 집단에서는 문제의 해결을 위해 내담자가 목표를 설정하고 예외를 찾아내며 강점 지향적인 태도를 취할 수 있도록 교육받는다. 또 그것이 만일 정신역동(psycho-dynamic) 집단이라면 내담자들은 문제의 해결을 위해 문제의 역사와 원인을 이해하는 것의 중요함에 대해 교육받게 된다.

따라서 어떠한 집단에서라도 내담자는 자신이 만들어 낸 해결과 아이디어뿐만 아니라 상담자에 의해 체계적으로 (정보가 교육에 의해 제공된) 또는 간접적으로 (상담자가 상담적 접근을 내담자들에게 어떻게 시범을 보이는지에 의해) 만들어진 해결과 아이디어도 접하게 된다. 이때 상담자의 역할은 내담자가 만들어 낸 해결과 상담이 만들어 낸 해결 사이에서의 균형을 유지하는 것이다. 만일 내담자가 상담에 의해 제시된 아이디어를 단순히 기계적으로 받아들이거나 자신에게 적절한 것인지 평가해 보지도 않고 받아들인다면 집단의 효과성은 매우 제한적일 수밖에 없다. 그러므로 상담자는 제시된 아이디어에 대해 도전하고 토론해 보도록 격려하며, 집단의 방법과 내용에 대해 협상하도록 격려하고, 또 내담자가 자신들을 위해 해결책을 만들어 내고 적절한 지도력을 발휘할 수 있도록 할 필요가 있다.

심리·교육 집단 내에서의 해결구축

심리·교육 집단에서는 내담자에게 문제를 해결할 수 있는 방법으로 특별한 아이디어들을 제공한다. 예를 들어, 스트레스 관리 집단에서는 불안을 조절하는 수단으로 이완연습(relaxation exercise)이 시연될 수 있다. 집단상담은 개인상담에서 제공될 수 있는 것보다 더 역량 강화적인 심리·교육적 측면을 제공할 수 있다. 개인상담에서 이루어지는 일대일의 방법에서는 첫째, 정보의 제공이 위계적이고 훈계적인 방법으로 이루어질 수 있을 뿐만 아니라 전문가로서 수행할 수 있는 기능 중 하나인 촉진적인 치료적 역할이 나타나지 않을 수 있다. 둘째, 집단에서는 제시되는 아이디어를 토론하고 논쟁해 볼 수 있는 기회가 있다. 구성원들은 제시된 아이디어에 도전해 봄으로써 자신의 역량이 더 강화되었음을 느낄 수 있으며, 이로 인해 제시된 아이디어를 있는 그대로 받아들이는 것이 아니라 자신의 상황에 맞게 고칠 기회가 있다. 셋째, 집단의 경우 구성원들이 서로에게 배울 수 있는 기회가 있다. 학습은 서로가 공유한 협동적 노력이 될 수 있으며, 이를 통해 집단 구성원 각자와 상담자는 집단에 정보를 제공하게 된다.

어떠한 '전문적' 아이디어가 집단에 소개되더라도 내담자는 그 아이디어를 자신의 고유한 상황에 맞게 개별화하고 수정할 필요가 있다. 자신만의 아이디어와 해결을 만들어 냄에 있어 내담자와의 협동을 강조하는 해결중심 집단상담의 방법은 이러한 과정에 많은 기여를 한다. 이러한 관점에서 집단에 대한 심리·교육적 측면에서의 투입(input)은 해결을 구축하는 과정에서의 출발점이 될 수 있다. 이러한 투입은 내담자로 하여금 제시된 아이디어가 자신의 상황에 어떻게 적용될 수 있는지 생각해 보거나 만일 그것이 적절하지 않다면 자신만의 대체 방법을 만들어 낼 수 있도록 자극할 수 있다. 그러한 '전문적' 아이디어는 (인지치료 또는 행동주의 등으로부터 나온) 집단토론에서 내담자가 고안해 낸 아이디어와 나란히 놓이며, 이는 자신들의 고유한 상황에 적합한 해결을 찾기 위한 목적을 지닌다.

〈글상자 3-3〉은 고도로 구조화된 심리·교육 집단에서라도 해결구축의 과정이 시작될 수 있도록 하는 몇 가지 기법을 보여 준다. 이러한 기법은 훈련이나 교육을 중심으로 하는 집단에서도 잘 적용될 수 있는데, 교관은 설교식의 교육 방법(didactic teaching)과 학생들이 이미 가지고 있는 지식을 이끌어 내고 그 위에 구축하려는 방법과의 사이에서 균형을 유지할 수 있도록 노력해야 한다.

글상자 3-3 **심리W교육 집단에서의 해결구축**

- 예측하기 – 내담자에게 처음으로 아이디어를 생각해 내도록 격려하기
- 검토하기 – 제시된 아이디어에 대한 반응으로 내담자의 견해를 검토하기
- 적합점 찾기 – 내담자가 자신에게 적합한 아이디어를 고를 수 있도록 돕기
- 계획하기 – 내담자가 집에서 그 아이디어를 어떻게 수정하여 활용할 수 있을지에 대한 계획을 세울 수 있도록 돕기

예측하기

새로운 아이디어나 기법을 소개하기 전에 상담자는 내담자에게 무엇이 소개될 것인지에 대해 예측해 보도록 격려할 수 있는데, 이를 통해 내담자들이 그 주제에 대해 가지고 있는 자신의 지식을 확인할 수 있다. 이것은 2가지 방법으로 수행될 수 있다. 첫째, 몇 가지 사전준비적인 성격의 질문을 통해 주제를 소개함으로써 내담자들의 견해를 얻을 수 있다. 예를 들어, 이완 방법에 대한 정보를 제공하기에 앞서 상담자는 내담자가 이미 가지고 있는 지식을 끌어내기 위해 다음과 같은 질문을 할 수 있다.

- 편하게 긴장을 풀 수 있는 시간을 갖는 게 얼마나 중요한가요?

- 긴장을 풀 수 있는 방법 중 여러분이 제일 좋아하는 방법은 무엇입니까?
- 그러한 방법들이 여러분께 어떻게 도움이 되나요?

그런 후 상담자는 내담자들의 응답을 조심스럽게 경청하면서 그들의 아이디어와 제언들을 인정하고 또 자신이 소개할 아이디어와의 연결점을 찾는다. 소개될 주제와 연결시키는 것은 내담자의 역량을 확인하고, 앞으로 소개될 주제를 더욱 익숙하고 적절한 것으로 만든다.

상담자가 이전의 성공적인 해결과 연결고리를 만들어 냄으로써 내담자의 지식을 미리 인정할 수도 있고, 이는 뒤에 있을 교육에서 어떤 것이 다루어질지를 미리 알려 주는 역할을 한다.

상담자 지금부터 매일 긴장을 풀 수 있는 방법을 찾는 것이 얼마나 중요한 것인지를 살펴볼 것입니다. 이건 앨리스가 지난번에 이야기했던 건데요, 그때 긴장이 풀렸음을 느꼈고, 그래서 그다음 날 좋은 하루를 보낼 수 있었다고 했었죠. 우리 모두에게 그것에 대해 조금 더 이야기해 줄 수 있겠어요? 그 날 무엇이 긴장을 풀 수 있게 만들었죠?

앨리스 잘 모르겠어요. 아침에 일찍 일어나 산책을 다녀왔는데 그것 때문인 것 같아요. 맞아요, 집을 나와 근처의 공원으로 갔죠. 그것이 제가 그 날 내내 좀 더 느긋해질 수 있도록 해 주었던 것 같아요.

상담자   참 흥미롭군요, 앨리스. 왜냐하면 이 책에서 말하는 사람들
        이 긴장을 이완할 수 있게 하는 방법 중 하나가 (교과 과목
        책을 가르키며) 매일 할 수 있는 운동을 일상에 포함시키라
        는 것이에요. 걷기와 같은 간단한 방법이 큰 차이를 만들어
        낼 수 있죠. 이것이 당신에게 효과가 있었던 것 같은데요.

앨리스   맞아요, 아침에 걸으면 하루 종일 상쾌할 거라는 걸 알죠.

검토하기

몇 가지의 아이디어가 집단에 제시되었을 때 상담자는 내담자
들에게 자신들의 반응과 견해 그리고 판단에 대해 서로 의견을 교
환할 수 있도록 격려한다. 내담자들이 제시된 아이디어에 동의하
거나 그렇지 않는 것은 문제가 되지 않는다. 중요한 것은 그들이
제시된 아이디어에 대해 곰곰히 생각해 볼 수 있는 기회를 갖는
것이다. 제시된 아이디어는 토론을 위한 중요한 출발점이 되며, 어
떤 개념이나 아이디어 그리고 그것이 자신의 삶에 어떻게 적용될
수 있는지를 생각해 볼 수 있도록 한다. 그러한 투입이 없이는 집
단 구성원들에게 좋은 아이디어가 생기지 않을 수도 있다. 내담자
가 그러한 투입에 동의하지 않는 경우라도 자신의 견해를 주장할
수 있고 자신이 선호하는 방법에 대해 이해하며 생각해 볼 수 있
도록 도울 수 있다. 상담자는 내담자들에게 제시된 아이디어에 대
해 의견을 나눌 것을 권하며, 비판적으로 검토해 볼 수 있도록 격
려한다. 다음의 예는 대화의 기술을 가르치는 집단에서 나온 것인
데, 상담자는 어떤 한 사람이 자기주장을 하는 것(집단이 다루는 교

과의 아이디어에 기초해서)이 내용인 논쟁에 관한 비디오테이프를 집단에 보여 주고, 집단 구성원들이 이것에 대해 반응해 보도록 격려하고 있다.

상담자 보여 드린 비디오의 접근이 효과적이라고 생각하십니까?

롭 네, 그 사람은 자기가 하고 싶어 했던 말을 하는 것처럼 보였고 자신의 의견을 끝까지 관철했습니다.

상담자 무엇이 그 사람의 접근을 효과적으로 만들었습니까? 그 사람이 사용하는 어떤 특별한 기술이 효과가 있는 것 같은 가요?

앨리슨 글쎄요, 그 사람은 흥분하지 않았습니다.

상담자 네, 침착함을 유지했죠. 또 다른 것은요?

롭 글쎄요, 그 사람은 계속해서 같은 점을 말하고 있습니다. 다른 사람이 자신이 말하려는 것에서 벗어나게 하려는 것을 못하게 하고 있습니다.

상담자 맞습니다. 그 사람은 자신의 초점을 유지하고 있죠, 그렇지 않습니까?

적합점 찾기

제시된 아이디어와 해결책을 검토한 후 내담자는 이러한 것들이 자신의 가정 상황과 집단에 참석하는 특별한 목적에 적합한 것인지를 생각해 볼 수 있도록 격려된다. 이때 구성원 간의 차이가 탐색되고 존중되어야 한다. 이 시점에서는 제시된 '전문적' 아이디어에 동의하지 않거나 도전하는 것이 집단의 강점으로 간주된다. 잇따른 토론은 제시된 아이디어가 어떠한 이유로 완벽하지 않은지를 드러낼 수 있고, 중요한 것은 내담자 각자가 자신의 개별적 상황에 이것을 어떻게 수정보완할 것인가라는 점이라는 것을 알린다. 이 시점에서 내담자와 함께 다른 해결책을 탐색해 보는 것도 도움이 된다. "그래서 비디오에서 볼 수 있는 것과 같은 방법으로 주장을 펼치지는 않을 것이라는 거지요. 그러면 어떤 방법으로 하시겠습니까? 어려운 상황에서 당신의 견해가 들릴 수 있도록 어떻게 말씀을 하시겠어요?" 집단 내에서 브레인스토밍을 하는 것은 내담자가 자신을 위해 검토해 볼 수 있는 창의적이고 진정성이 있는 많은 제안들을 드러나게 할 수 있다.

그러한 토론은 집단 내에서 내담자들이 더 이상 '전문적' 아이디어가 자신들의 것보다 좋은 것만은 아니라는 것을 보여 준다. 내담자들은 그러한 아이디어가 집단에서 어떻게 자신들의 목표에 가깝게 다가갈 수 있도록 돕는지의 여부에 따라 아이디어를 취하거나 내버려두거나 또는 자신의 상황에 맞게 수정할 수 있는 역량을 강화받는 느낌을 가질 수 있다. 부모를 위한 행동관리 집단의 예를 살펴보자. 이 예에서 집단은 제시된 아이디어에 반대를 하고 있다. 반대를 받아들이고 이해함으로써 상담자가 어떻게 그들의 지식이 유효한 것으로 인정하는지에 주목하라. 그런 후 그는 집단과 더불어 그들의 상황에 맞는 다른 해결책을 모색한다. 집단의 주제는 행동주의 부모교육(behavioral parent training)의 중심 원칙 중 하나인 '칭찬과 무시 공식(praise-ignore formula)'(Forehand &

McMahon, 1981; Webster-Stratton & Herbert, 1994)을 다룬 것인데, 이 공식은 부모들이 자녀들의 못된 행동은 무시하면서 좋은 행동의 어떠한 예에 대해 칭찬을 하도록 격려한다. 상담자는 부모가 조용히 함께 놀고 있는 두 자녀에게 다가가 그것을 칭찬하고 그러한 사실을 언급하는 비디오를 보여 주며 그 공식의 원칙을 방금 전 설명하였다.

상담자 저 장면에 대해 어떻게 생각하십니까? 여러분에게 도움이 되겠습니까?

줄리 저는 그 장면이 너무 과한 게 아닌가 생각합니다. 어떤 엄마라도 그렇게까지 칭찬하지는 않을 겁니다.

상담자 그러면 줄리는 그렇게 하지는 않겠다는 거군요. 다른 분들은 어떻게 생각하나요?

아서 만일 제 아이들이 저렇게 조용하다면 저는 아이들을 방해하는 게 두려울 것 같은데요.

(많은 부모가 웃는다.)

수 저는 애들이 뛰어나가 다른 사람을 괴롭힐까 두려울 것 같아요.

앨리슨 만일 톰(아들)이 저렇게 조용하고 천사와 같다면, 그리고 우리가 비디오에서 본 것처럼 제가 들어가 톰에게 그런 말을 한다면, 아마 제 아들은 저를 비웃고 부엌으로 들어가 뭔가 나쁜 짓을 할 겁니다.

상담자 (집단 전체에게) 그래서 여러분의 말씀은 만일 여러분의 자

녀가 뭔가를 잘하고 있을 때 그것에 대해 말하기를 꺼릴 것
이라는 것이죠. 그런 좋은 행동을 방해할까 걱정이신 건가
요? (집단의 많은 사람들이 고개를 끄덕인다.) 그게 여러분들이
말하는 것이 그것인 것 같은데요?

(상담자는 미리 제시된 해결책을 강요하지 않고 집단 구성원들의 반대
에서 긍정적인 부분을 이해하려 시도하며 다른 해결이 나타날 수 있도록
하고 있다.)

줄리   그렇게 칭찬을 해 줄 수 있는 때와 그럴 수 없는 때가 분명
　　　히 존재합니다.

상담자 언제 그렇게 할 수 있죠, 언제 그렇게 할 수 있도록 주목할
　　　수 있나요?

줄리   만일 제 아이들이 저렇게 조용히 놀고 있다면 저는 애들이
　　　스스로 놀도록 내버려두고 애들이 제게 다가와 그리던 그
　　　림을 보여 주며 "엄마 이것 좀 봐."라고 할때까지 기다리겠
　　　습니다. 그러고는 "그것 참 예쁘구나." 또는 "대단한데."라
　　　고 말하겠어요.

상담자 무슨 말씀인지 알겠어요. 아이들이 하는 것을 따르시겠다
　　　는 거군요. 칭찬을 할 수 있는 좋은 시간을 기다리겠다는
　　　말씀이지요.

줄리   네, 맞아요. 저는 아이들에게 다가가 방해하지는 않을 것 같
　　　습니다.

상담자 그건 아주 중요한 점입니다. 아이들에게 다가갈 좋은 시간
　　　과 아이들이 뭔가 잘하고 있는 때를 기다리는 것 말이지요.

(상담자는 자신의 자녀에게 긍정적인 관심을 표현하기 위해 좋은 시간을 기다리는 이 부모와 그녀의 수정된 해결에 대해 탐색한다.)

계획하기

일반적으로 심리 · 교육 집단은 과제를 부여하는 구조를 포함한다. 내담자들은 집단 회기에서 나온 아이디어를 가지고 그 다음 주에 자신의 생활에 적용시켜 보도록 격려된다. 해결중심의 관점에서 볼 때 집단의 매 회기 종반부에 내담자가 자신의 목표를 검토하고, 그 회기에서 가장 중요했던 부분을 요약하여 다음 주에 대한 계획을 세우는 것이 중요하다. 구조화된 집단에서 다루는 내용은 과제에 대한 제안을 포함할 수 있지만, 회기가 끝나는 시점에서 내담자가 자신의 고유한 상황에서 과제를 활용할 수 있도록 수정하고 개별화하는 것이 필수적이다. 이러한 과정은 내담자 스스로 돌아보거나 집단 내에서의 토론이나 상담자와의 대화를 통해 이루어질 수도 있고, 다음과 같이 소개될 수 있다

> 상담자 오늘 회기에서 좋은 아이디어를 많이 다루었습니다. (상담자는 내담자들이 고안해 낸 아이디어를 특히 강조하며 요약한다.) 이러한 좋은 아이디어 중 몇몇을 취하기 위해서 지금부터 두 분씩 짝을 지어서 오늘의 집단에서, 특히 여러분에게 인상 깊었던 것에 대해 논의를 하고 어떤 아이디어를 집에서 시도해 보실 것인지를 결정하시기 바랍니다. 여러분이 그것을 하는 동안 저는 오늘 회기에서 다루어진 내용을 담은

노트를 나눠 드리겠는데, 거기엔 여러분이 활용할 수 있는 좋은 아이디어가 많이 있습니다. 여러분은 제가 나눠 드리는 것을 이용하시든지 또는 짝을 이룬 분과 상의한 내용을 이용하시든지 할 수 있고, 또는 아마도 2가지를 다 활용하실 수도 있겠죠—어떤 것이든 여러분이 최선이라고 생각하시는 것이겠죠. 여러분이 논의를 마치시면 집단 전체에게 피드백을 주실 것을 부탁할 겁니다. 다음 주를 위한 여러분의 계획을 말씀해 주시면 됩니다.

해결구축의 과정을 따르는 것(예측하기, 검토하기, 적합점 찾기, 계획하기 단계)은 심리 · 교육 집단이 수행될 수 있는 협력적인 기초를 마련해 주는데, 이것은 내담자가 이미 가지고 있는 지식을 끌어내고 그 위에 구축하는 방법과 직접적이며 설교식의 교육 방법 사이의 균형을 유지하도록 한다. 이러한 과정은 내담자에게 자신만의 해결과 아이디어뿐만 아니라 다른 집단 구성원들의 해결과 아이디어, 그리고 교육을 통해 얻은 전문적 아이디어와 제안 등을 알게 해 준다. 내담자가 최종적인 해결을 함께 고안해 내는 데 공동 참여자가 되었다는 것은 그 해결이 그들에게 더 의미가 있고, 적절하며 지속될 가능성이 높다는 것을 의미한다. 따라서 그러한 아이디어들은 좀 더 개별화되며 고유한 내담자의 상황에 더 적합할 수 있다.

6. 집단을 함께 진행하기

　개인상담은 일반적으로 한 사람의 상담자에 의해 이루어지는데 반해 집단상담은 많은 경우 두 사람 또는 그 이상의 상담자가 한 조를 이루어 집단을 진행한다. 이러한 공동진행(co-facilitation)의 방법은 집단에 큰(집단 구성원들이 고루 주목을 받을 수도 있고, 한 사람이 아닌 두 사람으로부터 필요한 자원을 얻을 수도 있는) 도움을 제공할 수도 있지만, 올바른 진행이 어렵기도 하다. 공동진행의 방법은 상담자들이 협동하지 않을 경우 비효과적일 수 있고, 공동상담자들이 갈등관계에 있거나 서로 반하는 행동을 하게 된다면 집단에 오히려 해가 될 수도 있다. 공동진행을 올바르게 행하는 가장 중요한 방법은, 특히 집단 상담자들이 서로의 접근 방법에 대해 잘 모르는 경우 많은 계획과 준비를 하는 것이다. 계획은 각각의 상담자가 자신과 상대의 역할에 대해 분명히 알고 진행할 과제와 책임을 분명히 할당하는 것도 포함한다. 예를 들면, 한 집단 회기가 4개의 다른 영역으로 구성되어 있는 경우(예를 들면, 소개/그 주의 검토, 새로운 내용, 경험적 실습 그리고 과제와 계획하기), 한 상담자가 첫 번째와 세 번째 부분의 진행을 주도할 경우 다른 상담자는 두 번째와 네 번째 부분의 진행을 책임질 수 있다.

　어떠한 시점이든 집단 내에서 한 상담자는 집단을 이끄는 주상담자로서 역할을 하고, 다른 상담자는 주로 지원을 하는 역할을 한다. 지원자의 역할을 하는 것은 수동적인 것이 아니며 주상담자만큼이나 중요하다. 주상담자가 새로운 내용을 다루거나 말을 하고 있는 집단 구성원과 상호작용을 하는 동안 공동상담자는 다른 집단 구성원들을 살펴야 하는데, 즉 잊고 지나가는 것이 있는지, 지루해하여 집단에 참여하지 않거나 또는 흥분한 집단 구성원이 있는지 주목하고 어떻게 최선의 방법으로 반응할 것인지 생각하는 것이다. 상담자의 역할을 바꾸거나 함께 나누는 것은 집단 내에서 매우 역동적인 것일 수 있다. 예를 들면, 공동상담자는 조용한 내담자가 고개를 끄덕이는 것을 주목하고 주상담자를 중단시켜 그 사람이 말할 수 있도록 할 수도 있다—"피터, 거기서 고개를 끄덕이는 것을 보았는데요, 그것에 대해 어떻게 생각하세요?"

그 반대로, 주상담자가 한 내담자와의 대화에서 빠져나오지 못하는 경우 공동상담자는 도움이 되는 말을 하면서 끼어들 수도 있고, 말할 준비가 되어 있는 다른 사람을 끌어들여 집단이 진행될 수 있게도 할 수 있다. 어떻게 보면, 공동진행은 레슬링 경기에서 두 사람이 한 조를 이루는 것과 같은 것으로 생각해 볼 수도 있다! 경기 중 한 사람은 링 위에 올라가 있고, 그 사람이 경기가 잘 풀리지 않을 때 다른 팀원과 태그한 후 링에 올라 경기를 하는 것이다. 상담자들이 서로를 신뢰하고 서로의 스타일에 대해 익숙할 때 지도적 역할의 역동적 분할(sharing)은 집단에 큰 도움이 된다.

마지막으로 공동진행은 집단 구성원들에게뿐만 아니라 공동상담자 자신에게도 전문적인 학습과 발전에 큰 도움이 된다. 개인상담은 외로운 경험이고 사례에 대한 슈퍼비전을 통해서만이 간접적으로 다른 사람과 그 경험을 나눌 수 있는데 반해, 공동상담자와 함께하는 집단상담은 직접적인 피드백과 지지 그리고 공동으로 슈퍼비전을 받을 수 있는 기회를 제공한다. 내담자와 함께한다는 것에 대한 기쁨과 부담을 함께 나눌 수 있는 동료와 함께 일하는 것을 통해 상담자는 고립감을 덜 느낄 수 있다. 저자의 개인적인 경험에 비춰 볼 때 집단상담에서 가장 좋은 아이디어를 배운 것은 모두 공동진행 상황에서였다.

7. 요 약

이 장은 집단 상담자의 고유한 역할과 집단 진행의 기술에 초점을 두었다. 특히 우리는 집단과정을 관리하는 데 있어 상담자의 중요한 역할에 대해 초점을 두었다. 우리는 해결중심 집단과정의 역동을 문제중심 대화와 해결중심 대화 사이에서, 집단중심 상호작용과 상담자중심 상호작용 사이에서, 그리고 내담자가 만들어 낸 해결과 상담이 만들어 낸 해결 사이에서 작동하는 것으로 개념화하였다. 우리는 상담자가 집단 내에서 계속해서 해결중심적이고, 집단 구성원들이 지도적 역할을 취하며, 서로 간에 직접적으로 상호작용을 하고 스스로의 해결을 만들어 낼 수 있도록 하기 위해 집단의 치료적 힘을 어떻게 활성화시킬 수 있는지를 논의하였다. 우리는 또 심리 · 교육 집단을 위한 해결구축의 과정도 논의하였는데, 이는 내담자가 이미 알고 있는 지식을 꺼내서 그 위에 발전시키는 방법과 직접적인 교육 방법 사이의 균형을 맞추는 것이다.

마지막으로 이 장을 통해 우리는 상담의 공동진행의 중요성을 강조하고, 어떻게 상담자들이 집단을 공동으로 진행할 수 있는지에 대해서도 알아보았다.

제2부

해결중심 집단의 진행 과정
The lifecycle of solution-focused groups

제4장

해결중심 집단의 설계

[사진] 사례 4-1 빈약하게 계획되고 전개된 집단

짐은 학습장애 아동을 위한 특수학교의 사회복지사로 부모 집단을 어떻게 조직할지 한동안 고민하고 있었다. 그는 임상치료를 하면서 얼마나 많은 아이들이 문제행동을 보이고 있으며, 이런 행동으로 인해 얼마나 많은 부모들이 어려움을 겪고 있는지 알고 있었다. 특수학교 내의 교사들도 이러한 고민을 공유하고 있었다. 짐은 구조화된 단기 집단이 좋은 개입 방법임을 알고 있었지만, 개인상담 사례가 지나치게 많았기 때문에 집단을 조직하는 것이 그에게는 부담이 되었다. 그래서 이 프로젝트를 계속 연기하였는데, 결국 학기말이 거의 되어서 상사로부터 집단을 조직하라는 지시를 받았다. 이사회가 이를 학부모들을 위한 중요한 서비스로 여긴다는 이유 때문이었다. 짐은 여름방학이 시작되기 전까지 시간적 여유가 별로 없다는 사실을 깨닫고는 바로 집단을 조직하는 일에 착수했다. 부모들에게 서신을 보내어 집단의 목적에 대해 설명하고, 2주 후에 시작할 것이라고 전했다.

모임 첫날 저녁, 5명의 부모만이 참석했다. 그중 일부는 이 집단의 초점

이 불확실하다며 차라리 토론 집단이 낫겠다고 했다. 그다음 회기에는 첫 회기에 참석하지 않았던 한 명을 포함해 총 3명만 참석했고, 자료를 일부 검토하고 다시 살펴보는 것으로 시간을 보냈다. 두 번째 회기가 끝나고 짐은 부모들에게 전화를 걸어 집단 모임에 참석해 줄 것을 당부했다. 일부는 참석을 약속했으나, 세 번째 회기에는 지난번에 참석했던 부모 중 2명만 왔다. 이에 실망한 짐은 집단 프로그램을 종료했다. 그는 부모들이 집단상담을 원하지 않는다고 결론을 내리고는 앞으로 개인상담만 계속하기로 했다.

이 사례가 극단적이기는 하나, 집단을 조직하는 데 따르는 어려움에 대해 알려 주며, 집단을 잘못 설계하고 계획할 경우 어떤 결과가 오는지를 보여 준다. 짐은 집단을 만들면서 부모들에게 집단상담을 통해 원하는 것이 무엇이고, 어떤 형식의 상담이 도움이 될 것이라고 여기는지에 대해 자문을 구하지 않았다. 또한 준비 시간

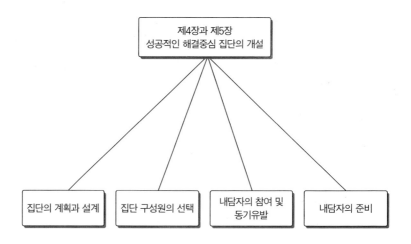

그림 4-1 성공적인 해결중심 집단의 개설

도 부족했다. 짐이 집단상담을 하기로 마음을 먹은 것은 몇 개월 전이었지만, 실제 준비는 거의 막바지에 이르러서 시작했다. 결정적으로는 부모들을 준비 과정에 포함시키지 않았고, 조기에 정보도 제공하지 않았으며, 겨우 2주 전에야 집단의 시작을 알렸다. 이로 인해 부모들은 참여에 대해 불필요한 부담감을 가지게 되었고, 짐 또한 준비 시간이 촉박하여 압박을 받았다.

집단상담을 성공적으로 설계하고 효율적으로 진행하기 위해 가장 핵심적인 것은 시간이 필요하다는 점이다. 대부분의 집단 상담자들이 직면하는 문제는 준비 부족으로 인해 생긴다. 내담자들이 원하는 집단의 형태를 충분히 고려하지 못해서 이들의 욕구를 충족시키지 못하는 경우, 집단의 구성에 주의를 기울이지 않아 집단 내에 불필요한 갈등이 유발되는 경우, 혹은 참여자들에게 상담에 대한 정보를 제공하고 참여를 독려하며 준비할 시간을 충분히 주지 않아서 상담 중 많은 수의 내담자가 중도에 그만두는 경우 등을 예로 들 수 있다. 일반적으로 집단상담은 개인상담보다 훨씬 더 높은 수준의 준비와 계획이 요구된다. 일반적으로 성공적인 상담을 위해서는 조기에 내담자 집단의 자문과 개입이 필요하며, 내담자 외에 고용주나 지역사회 집단 등 제삼자들과의 협상이 필요할수도 있다.

이 장과 제5장에서는 성공적인 집단을 설계하기 위한 해결중심적 방법들을 상세하게 설명할 것이다. 특히 이 장에서는 내담자의 욕구를 충족시킬 수 있도록 협력적으로 집단을 설계하는 방법에 초점을 맞출 것이며, 제5장에서는 여러분의 집단이 시작부터 끝날 때까지 최상의 기회를 가지기 위해 어떻게 내담자들을 성공적으로 집단에 끌어들이고 동기를 유발할 수 있는지 살펴볼 것이다.

1. 성공적인 집단의 협력적 설계와 계획

성공적인 집단 설계는 집단 상담자와 내담자, 그리고 그 집단에 관심을 가지고 있는 여타 이해관계자들 간의 협력적인 활동이라고 보는 것이 옳을 것이다. 집단 설계를 시작할 때 고려해야 할 몇 가지 질문은 〈글상자 4-1〉과 같다.

🖥 글상자 4-1 　집단을 설계할 때 고려해야 할 질문

- 내담자들은 누구인가?
- 내담자들이 원하는 것은 무엇인가?
- 어떤 유형의 집단이 가장 효과적일까?
- 내담자들을 집단으로 유인할 수 있는 요인은 무엇인가?
- 얼마 동안 집단을 진행해야 하는가?

내담자들은 누구인가?

성공적인 비즈니스를 위한 열쇠는 상당히 단순하다. 고객이 원하는 것이 무엇인지를 찾아내어 제공하는 것이다. 이는 해결중심 치료에서 내담자중심의 목표 설정이 갖는 중심적 위치에 비견될

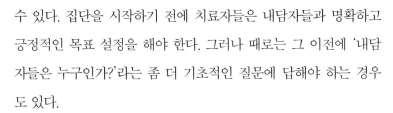

수 있다. 집단을 시작하기 전에 치료자들은 내담자들과 명확하고 긍정적인 목표 설정을 해야 한다. 그러나 때로는 그 이전에 '내담자들은 누구인가?'라는 좀 더 기초적인 질문에 답해야 하는 경우도 있다.

대부분의 경우에 답은 분명하다. 내담자는 상담소나 치료실의 문을 열고 들어오는 사람들이다. 하지만 상담과 치료가 반드시 진행되도록 하는 것에 관심이 있는 또 다른 관계자들이 있는 상황 하에서는 내담자가 누구인가에 대한 답이 불명확한 경우도 있다. 앞에 소개된 사례를 보면, 짐의 고용인과 학교 이사회는 집단상담의 진행과 성과에 대해 특별한 관심이 있었다. 이것은 다른 여러 맥락과 상황에도 적용된다. 예를 들어, 약물치료기관에서 일하는 치료자들은 치료 의지가 없을 가능성이 많은 약물 사용자뿐 아니라 환자의 가족과 이 프로젝트를 지원하는 지역기관에도 관심을 가질 의무가 있다. 마찬가지로 아동·가족 클리닉에서는 아동과 부모 사이에 상충되어 보이는 치료 목표가 있을지라도, 치료자에게는 양쪽 모두 내담자들이다. 어느 한쪽을 배제하지 않고 아동과 부모 모두와 작업해야 할 책임이 치료자에게 있는 것이다.

해결중심적인 의미에서는 각 내담자들의 목표가 밝혀지고 공동의 목표와 계획이 설정되기만 하면 복수의 내담자는 문제가 되지 않는다. 치료의 목표는 다중적인 태도를 갖는 것이다. 즉, 모든 내담자들의 각기 다른 목표에 관심을 가지며, 각 내담자 혹은 시스템 내의 이해관계자들과 협력하는 것이다(Sharry, 2004a). 전문가들은 많은 경우 분명하게 확인된 내담자들의 목표에 협력하는 일에는 유능하다. 그러나 약물치료기관의 재정지원자 또는 학생들을 치료에 의뢰하는 교장 등 좀 더 넓은 시스템과 협력하는 데에는 다소 효과적이지 못하다. 이와 같은 협력의 부재는 비생산적이며, 장기적으로는 상담소에 오는 내담자를 위해서도 도움이 되지 않는다. 예를 들어, 재정지원자들이 예산을 삭감하거나 교장이 적절한 지원 없이 학생들을 상담에 보낼 경우, 내담자와의 작업은 부정적인 영향을 받게 된다. 그러므로 집단개입을 설계할 때는 내담자뿐 아니라 지역사회나 친척, 전문기관처럼 보다 광범위한 시스템의 목표도 충족시킬 수 있도록 좀 더 확장된 시각을 가지는 것이 중요하다.

내담자들이 원하는 것은 무엇인가?

집단의 초기 설계에서는 집단 구성원이 될 내담자들의 목표에 부응할 수 있도록 확실히 하는 것이 중요하다. 그러나 이는 말처럼 쉽지 않을 때가 많다. 집단 상담자나 재정지원자 등의 이해관계자가 집단의 목표나 참여자들이 필요로 하는 것에 대해 확고한 의견을 갖고 있는 경우에는 특히 어렵다. 〈사례 4-2〉를 통해 이러한 과제에 어떻게 접근해야 할지 살펴보도록 하겠다.

📷 사례 4-2 　내담자가 원하는 바를 발견하기

'위기 가족'을 돕기 위한 지역사회 아동·가족 센터가 빈곤 지역에 설립되었다. 이 프로젝트를 재정적으로 지원한 아동보호기관에서는 센터가 방임과 신체적 학대의 위험 때문에 반복적으로 아동보호기관에 의뢰되는 가족의 필요에 부응하기를 바랐다. 특히 기관에서 원한 것은 센터가 부모들이 가진 문제에 초점을 맞추어 부모교육 과정을 진행하는 것이었다. 초기에 프로젝트 진행자들은 의뢰된 가족들의 참여 동기를 유발하는 데 어려움을 겪었다. 센터에서는 부모교육 집단과 아침시간의 '드롭인(drop-in)' 프로그램을 제공했으나 참여자가 매우 적었다. 결과적으로 센터에서는 몇몇 가족을 방문하여 이슈가 되는 것을 살펴보고, 센터에서 제공해 주기를 원하는 서비스에 대해 가족들의 생각을 탐색하였다. 부모들은 부모교육 과정에 참석하게 되면 '나쁜 부모'로 비춰질까 봐 우려하고 있었다. 가족 센터에 바라는 서비스에 대해 질문하자, 처음에는 유아놀이 집단과 방과후 집단 같은 자녀들을 위한 서비스를 원한다고 밝혔다. 부모 자신을 위해서는 어떤 서비스를 원하는지 문자, 요리, 뜨개질, 바느질 등의 교육 강좌에 관심이 있다고 했다. 이러한 피드백을 바탕으로 사회복지사들은 아동중심의 서비스와 함께 부모를 위한 교육 강좌를 제공했다. 내담자중심의 새로운 접근법은 매우 성공적이었다.

소문이 나자 참여 가족은 계속 늘어났다. 시간이 지나면서 새로 오는 가족을 맞이하는 핵심부모 집단이 센터 내에 생겼고, 사회복지사들은 새로운 서비스를 개발할 때 이들 부모에게 자문을 구했다. 1년 후 부모들은 부모교육 과정에 관심이 있다고 밝혔다. 단, 무엇을 하라고 지시만 하는 수업이 아니라 자신들이 직접 설계에 참여하는 수업이 되길 원했다. 사회복지사들은 이러한 혁신적인 제안을 지지했고, 짧은 시간 내에 성공적인 부모 자조 집단이 생겼다. 이 새로운 집단은 지역사회 내에서 좋은 명성을 얻었고, 사회복지사들은 아동보호기관에서 의뢰된 더 많은 부모들을 참여시킬 수 있었다.

〈사례 4-2〉는 내담자들과 협력하여 집단을 설계하는 것, 특히 설계할 때 내담자들의 문제뿐 아니라 이들의 목표를 중시하는 것이 얼마나 강력한 효과가 있는지를 보여 준다. 비록 부모들이 밝힌 '요리와 뜨개질 수업'이라는 목표가 재정지원기관의 목표와 명확히 일치하지는 않았지만, 간접적으로는 최종 목표로 이어졌다. 뜨개질이나 요리 수업에 참석하면서 부모들은 필수적인 지원을 받았고 자신들을 계발할 수 있었으며, 이런 모든 직·간접의 요인들은 부모와 자녀의 복지 향상에 도움이 되었다. 이는 목표 설정의 주요 원칙 중 하나로 연결된다. 긍정적이고, 명확하며, 잘 구성된 목표를 향한 움직임은 '물결 효과'를 통해 또 다른 여러 가지 긍정적인 변화를 낳을 수 있으며, 이를 통해 다른 중복된 혹은 독립적인 목표를 성취할 수 있다는 점이다. 뿐만 아니라 〈사례 4-2〉에서는 내담자들의 목표를 따르면서 협동심과 신뢰가 쌓여 내담자들의 다른 욕구나 목표를 탐색하게 되었고, 결국에는 재정지원자의 원래 목표였던 부모교육 집단을 만들 수 있었다. 또한 이 사례는 인내와 적절한 시간적 여유를 갖고 집단을 준비하는 것이 중요함을 보여 준다. 자칫 서두르다가는 내담자들의 욕구를 충족시키지 못하는 집단이 되고, 이는 곧 시들해질 것이다. 그러나 자문을 받고 내담자의 이야기를 경청하는 시간을 좀 더 가진다면 보다 성공적인 결과를 낳을 수 있을 것이다.

어떤 유형의 집단이 가장 효과적일까?

치료 집단에는 여러 가지 형식과 모델이 있다. 집단의 진행 기간이 개방적이어야 하는가 아니면 고정되어야 하는가? 참여자를 개방해야 하는가 아니면 대상을 선별해야 하는가? 매주 구체적으로 정해진 주제로 구성해야 하는가 아니면 참여자들의 필요에 따라 주제를 매주 결정해야 하는가? 집단 구성원 개인의 사적 노출을 장려해야 하는가 아니면 '교육적인' 주제를 중심으로 운영해야 하는가?

이러한 질문을 비롯하여 또 다른 초기 설계 관련 질문에 대한 대답은 여러분이 합류시키기 원하는 내담자들의 구체적인 욕구, 그리고 집단이 제공되는 맥락에 달려 있다. 예를 들어, 지역사회 외래환자를 위한 정신건강 집단을 구성하는 경우, 많은 내담자들이 소규모이지만 전적으로 개인적 문제에 집중하는 비교적 장기적인 지지 집단을 선호할 것이다. 반면 다른 이들은 스트레스나 고용의 유지, 가족관계 등 특정 문제에 대처하는 법을 가르쳐 주는 교육적인 성격의 집단에 더 관심을 가질 수 있다. 지지 집단의 경우, 어떤 내담자들은 '드롭인' 방식을 선호하는 반면, 다른 사람들은 고정된 집단을 선호하기도 한다. 교육 집단의 경우, 필수적으로 참석해야 하는 12주의 기간고정형으로 만들 수도 있고, 연속적인 워크숍으로 구성해 대상이 되는 구성원들이 원하는 수업을 선택할 수 있도록 할 수도 있다. 이렇듯 해결중심치료의 유연하고 실용적인 특성은 〈글상자 4-2〉에서 보듯이 다양한 치료적 집단과 맥락에 적용될 수 있다는 것을 의미한다. 제6장에도 다양한 유형의 해결중심 집단에 대해 몇 가지 사례가 소개될 것이다.

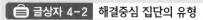

글상자 4-2 해결중심 집단의 유형

• 단일 회기 집단

급성 정신신경증 입원병원과 같은 기관의 경우, 내담자의 교체율이 너무 높아서 상담자들은 매 집단 회기를 유일한 회기로 간주하고 계획을 하게 된다. 번과 그의 동료들(Vaughn et al., 1996)은 다음과 같은 주제에 초점을 두고 하루 세 번의 집단을 운영하는 해결중심 입원환자 집단 프로그램에 대해 설명한다.

1. '왜 지금인가' – 현재의 입원에 대한 내담자들의 목표를 끌어내는 데 초점을 둔다.
2. '해결책' – 내담자들이 현재 문제에 대한 해결책을 발전시키도록 돕는 데 초점을 둔다.
3. '선택' – 병원 밖에서 내담자들이 유지할 수 있는 계획을 만드는 데 초점을 둔다.

이 일일 프로그램은 내담자들이 집단에 지속적으로 참여해야 한다는 기대 없이, 이 자체가 하나의 자립적인 프로그램으로 설계되었다.

• 계획된 단기 주제중심 집단

이 해결중심 집단은 특정 회기(보통 4회기에서 8회기) 동안 운영하도록 계획되고, 기적 질문이나 '첫 회기 과제 공식'(de Shazer, 1985) 등 해결중심 연습으로 구성되며, 예를 들어, 해결지향 부모 집단(Selekman, 1993)이나 가정폭력 가해자를 위한 집단(Uken & Sebold, 1996), 학교 내 집단(LaFontain et al., 1995) 등과 같이 동질적인 내담자로 이루어진다.

• 통합적 해결중심 집단

이 집단은 일반적으로 8회기에서 12회기의 단기로 진행되며, 인지행동치료를 해결중심 집단과정에 통합하는 등 다른 치료 모델을 조합하여 구성한다. 예로는 분노 조절 집단 (Schoor, 1997)이나 부모 훈련 집단(Sharry, 1999)이 있다.

• **교육/훈련 집단**

해결중심 기법은 학생들이 스스로 지식을 창출하거나 교육 내용을 받아들이고 적용하는 데 도움을 주는 교육과 훈련 집단에도 적용할 수 있다(Sharry, 2004a).

• **조직 컨설팅/팀 빌딩**

해결중심적 아이디어는 퍼먼과 아홀라(Furman & Ahola, 1997)의 '리티밍 (Reteaming)' 접근법처럼 조직 컨설팅이나 팀 빌딩에도 적용되어 왔다.

중요한 원칙은 여러분이 참여시키기 원하는 내담자들이 선호하는 집단 형식을 선택하는 것이다. 집단 형식을 내담자들의 구체적인 욕구에 맞춤으로써, 내담자들이 흥미를 가지고 쉽게 접근할 수 있도록 하는 것이다. 이를 위해서는 앞의 〈사례 4-2〉에서 보여 주었듯이, 내담자들과 의논하는 시간을 충분히 가지며, 이들의 욕구를 충족할 수 있는 집단을 제공하도록 유연성을 가지는 것이 필요하다.

최적의 집단을 위해서는 맥락이 중요한 요인이다. 강점기반의 관점에서 볼 때 치료자가 자신의 전문성을 발휘할 수 있는 맥락의 이점을 최대한 활용하는 것이 목표가 된다. 예를 들어, 병원에 부속된 서비스로는 정신건강 지지 집단을 위한 드롭인 방식이 더 적합할 것이며, 대학이나 교육기관에 연관된 서비스는 정신건강 문제를 관리하는 '강좌'를 제공하는 것이 더 용이할 것이다. 궁극적으로 봤을 때, 전문가들과 내담자 사이에 최고의 적합성을 발견하는 것이 목표다. 여러분은 전문적 맥락에서의 자원과 강점을 내담자의 자원과 강점에 잘 연계시킬 수 있는 집단 형식을 선택하기 원할 것이며, 이는 바람직한 협력 작업의 핵심이라고 할 수 있다.

내담자들을 집단으로 유인할 수 있는 요인은 무엇인가?

성공적인 치료 집단의 필수적인 특징은 집단 구성원들이 공동 작업에 함께하면서 서로 통한다고 느끼며 상호 지지를 받는다고 여기는 것이다. 이것이 집단 응집력의 의미다. 이 점에 대해서는 집단 구성과 집단 구성원 선택에 대해 다루면서 더 자세히 살펴보도록 하겠다.

그러나 집단 설계의 초기 단계에서도 집단 응집력을 고려하는 것이 중요하다. 참여자들이 서로 연결감을 느낄 수 있을 정도로 공통점이 충분히 많고, 공동 과업을 함께할 수 있을 만큼 집단으로서 결속할 만한 참여자를 모으기에 적합한 집단 형식과 맥락을 선택하는 것은 매우 중요하다. 집단 응집력은 사회 내 주변화된 부문을 위한 집단을 설계하는 전문가들에게 중요한 시사점을 갖는다. 내담자에게 자신과는 다른 문화와 배경을 가진 집단 구성원과 상담자로 이루어진 집단에 참여하라고 고집하는 것은 성공하지 못할 확률이 높다. 설령 참석한다고 해도 그 차이를 적절히 수용하고 집단 내에서 존중하지 못한다면 집단 소속감에 문제가 될 수 있다. 이러한 경우에는, 상담자들이 참여시키기 원하는 사람들의 가치와 문화를 반영하여 집단과 개입을 설계하는 것이 더 성공적일 것이다. 예를 들어, 대부분의 참여자가 기혼이며 나이가 많은 중산층으로 이루어진 정신건강 지지 집단에 일하는 미혼모들을 참여시키기보다는, 지역사회 내에서 비슷한 연령과 배경 및 유사한 관심을 가진 내담자들이 주로 참여하는 집단을 구성하는 것이 더 성공적일 것이다. 이런 지역사회 집단이 훨씬 더 응집력 있고, 효과적일 확률이 높다.

또한 집단을 설계할 때는 잠재적 집단 구성원들에게 매력적이고 흥미를 끌 수 있으며, 참여에 대한 자부심을 이끌어 낼 수 있는 집단 형식을 선택하는 것이 중요하다. 내담자들이 자신에게 도움이 될 것이라고 믿을 수 있으며, 변화에 대한 희망을 갖게 하는 집단을 설계하는 것이 중요하다. 때로는 환경이나 모임 장소를 바꾸는 것만으로도 큰 차이가 나타날 수 있다. 예를 들어, 아동보호 센터와 연관된 지역보건 센터에서 열리는 부모 집단에 참석하는 것은 내담자에게 매우 끌리지 않는 일일 수 있다. 왜냐하면 참여가 곧 낙인과 연계되고 내담자들 마음에 변화에 대한 비관적인 생각을 불러일으키기 때문이다. 그러나 유사한 집단을 낙인이 없고 지역사회 내에서 좀 더 긍정적인 명성을 갖고 있는 지역 내 가족자원 센터나 예비학교에서 진행하면 내담자들에게 참여에 대한 열망뿐 아니라 자신들에게 도움이 될 것이라는 희망을 좀 더 불어넣을 수 있다. 따라서 집단을 설계할 때는 내담자들이 자신들에게 도

180 제4장 해결중심 집단의 설계

180 제4장 해결중심 집단의 설계

180 제4장 해결중심 집단의 설계

움이 될 것이라고 믿는 것이 무엇인지 주의 깊게 경청하여 집단을 그들의 욕구에 맞추는 것이 중요하다. 이 부분에 대해서는 제5장에서 더 다루기로 한다.

얼마 동안 집단을 진행해야 하는가?

해결중심치료는 기본적으로 단기적인 개입 방법이다. 목표는 시간에 민감해지는 것(to be time-sensitive), 즉 가능한 시간을 최대한 활용하여 내담자가 상담에 가져온 문제의 해결책을 최대한 짧은 시간 안에 찾는 것이다. 치료는 내담자들의 삶에서 '사회적 지원에 대한 대체물'로 제공되는 것이 아니라, 내담자들이 기존의 사회적 관계와 연계망 내에서 적절한 지원을 받거나, 이것들이 부재할 경우 새로운 지원을 받을 수 있도록 돕는 것이다.

해결중심 집단상담 또한 시간에 민감할 뿐만 아니라 단기로 이루어지는 데 목표가 있다. 집단은 상황에 따라 1회기에서 12회기로 계획한다. 내담자들의 효과를 극대화하기 위해서 회기 간 간격은 창의적으로 조정할 수 있다. 예를 들어, 매주 한 번씩 5회기를 진행하는 대신 격주로 진행함으로써 내담자들이 변화를 실행하고 자신의 자원을 활용해 문제를 해결할 수 있도록 시간적 여유를 주는 것이 좀 더 적용 가능할 수 있다. 셀렉만(Selekman, 1993)은 6회기 부모 집단을 실행하면 처음에는 매주 회기를 진행하는 것으로 시작하였지만, 종종 회기 간 간격을 늘려 그 시간에 부모들이 새로운 발상에 익숙해지고, 자신의 능력을 더욱 신뢰할 수 있도록 하였다.

평가 회기의 활용은 단기 치료에서 시간을 창의적으로 활용하는 또 하나의 방법이다. 버컴과 그의 동료들(Barkham et al., 1999)은 내담자들이 주 1회씩 두 번의 회기를 가진 다음에 두 달 후 평가시간을 갖는 단기 치료인 '투 플러스 원(two plus one)' 모델에 대해 설명한다. 평가는 집단상담에서도 유사한 방식으로 적용할 수 있다. 예를 들어, 4주간 집단개입을 한 다음, 두 달 후에 평가를 진행할 수 있다. 평가 때 충분히 진전이 있는 내담자는 치료를 종결하며, 그렇지 않은 내담자는 심화된 집단치료나 다른 개입 등 내담자에게 효과적인 방법으로 치료 개입을 한다. 이러한 방식의 평가회기 활용은 해결중심치료의 여러 핵심 가치를 담고 있다. 치료는 내담자들에게 '중심적인 반영 공간'을 제공하는 것으로 여겨지나, 변화는 대부분 치료 회기 밖에서 내담자의 환경에 있는 사람들과 함께 일어난다. 비록 내담자가 매주 치료에 참석하지는 않더라도, 평가 회기를 가질 것이라는 전망으로 인해 내담자들은 계속해서 치료 목표에 초점을 두며 이를 성취하기 위해 자신의 자원을 동원할 수 있게 된다.

내담자에게 몇 가지 단기 집단을 제공하는 것은 정신건강 분야에서 대안적 모델의 기반이 될 수 있다. 정신건강 문제를 가진 내담자에게 전통적인 형식의 기간개방형의 장기적인 외래 집단을 제공하기보다는 몇 가지 단기 집단을 제공할 수 있다. 예를 들어, 정신보건 센터에서 자기주장 기술, 분노관리, 이완, 대인관계, 부모교육 등 기타 창의적 활동을 제공하고 내담자들은 자신의 욕구와 목표에 따라 특정 시기에 주기적으로 참여할 수 있다.

2. 집단에 참여할 내담자를 선택하고 사정하기

여러분이 이제 상담자로서 어떤 집단을 설계했다고 가정해 보자. 또한 여러분은 주요 관계자들로부터 승인을 얻었고, 홍보 등 여러 가지 수단을 통해 상당수의 내담자를 의뢰받았다. 이제 각 후보자가 이 집단에 적합한지 사정해야 하는데, 이를 실행할 최적의 방법은 무엇인가? 집단에 참여함으로써 가장 큰 도움을 얻을 내담자를 어떻게 결정할 것인가?

집단을 시작하기 전에 내담자를 사정하거나 스크리닝하는 것이 매우 중요한 단계라는 점은 해결중심(LaFontain, 1999)을 비롯한 다른 집단 상담자들(Corey, 2000; Yalom, 1995)이 일반적으로 합의하고 있다. 이는 집단개입의 긍정적인 힘과 아울러 안타깝게도 부정적인 힘을 인식하는 것이다. 따라서 중요한 점은 집단에 참여함으로써 스스로에게 득이될 뿐만 아니라, 다른 구성원에게도 득이 되거나 적어도 해가 되지 않을 만한 집단 구성원을 선택하는 것이다. 개인상담과 달리 집단에서 중도에 탈락하는 것은 당사자뿐 아니라 이로 인해 불안정을 겪게 되는 다른 집단 구성원에게도 도움이 되지 않는다는 점을 경험이 많은 상담자들은 알고 있다. 가능하다면 시작 전에 집단이 내담자의 목표에 부합하는지, 그리고 내담자가 해당 집단에 적합한지를 미리 파악하는 것이 좋다. 일반적으로 다른 의뢰 가능성을 논의하면서 초기에 불참 의사를 결정하는 것이 중도에 그만두는 것보다 더 낫다. 미국상담협회(The American Counseling Association, 1995)에서는 이를 '기준 및 윤리강령'으로 정하고 있다.

> 상담자들은 가능한 한 집단의 목표에 부합하는 욕구와 목표를 가진 구성원, 즉 집단과정에 방해가 되지 않으며 집단 경험으로 인해 자신들의 복지에 해를 입지 않는 이들을 집단 구성원으로 선택한다(1995: 9).

전통적으로 집단의 상담이나 치료를 위한 내담자의 사정과 선택에 대한 연구는 배제 기준을 정의하려는 시도에 집중해 왔다(Corey, 2000; Yalom, 1995). 전통적인 집단상담에서 어떤 '내담자 유형'이 중도 탈락하거나 좋지 않은 성과를 내는지 찾는 데 연구의 목적이 있었으며, 이를 통해 편집증, 소시오패스, 건강염려증 등의 명칭이 붙은 내담자들이 포함된 배제 목록을 구성하였다(Yalom, 1995). DSM-IV와 ICD-10 등으로 대표되는 질병 분류에 대한 연구에 많은 투자가 이루어졌음에도 불구하고, 표준 진단 면담은 이후 집단치료에서의 행동과 성과를 예측하는 데 별로 가치가 없는 것으로 나타났다(Piper, 1994). 나아가 특히 경도의 질병에 대해서는 경험이 많고 숙련된 임상가가 면담을 진행하더라도 진단의 신뢰도가 매우 낮은 것으로 알려져 있다(Perry, 1992).

강점기반의 관점에서 우리는 배제 기준보다는 합류 기준을 밝히는 것에 더 관심이 있으며, 취약 집단과 작업에서의 어려움을 설명하는 것보다는 전문가들이 어떻게 하면 이들과 협력할 수 있는지를 찾는 데 더 관심이 있다. 어떤 내담자가 특정 집단에 적합하지 않다기보다는 해당 집단이 내담자의 구체적인 욕구에 맞게 설계되지 못했다고 하는 것이 더 맞다. 얄롬(Yalom, 1995: 219)이 말하듯이, "거의 대부분의 환자들이…… 어떠한 특정 집단에는 적합할 것이다." 상담에 참여시키고자 하는 내담자에게 적합한 집단을 설계할 책임은 전문가에게 있다.

전통적인 사정은 '전문가중심'의 과정으로 진행되어 왔다. 임상가가 사례 기록을 살펴보고 내담자를 면담한 다음, 그 내담자가 집단상담에 적합한지와 어떤 유형의 집단이 적합한지 여부를 결정하였다. 사정 절차는 내담자가 아니라 임상가의 판단에 달려 있었다. 판단 기준과 전체 결과는 내담자에게 알리지 않아도 되었다. 강점기반의 관점에서 볼 때 집단 참여에 대한 사정은 내담자와 임상가 공동의 협력적 과정이다. 사정과정이 투명하며, 배제 기준이 아니라 내담자의 합류에 초점이 있다. 이 과정의 목표는 집단의 적합 여부에 대해 내담자와 합의에 이르는 데 있다. 집단이 내담자에게 맞지 않다면, 앞으로의 방향에 대해 다른 대안과 가능성을 내담자와 함께 찾아본다. 내담자들은 충분한 사전정보 제공(집단의 목표와 방법, 이점에 대해 분명하게 설명하는 브로슈어 등, 제5장과 [그림 5-1] 참조)과 함께 사정을 위한 면담에서도 협력적이고 투명한 작업 방식을 적용함으로써 사정과정에 참여할 수 있도록 도움을 받는다.

합류 기준

다음은 집단상담 내담자들을 사정하고 스크리닝하기 위한 협력적이고 강점기반의 접근으로 안내하는 4가지 기준이다. 이 기준은 이상적인 협력적 집단 설계를 위한 원칙([글상자 4-1] 참조)에 해당하며, 밀러 등(Miller et al., 1997)이 효과적인 심리치료의 공통 요인에 대한 분석에서 설명한 질 높은 치료 과정의 지표와도 잘 들어맞는다. 브로슈어 등의 집단에 대한 사전정보에 이러한 합류 기준을 제시해야 내담자들이 미리 이를 보고 스스로 선택에 대한 판단을 할 수 있다.

 글상자 4-3 집단 합류 기준

- 목표에 대한 합의
- 방식에 대한 합의
- 집단 응집력
- 높은 희망과 기대

목표에 대한 합의

협력적 목표나 공동 과업에 대한 어느 정도의 이해 없이 집단이 제대로 기능할 수 없다는 점에 대해서는 선행연구들이 일반적으로 합의하고 있다(Johnson & Johnson, 1994). 집단 목표는 집단의 유형에 따라 다르다. 예를 들어, 전통적인 집단상담의 목표는 좀 더 만족스러운 대인관계를 갖도록 집단 구성원을 돕는 것일 수도 있고, 교육 집단에서는 학생들이 글을 읽도록 돕는 것일 수 있으며, 사별가족 집단에서는 사랑하는 이의 상실을 받아들일 수 있도록 돕는 것일 수 있다. 집단에 합류하기 위해서는 이러한 공동의 목표를 공유할 수 있어야 한다. 즉, 개인의 목표가 집단 목표와 맞아야 한다. 개인 목표가 집단 목표와 동일할 필요는 없지만, 이들 사이에 겹치는 부분과 공통분모가 충분히 있어야 한다. 앞에서 논의했듯이 집단의 주요 목표는 집단을 실제로 시작하기 전에 설계 단계에서 정의해야 한다. 참여자 간에 충분한 수렴이 이루어지기 위해서는 사전에 목표를 어느 정도 형성하고 충분히 소통하는 것이 필수적이다. 자동차 역학을 배우기 위해 시문학 수업에 참석하는 것은 의미 없는 일이 아니겠는가! 이는 매우 간단한 일처럼 들릴 수 있지만, 집단 목표가 개인의 목표와 맞지 않는다면 집단상담은 개인에게 효과가 없다. 얄롬(Yalom, 1995: 219)이 말했듯이, "무엇보다도 고려해야 할 중요한 사항은 내담자가 그 집단의 주요 과업에 참여할 수 없다면 집단치료에 실패할 것이라는 점이다."

이러한 이유로, 설계 단계에서 설정된 집단의 전체 목표에 부합되는 의미 있는 목표를 내담자가 명료하게 기술하는 것은 중요한 합류 기준이 된다. 이러한 목표중심의 접근은 가정폭력의 가해자들과 일하는 등의 도전적인 상황에서도 내담자의 참여도를 높일 수 있다. 예를 들어, 플루마스(Plumas) 프로젝트(Lee et al., 2003)에서는 가정폭력 치료에서 내담자의 위기 수준, 문제의 심각성 혹은 동기 수준을 참여 기준으로 두는 대신에 내담자들이 매주 집단에서 다룰 준비가 되어 있는 성취 가능하고 의미 있는 목표를 설정하는 것을 참여를 위한 중심 기준으로 정했다. 때로 내담자들이 선택한 목표는 배우자와의 관계를 개선하거나 차분해지고 자신을 제어할 수 있는 것 등의 원래의 문제와 연관되어 있으며, 때로는 글 읽는 법을 배우거나 친척들과 다시 연결되는 것과 같이 내담자의 개인적 측면과 관련이 있다.

이것이 해결중심 집단상담에서 목표가 가장 중요한 이유이자, 초기 단계에서 적합한 집단 유형을 설계하기 전에 내담자가 성취하고자 하는 바를 설정하는 데 수많은 시간을 사용하는 이유다.

방식에 대한 합의

모든 상담 집단은 상담의 방법을 알려 주고 집단 규범을 만들어 내는 어떤 이론적인 지향을 따른다. 예를 들어, 참만남 집단에서는 자기 개방과 상호 공유 및 피드백을 강조하고, 인지행동 집단에서는 전략과 기술의 교육을 강조할 것이다. 또한 해결중심 집단은 개인의 목표 설정, 강점 지향성, 변화에 대한 초점을 강조할 것이다. 내담자가 필요로 하는 바와 기대하는 바가 집단의 기법이나 과정과 부합되어 이것이 최상의 성과로 이어지는 경우에 집단상담을 고려해야 한다. 많은 내담자들은 집단 방식이 자신들이 선호하는 집단상담 방식과 맞지 않거나 자신의 강점에 일치하는 방식이 아닐 경우, 상담을 중도에 그만두므로 이는 매우 중요한 요소다. 단기 분석지향적 집단치료에 의뢰된 109명의 내담자에 대한 한 연구에 따르면 33명의 중도 탈락자들은 지속적 참여자에 비해 현저하게 '심리학적 성향(psychological mindedness)'이 낮은 것으로 나타났다(McCallum et al., 1992). '심리학적 성향'에 대한 측정은 내담자들이 환자와 치료자 간의 상호작용을 보여 주는 짧은 모의 영상을 본 후 그 과정에 대해 설명하도록 하여 이루어졌다. 심리학적 성향이 낮은 것은 중도 탈락자들의 결점이 아니라 방식의 불일치로 이해할 수 있다. 해당 집단의 분석적 방식이 이들에게는 맞지 않았으며 다른 집단치료 방식이 더 유용했을 것이다.

덩컨과 밀러(Duncan & Miller, 2000)는 『영웅적 내담자(The Heroic Client)』라는 저서에서 '변화 이론'에 대한 내담자의 민감성이 효과적인 치료 모델을 선택하는 데 핵심 요인이라고 주장한다. 간단히 말해서, 문제가 어떻게 발생하며 해결책을 어떻게 도출할 수 있는지에 대한 내담자의 견해와 신념이 치료 모델의 중심적인 견해와 신념에 잘 부합될 때 치료가 성공적일 확률이 크다. 예를 들어, 음주문제가 있는 어떤 내담자가 알코올 중독은 스스로 통제할 수 없는 질병이고, '더 높은 힘'에 의지하며 자조 집단 구성원 간의 상호 지지를 통해 도움을 받을 수 있다고 믿는다면, 이 내담자에게는 AA 집단이 성공적일 것이다. 마찬가지로 어떤 내담자가 음주 습관은 학습된 행동과 잘못된 사고방식으로 인해 생긴 문제이며 생각을 바꾸고 새로운 습관과 행동을 개발함으로써 고칠 수 있다고 믿는다면, 인지행동치료(CBT) 집단에서 성공할 가능성이 높을 것이다.

협력적인 관점에서 볼 때, 집단 방식에 대해 투명하게 공개하고 그것에 내재된 한계와 더불어 특정 방식이 모든 사람에게 적합한 것이 아니라는 사실을 인정하는 것이 우리에게는 매우 중요하다. 이러한 불일치를 일찍 발견하는 것이 중도 탈락보다 더 나으며, 좀 더 적절한 집단으로 의뢰할 수 있는 기회 또한 제공한다. 얄롬(Yalom, 1995: 219)은 다음과 같이 설명한다.

> (일부 예외를 제외하고) 대부분의 내담자들이 어떤 특정 집단에는 적합할 것이다. 예를 들어, 비밀스럽고 비심리학적 성향의 거식증 환자라면 일반적으로 장기적인 상호작용 집단에는 잘 맞지 않는 후보일지 모르지만 동질적인 인지행동 식이장애 집단에는 이상적일 수 있다.

마찬가지로 해결중심 집단이 모든 사람에게 맞는 것은 아니다. 강점기반의 문화와 맞지 않거나 작업하기 원하는 개인 목표를 기술할 수 없는 내담자의 경우, 이 시점에서는 다른 개입 방법을 찾는 것이 좋다. 라폰테인(LaFontain, 1999: 86)에 따르면 "해결중심 치료 집단에 합류하기 위한 2가지 주요 특징은 다른 사람을 바꾸려고 시도하기보다는 자기 자신을 변화시키는 일을 잘 받아들이며, 스스로 성취 가능한 목표를 분명히 세울 수 있는 것"이다.

우리가 고려해야 할 마지막 사항은, 내담자들의 목표와 마찬가지로 이들이 선호하는 상담 방식 또한 바뀔 수 있다는 것이다. 내담자들의 욕구와 희망은 상황이 변함에 따라 시간이 지나면서 변하기 때문에 '이상적인 집단 유형'에 대한 재평가는 언제나 필요하다.

[📷 사례 4-3] 적합한 집단 형식 찾기

비교적 지지적이며 개방형 구조로 운영된 지역사회 기반의 정신건강 집단을 진행하면서 상담자들은 집단이 대부분의 내담자들에게 도움이 됨에도 불구하고, 일부 장기적인 내담자들로 인해 종종 상담이 지장을 받는다는 사실을 발견하였다. 이 내담자들은 발언 순서를 무시하고 끼어들거나, 다른 내담자들에게 부정적인 태도를 보였다. 이들은 이미 상당한 정신건강 문제가 있다고 평가된 사람들로, 많은 수가 성격장애 진단을 받은 이력이 있다.

상담자들이 상황을 점검하면서 느낀 것은 이들 특정 내담자들은 자신들이 집단에 미치는 영향에 대해 모르고 있으며, 개방형 형식에 잘 적응하지 못하고 있다는 점이었다. 상담자들이 이들과 대화해 보니 내담자들은 집단 내에서 '위축된다'고 느끼지만 계속 참여할 의사가 있으며, 몇 가지 일상생활 문제에 대해 도움을 받고 싶다고 밝혔다.

이러한 상황을 반영하여 상담자들은 기존의 개방형 집단에 더해 구체적인 일상생활 목표에 초점을 둔 다양한 소규모 단기 집단을 교육적 형식을 활용해 제공하기 시작했다. 이 집단에서는 스트레스 관리, 일자리 찾기 등의 주제를 다루었다. 이들 집단은 모든 사람에게 발언 기회를 주기 위해 소규모로 운영하였고, 마지막에는 짧은 여가시간도 제공했다. 이러한 새로운 형식은 기존에 방해가 된다고 여겨졌던 내담자들의 욕구를 충족시키는 데 좀 더 성공적이었다.

집단 응집력

개인상담에서 성공적인 결과를 가장 잘 예측하는 요인 중 하나는 상담자와 내담자 간의 치료적 관계의 질이다. 베테랑 연구가인 램버트(Lambert, 1992)는 심리치료를 통한 긍정적 변화의 30%

가 이러한 관계에 기인하며, 따라서 치료자가 치료 방식을 통해 가장 직접적으로 영향을 미칠 수 있는 요인 또한 이 관계의 질이라고 평가했다. 집단상담에서 이와 유사한 개념은 집단 응집력으로, 내담자와 상담자의 관계뿐 아니라 내담자들 간의 관계, 그리고 각 내담자가 집단 전체와 가지는 관계까지 포함한다. 얄롬(Yalom, 1995)은 집단 응집력이 성공적인 집단치료의 성과를 보장하는 데 있어서 개인치료의 치료적 동맹만큼이나 중요하다고 보았다. 1년 동안의 집단치료를 끝낸 40명의 내담자를 연구한 결과, 상담 초기 (6회기)에 발견한 내담자 요인 중에서 1년 후 성공적인 상담 결과를 예측한 요인은 집단에 대한 내담자의 전반적 매력과 집단 내 인기도뿐이었는데, 이 2가지는 모두 집단 응집력에 해당하는 요소다 (Yalom et al., 1967).

따라서 한 집단의 내담자들을 결속시키는 데 있어서 중요한 점은 집단 과업을 수행할 수 있을 정도로 충분히 잘 맞는 사람들로 구성하도록 노력하는 것이다. 왜 어떤 사람들은 서로 죽이 잘 맞고, 또 어떤 이들은 잘 안 맞는지는 수수께끼인 경우가 많으므로 과학적으로는 매우 불명확하지만, 다소의 연구들이 지지한 도움이 될 만한 몇 가지 지침이 있다. 여기서 중요한 점은 일반적으로 중도 탈락자들이나 집단상담에서 성공적 경험을 하지 못했던 사람들은 집단상담을 완수한 대다수의 사람들과 분명히 다른 점이 있다는 사실이다. 간단히 말해서 그들은 집단의 주류 문화와 맞지 않으며 집단은 이러한 '차이'를 수용하지 못한다. 얄롬(Yalom, 1995: 229)은 다음과 같이 주장한다.

집단 중도 탈락자들은 다른 구성원들에 비해 집단에서 만족감을 덜 느끼고, 불안감을 경험하며, 집단에서 덜 존중받고, 집단으로부터 영향을 받거나 도움을 받을 가능성이 더 적으며, 집단에게 피해를 받기 더 쉬우며, 집단을 그만둘 확률이 훨씬 더 높다는 명백한 실험적 근거가 있다.

따라서 우리는 내담자가 집단의 일부라고 느끼고 소속감을 가지는 것이 중요한 집단 합류 기준이라고 결론지을 수 있다. 집단상담에서 '서로 다름'은 다채롭고 유익할 수 있지만, 응집력은 핵심적인 유사점들에서 비롯되는 것으로 보인다. 사람들은 자신과 동일시할 수 있는 구성원들이 있는 집단을 좋아하며, 자신들의 문화와 소통 방법을 소중하게 여기고 존중할 때 편안하게 느낀다. 집단 구성원들을 선발할 때는 주요한 차이점으로 인해 스스로 소수자라고 느낄 만한 참가자들에게 세심한 주의를 기울여야 한다. 우리가 고려해야 할 차이점들은 다음과 같다.

- 성별
- 나이
- 인종/민족성
- 문화
- 장애
- 문제의 심각성 혹은 유형

일반적으로 홀로 흑인이거나, 홀로 나이가 많거나, 홀로 장애인인 경우처럼, 특정 소수 집단에 속한 구성원이 유일하게 한 명만 있게 되는 상황이 생기지 않도록 하는 것이 좋다. 이럴 경우 그 사람은 소외감을 느낄 위험이 있다. 따라서 집단 구성에 있어서 균형을 맞추도록, 특히 앞에서 언급한 주요한 차이에 대해 균형을 맞추도록 해야 한다. 예를 들어, 한 집단에 젊은 여성 한 명만 있는 것보다는 집단 응집력을 위해 젊은 여성 몇 명이 더 합류하도록 애쓰는 편이 좋다. 각 집단 구성원을 선택할 때는 집단 내에서 어떤 사람이랑 잘 통할지, 비슷한 사람은 누가 있는지, 어떤 사람들이 주제를 함께 공유하기 쉬운지에 대해 깊이 생각해 보는 것이 유용하다.

물론 많은 경우에 모든 특징적인 차이들을 다루는 것이 어렵고, 주요 소수 집단 구성원이 한 명만 있게 되는 것을 피할 수 없을지 모른다. 이러한 경우에는 이들 이슈에 대해 민감성을 가지는 것이 중요하며, 이들 내담자가 집단에 대한 소속감을 확실히 느낄 수 있도록 준비해야 한다. 스크리닝 면담에서 내담자와 함께 이러한 주제를 개방적으로 다루는 것이 좋다. 예를 들어, 여러분은 스크리닝 면담을 하면서 부모교육 집단의 어머니 한 분에게 이렇게 말할 수도 있다.

집단에서 우리는 행동관리에 대한 어머니의 목표 중 많은 것을 다루게 될 것입니다. 그런데 어머니께서는 집단에서 유일하게 발달 장애 자녀를 양육하는 분입니다. 저는 이 점에 대해 어머니께서 어떻게 느끼시는지, 그리고 어머니의 고유한 관심사를 다루고 어머니께서 집단에 대한 충분한 소속감을 갖기 위해 우리가 할 수 있는 일이 무엇인지 현재 생각하고 있습니다.

집단 구성원 간의 동일성이 응집력을 만드는 데 중요하기는 하나, 이질성은 풍부함과 다양성을 제공하는 데 중요할 수 있다. 해결중심 집단상담에서 차이와 다름은 집단 구성원들이 서로 배울 수 있도록 한다. 집단 구성원들은 일련의 대처 방식과 문제해결 방법을 보여 줄 수 있으며, 이를 통해 자신들을 위한 새로운 가능성을 열 수 있다(LaFontain, 1999). 그러므로 집단 구성원은 서로가 동일시할 수 있을 정도로 충분히 유사하면서, 서로 배울 수 있을 정도로 충분히 다를 필요가 있다. 궁극적으로 어떻게 집단을 구성할 것인지를 결정함에 있어서 내담자들이 우리를 이끌도록 해야 한다. 우리는 예비 내담자와 함께 집단 유형, 구성원의 유형, 다루게 될 주제에 대해 개방적으로 논의할 수 있다. 이 시점에서 이러한 집단 유형이 내담자들의 욕구에 적합한지 여부는 상담자와 내담자가 함께 결정할 수 있다.

높은 희망과 기대

제1장에서 설명한 바와 같이 변화에 대한 희망과 기대는 개인상담과 집단상담 모두에서 치료적 변화를 위한 결정적인 전제조건의 하나다. 연구자들의 사전 집단 실험에 따르면, 집단상담이 삶에 긍정적 변화를 가져올 것이라는 높은 기대를 가진 내담자가 집단상담에서 가장 많은 득을 얻는 것으로 나타났다(Lieberman et al.,

1973). 그러므로 예비 내담자가 집단에 대해 신뢰하고 집단이 자신의 삶에 변화를 만들어 낼 것이라는 점을 기대하는지의 여부가 집단에 합류 여부를 결정하는 주요 기준이 된다. 이러한 희망과 기대는 다양한 원천에서 나올 수 있다.

- 집단 목표에 대한 강한 믿음
- 집단 방식에 대한 선호와 이해
- 집단 구성원이 되는 것에 대한 자긍심
- 다른 집단 구성원에 대한 연결감과 동일시
- 상담자나 주최 기관에 대한 신뢰

예비 내담자와 함께 참여 여부를 결정짓는 데 있어서 내담자들의 희망과 기대는 중요한 요인이다. 이들이 개인치료나 다른 환경의 집단 등 또 다른 개입 방법을 더 강하게 신뢰한다면 그쪽으로 의뢰하는 것을 생각해 봐야 한다. 혹은 이들이 집단 구성원에 대해 신뢰하지 않거나 집단이 도움이 될지 확신하지 못한다면 참여를 늦추는 게 나을지도 모른다. 예를 들어, 자신의 음주문제에 대해 이제 막 직시하게 된 내담자의 경우, 적극적인 금주 전략 탐색에 초점을 둔 집단에 아직 합류할 준비가 되지 않았을 수 있다. 이들이 해당 집단에 대한 믿음이 좀 더 강해질 때까지 혹은 참석에 대해 스스로 결정을 내릴 때까지 의심하면서 철저히 생각하고 다른 대안들에 대해 고려한다고 생각하라. 이같이 내담자가 집단 프로그램에 참여하는 시점은 결정적이며 결과에 중요한 영향을 미친다. 집단에 참여했다가 중도에 그만두고 앞으로의 변화에 대해 비관적으로 되는 것보다는 내담자의 동기가 좀 더 유발될 때까지 미루는 것이 훨씬 더 바람직하다.

3. 요 약

이 장은 집단의 설계와 구성에 있어서 중요한 영역들을 탐색하였다. 내담자의 욕구와 목표에 맞는 집단 유형에 대해 충분한 시간을 갖고 고민하지 않기 때문에 많은 집단들이 시작도 하기 전에 어려움에 빠지곤 한다. 이미 시작한 여러 집단도 유사하게 어려움에 처하거나 높은 중도 탈락률로 고통을 겪는데, 이는 집단 구성원들이 서로 지지하고 배울 기회를 보장할 수 있도록 집단 구성에 충분한 주의를 기울이지 않았기 때문이다. 이러한 아이디어에 기초하여 다음 장에서 우리는 잠재적 내담자를 모으고 참여하도록 끌어들일 수 있는 방법과 내담자가 집단에 참여하여 최상의 것을 얻을 수 있도록 집단 구성원으로 준비시킬 수 있는 방법에 대해 생각해 볼 것이다.

제5장

내담자의 참여와 동기 유발

진리의 길을 따르는 데는 2가지 실수만 있을 뿐이다. 하나는 시작하지 않는 것이고, 다른 하나는 모든 길을 가 보지 않는 것이다.

　　　　　　　　　　　　　　　　　　　　　　－Buddha

위대한 지도자는 올바른 방향을 알려 주며 사람들이 스스로 여행하도록 격려한다.

　　　　　　　　　　　　　　　　　　　　　－Jonah Blank

당신은 다른 사람에게 어떠한 것도 가르칠 수 없다. 단지 스스로 발견하도록 도울 수 있을 뿐이다.

　　　　　　　　　　　　　　　　　　　　　　　－Galileo

성공적인 집단 운영에 있어서 가장 어려운 일 중 하나는 집단에 기꺼이 참여하며, 종결될 때까지 지속적으로 출석할 만큼 동기가 있는 내담자를 충분히 확보하는 것이다. 몇몇 전문가들은 집단의 일원이 되기 위해 문을 두드리는 동기 충만한 내담자들이 차고 넘치는 행복한 상황에 있을 수 있다. 그러나 상당수의 환경에서는 그 반대 경우인 것이 사실이다. 개인상담소의 상담자들은 상담 집단에 적합하거나 관심이 있는 내담자를 소수만 만날 수 있을지도 모른다. 법정 정신보건기관에는 의뢰되는 내담자가 많을 수 있으나 내담자들이 집단상담 선택을 꺼려 한다. 약물상담자나 아동보호기관의 사회복지사 또한 많은 내담자를 의뢰받지만, 내담자들이 참석 자체를 거부할 수도 있다. 학교상담자는 학생들 내에서 '전속청중'을 확보할 수 있으나 이들을 자발적인 자기계발 집단에 참여시키는 것은 또 다른 이야기다. 지역사회복지사들은 지역 내에서 청소년 집단을 시작하는 것이 좋은 발상이라고 생각할 수 있으나, 이것이 좋은 생각임을 가족들이 확신하도록 만들고 이들이 과정에 참여하도록 하는 것은 좀 더 어려울 때가 많다.

어떤 특성의 집단이든 집단이 개설되기 전에 집단 구성원들을 끌어들여 합류시킬 필요가 있다. 집단을 시작할 때부터 합리적으로 잘 동기화된 내담자들이 참여하지 않거나 참석자들이 왔다 갔다 하거나 첫 주 참석 이후에 그만둔다면, 결원된 집단 구성원만 잃는 것이 아니라 계속해서 참석하는 구성원들에게도 불이익이 돌아간다. 몇몇 구성원들의 불규칙적이거나 낮은 출석률로 인해 집단 전체가 어려움을 겪게 된다(Yalom, 1995). 그러므로 시작부터 내담자를 참여하게 만들고 동기를 유발하는 것은 필수적이다. 해

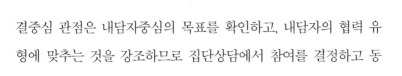

결중심 관점은 내담자중심의 목표를 확인하고, 내담자의 협력 유형에 맞추는 것을 강조하므로 집단상담에서 참여를 결정하고 동기를 유발하는 부분에 틀림없이 많은 도움이 된다.

1. 동기 이해하기

사람들은 동기란 고정된 것이며 내담자 안에 본래부터 있는 것으로 종종 생각한다. 여러 전문 보고서들은 정확히 무엇 때문에 내담자들의 동기가 저하되었으며 왜 변화하지 않으려고 하는지에 대해서는 설명도 하지 않은 채, '동기가 없는' 혹은 '변화에 저항하는' 내담자라는 꼬리표를 붙인다. 그러한 총체적인 꼬리표는 자기충족적 예언이 되고 부정적 기대를 만들며, 잠재된 해결책에 대해 거의 말해줄 수 없다는 점에 문제가 있다. 이는 내담자가 실제로 무엇을 하는 데 동기가 있으며 자신의 인생에서 변화하기 원하는 것이 무엇인지에 대해 거의 말해 줄 수 없다. 또한 동기가 생길 수 있는 환경을 만들기 위해 전문가가 어떤 방법으로 이러한 내담자들과 작업할 수 있는지를 알려 줄 수 없다. 그들이 알려 주는 것은 특정 사례에서 전문적 개입이 효과적이지 않았다는 점뿐이다. 해결중심 관점에서 우리는 긍정적인 가능성들과 이러한 내담자에게 효과적인 것이 무엇인지 이해하는 것에 관심이 있다. 비록 그것이 단지 동기 저하 혹은 변화에 대한 저항에 관한 보고서에서 기술된 행동에 상반된 진로를 추구하는 것일지라도 말이다.

서문에 시술한 바와 같이 사회구성주의 철학은 해결중심 접근의 기초를 형성한다. 사회구성주의적 사고에 기초할 때 동기란 내담자 안에 내재하거나 고정된 것이 아니라 특정 맥락과 관계 상황 안에서 구성된 것으로 이해된다. 어떤 내담자가 특정 치료 목표에 대해 동기가 있고 없는 것은 목표가 만들어진 맥락과 치료자와의 관계 특성에 달려 있다. 전문가와의 치료적 관계가 협력적이어서 동기를 유발하는 요소가 될 수도 있고, 혹은 갈등적이어서 동기를 저하시키는 요소가 될 수도 있다. 해결중심 관점에서 볼 때, 내담자를 '동기가 없는' 것으로 분류하는 것보다는 내담자와 함께 동기를 유발할 수 있는 목표를 확인하고, 협력적인 동맹을 맺으며 동기를 일으키는 환경을 만들어서 내담자가 앞으로 나아갈 수 있도록 돕는 데 치료자의 책임이 있다.

동일한 자기주장 집단에 관련된 〈사례 5-1〉에서 내담자 2명의 동기 정도가 얼마나 다른지 살펴보기 바란다. 그리고 두 번째 내담자를 좀 더 집단에 끌어들이기 위해 어떤 방법으로 맥락을 변화시킬 수 있을지 생각해 보기 바란다.

📷 사례 5-1 다양한 동기 수준

한 심리학자가 우울증을 가진 성인을 위한 자기주장 기술 집단을 수년 동안 진행하였다. 집단에 좀 더 쉽게 접근할 수 있도록 정신건강 클리닉이 아니라 지역사회 내에서 집단을 운영하기 시작했다. 또한 좀 더 많은 사람들이 참여할 수 있도록 지역 성인교육 안내서에 광고를 하였다. 롭과 수는 의뢰된 잠재적 내담자 중 2명이었다.

롭은 32세의 세일즈맨으로, 성인교육 안내서에서 집단에 대한 광고를

1. 동기 이해하기 | **201**

보았다. 그는 살아오면서 때때로 우울하다고 느꼈으나 그가 이 과정에 끌린 것은 주로 자기주장 기술의 구성요소 때문이다. 이를 통해 그는 영업에서 좀 더 효과적일 수 있고 직업 전망을 향상시킬 수 있다고 들었기 때문이다. 그가 이 과정에 끌린 것은 또한 집단을 이끌어 갈 론에 대해 듣고 그가 박사라는 점이 인상적이었기 때문이다. 박사라는 것은 그가 '제대로 알고 말할 것'이라는 점을 의미하기 때문이다. 게다가 과정이 진행되는 장소인 지역사회학교는 이전에 그의 아내와 몇 명의 가까운 친구들이 성인교육 과정에 참석했던 곳이었다. 그의 가장 친한 친구인 게리는 같은 날 저녁에 열리는 다른 과정에 참석할 예정이어서 두 사람은 함께 다니면서 끝난 후에는 술집에 들러 '멋진 밤'을 보낼 계획이었다.

수는 23세의 한부모였으며, 특히 네 살 난 아들 제이미의 출산 이후 우울 증세로 수년 동안 정신건강 서비스와 관계를 맺어 왔다. 그녀의 주치의와 지역사회 정신보건 간호사(Community Psychiatric Nurse: CPN)는 그녀에게 집단에 대해 소개하며 참석할 것을 제안하였다. 수는 평소 정신보건 간호사가 자신의 말에 귀를 기울이지 않는다고 느꼈으며, 그녀와의 관계에 어려움을 느꼈다. 수는 자신이 가진 대부분의 문제가 다루기 힘든 제이미를 돌보는 데 거의 지원을 받지 못하기 때문이라고 느꼈다. 그러나 정신보건 간호사는 먼저 그녀가 스스로 노력해야 하며 이 과정에 참석해야 한다고 말했다. 수는 또한 지역사회 센터가 상당히 멀리 떨어져 있었고 그곳에 한 번도 가 본 적이 없었기 때문에 참여에 대해 확신이 서지 않았다. 그리고 일주일에 한 번 오는 비싼 아이돌보미를 쓰고 싶지 않았다. 왜냐하면 이를 주말에 활용하기 원했기 때문이다. 게다가 어떤 사람들이 참석하는지 알지 못했기 때문에 집단에 대해 불안했다. 이전에 병원에서 참석했던 집단에서 수는 다른 사람들이 자신보다 훨씬 더 심각한 문제를 가지고 있다고 느꼈으며, 이러한 점이 당황스러웠다. 게다가 그녀는 물론 혼자 참석하는 것을 원치 않았으며, 집단 유형으로 볼 때 어떤 친구에게도 함께 참석하자고 요청하기가 난처했을 것이다.

〈사례 5-1〉에서 롭과 수는 자기주장 집단의 참석에 관해 매우 다른 동기 수준에 있다. 롭은 고객형이다. 그는 명확하고 긍정적인 목표가 있으며 이러한 목표를 성취하는 데 이 과정이 도움이 될 것이라고 믿고 있고 적극적으로 참석을 결정하는 중이다. 이와 같이 높은 동기를 유발하는 상황 요인을 주목하기 바란다. 그는 집단 상담자를 신뢰하며 집단은 그의 눈에 긍정적 이미지를 가지고 있다. 그와 가까운 사람들도 유사한 과정에 참석한 적이 있다. 집단이 열리는 장소는 그에게 익숙하며 참석하기가 쉽다. 그리고 그는 자신의 집단 목표를 '야간외출'이라는 사회적 목표와 결합하고 있다. 이런 모든 요인들은 높은 동기를 유발할 수 있다.

다른 한편으로 수는 집단 참석에 있어 방문형의 동기 수준에 있다. 그녀는 집단의 목표에 동의하지 않으며 집단이 도움이 될지에 대해서도 확신이 없다. 더구나 참석을 어렵게 만드는 상황 요인들도 많다. 이러한 것들이 바뀌고 다른 상황에서 다른 집단이 제공되었다면 그녀의 동기 수준 또한 매우 달랐을 수 있다. 첫째, 집단이 그녀의 개인적 목표에 초점을 두었다면 좀 더 관심이 있었을 것이다. 이는 앞서 확인한 바와 같이 제이미를 더 잘 다루는 것과 같은 그녀의 목표일 수도 있고, 직장으로의 복귀나 다른 부모들과의 만남과 같이 아직 탐색하지 않은 다른 대안적 목표일 수도 있다. 그녀의 목표를 이해하고 이에 초점을 맞춤으로써 협력을 위한 환경을 좀 더 잘 정립할 수 있다. 둘째, 집단이 낙인되기보다는 긍정적인 것으로 설명되고, 집단 구성원이 되는 것이 가치 있고 추구할 만하다고 여겨졌다면 집단이 좀 더 매력적이었을 것이다. 셋째, 집단 구성원의 문화적 배경이 그녀와 비슷하고 동질감을 느낄 수 있는 사람들로 구성된 집단이었다면 참석이 좀 더 쉬웠을 것이다. 예를 들어, 그녀와 비슷한 연령의 한부모 집단이라든가 혹은 친구와 함께 참석할 수 있도록 그녀가 사는 동네에서 열리는 집단이었다면 말이다. 마지막으로 접근이 쉬운 장소이며 필요할 때 아이돌보미를 제공하는 것과 같이 지극히 실질적인 어려움들이 수용되었다면 집단이 좀 더 매력적이었을 것이다.

고객형, 불평형, 방문형

해결중심치료에서는 내담자를 동기 수준에 따라 고객형, 불평형, 방문형으로 범주화할 수 있는데, 이러한 동기 수준은 특정한 치료적 관계 내에서 일정한 시점의 특정 목표와 관련되어 있다 (Berg & Miller, 1992; de Shazer, 1988).

1. **고객형** 동기 수준의 내담자는 이상적인 내담자다. 이들은 문제가 있다는 점에 동의하고 이를 해결하려는 동기가 있으며, 결정적으로는 해결을 위해 자신들의 행동이 필요하다고 생각한다. 일반적으로 이들은 상담에 협조적이고 치료자가 자신의 편이며 자신들을 도울 수 있다고 믿는다.
2. **불평형** 동기 수준의 내담자 또한 문제가 있다는 점에 동의하며 해결에 대한 동기가 높은 경우가 많다. 그러나 이들은 문제가 다른 사람들의 행동과 관계가 있으며 자신들의 통제 밖

에 있다고 믿기 때문에 변화를 만들어 낼 힘이 없다고 느낀
다. 이들은 종종 치료자가 자신들을 대신해 어떤 것을 해 주
기 원하거나 다른 누군가에게 변하도록 설득하기 원하므로
치료적 관계에 갈등이 생길 수 있다.

3. **방문형** 동기 수준의 내담자는 제시된 문제가 자신의 이슈라
고 느끼지 않거나 제시된 상담 목표에 관심이 없으며, 따라
서 이를 위해 작업하는 것에 정말로 동기가 없다. 이들이 상
담소에 온다면 그것은 일반적으로 제삼자가 보냈거나 강요
했기 때문이다.

불평형의 한 예로, 아들의 약물 복용으로 매우 걱정하며 아들이
상담을 받아야 한다고 주장하는 어머니를 들 수 있다. 이 사례에서
아들은 자신의 약물 복용이 문제가 되지 않는다고 생각하고 있으
므로 방문형이라고 할 수 있다.

고객형, 불평형, 방문형은 고정된 범주가 아니며, 특정한 치료적
상황 안에서 구성된다. 이는 특정 시점에 치료적 계약과 목표가 얼
마나 만족스러우며, 치료적 동맹이 얼마나 협력적인가를 보여 주
는 지표를 제공한다. 그러므로 상황이 변하면 범주도 빠르게 변할
수 있다. 치료자의 목표는 내담자가 고객형의 동기 수준으로 움직
일 수 있는 조건을 만들려고 노력하는 것이다. 이러한 일이 일어
나기 위해 불평형과 방문형에게는 다른 접근이 필요하다. 예를 들
어, 약물 중단을 위해 어머니가 치료자에게 의뢰한 십대 청소년의
경우 약물문제가 아닌 다른 치료 목표에 초점을 맞춘다면 고객형

이 될 수 있다. 약물을 중단하는 것에는 동기가 없을지 모르나 부모로부터 독립을 쟁취하는 것에는 동기유발이 매우 잘 될 수 있다. 마찬가지로 어머니에게는 아들에 대한 힘과 영향력을 회복하도록 돕는다면 불평형에서 변할 수 있다. 어머니는 아들과 말이 통했거나 혹은 약물 복용 문제가 가족 내에 없었던 시기를 상기할지도 모른다. 이러한 예외들을 확인하고 어머니가 얼마간 책임감을 느낀다면, 그녀는 고객형이 되고 있는 중이다.

동기의 발달 단계

방문형, 불평형, 고객형의 동기 수준은 발달적으로 서로 관련되어 있다. 종종 내담자들은 자신들의 삶에서 일어나는 문제를 해결할 때 이러한 단계를 거치곤 한다. 처음에는 문제 또는 변하기 원하는 것에 대해 특별히 인식하지 못하는 방문형일 수 있다. 그러다 그러한 인식이 일깨워지면 그들은 변화를 만들어 내는 데 영향력이 있음을 느끼지 못하고 자신의 어려움에 대해 다른 사람들을 탓할 수도 있으므로 불평형이 된다. 마지막에는 특정 목표와 관련해 자신들의 유능함을 발견할 수 있으므로 고객형이 된다. 앞의 약물 복용 아들의 사례에서, 그는 방문형에서 변화하여 어머니가 자신을 압박하고 독립성을 제한하며 과도한 잔소리와 행동통제를 한다고 비난하는 불평형이 될 수 있다. 그러다가 마침내 어머니와 의사소통을 하고 어머니의 걱정거리를 내려놓게 하며 독립에 대한 욕구를 어머니에게 확신시킬 수 있는 자신의 능력을 발견할 수 있

표 5-1 동기 수준

해결중심치료	변화의 단계
방문형 불평형 고객형	전(前)주시 주시 준비 행동 유지 종결

을지 모른다. 그러면 이제 그는 고객형이 된다. 효과적 서비스라면 어떠한 동기 수준에 있는 내담자와도 적절한 접근방법으로 작업할 수 있어야 한다.

방문형, 불평형, 고객형의 동기 수준은 프로차스카, 디클레멘트와 그의 동료들(Prochaska & DiClemente, 1992; Prochaska et al., 1992)이 개발한 '변화의 단계' 모델과 접목된다. 이들은 전(前)주시, 주시, 준비, 행동, 유지, 종결이라는 변화의 6단계를 제안했다. 대략 방문형과 불평형의 동기 수준은 각각 전주시 단계와 주시 단계에 상응하며, 이후의 네 단계는 고객형 상호작용의 각기 다른 유형과 연관된다(〈표 5-1〉 참조).

방문형과 불평형은 집단 상담자들이 슈퍼비전에서 소개하는 까다로운 사례 중 두 유형이다. 일반적으로 어려움이 야기되는 이유는 실제로 좀 더 초기의 변화 단계에 있는 내담자를 마치 고객형인 것처럼 대하기 때문이다. 불평형 동기 수준의 내담자는 집단 상담자 또는 다른 집단 구성원들과 대립하거나 부딪혀서 어렵게 여겨지는 반면에, 방문형은 첫 모임에 오지 않거나 온다고 해도 제대로 참여하지 않거나 소극적으로 혼란을 야기한다. 이는 중요한 주제이므로 집단 회기 내에서 주로 불평형의 상호작용에서 야기되는 어려움과 곤경에 대해 제8장에서 살펴볼 것이다. 이 장에서 우리는 내담자를 집단에 오게 만드는 중요한 첫 번째 과제에 집중할 것이다. 이는 주로 방문형 내담자를 참여하도록 끌어들여 고객형이 되도록 유인하는 과업이다.

2. 방문형 끌어들이기 – 내담자를 여러분 집단에 참석하도록 만들기

부모교육 집단이든, 외래환자 집단이든 혹은 성인교육 과정이든 어떤 전문 서비스가 만들어질 때는 미래의 유망한 참여자들이 참석하도록 설득해야 한다. 제공되는 서비스가 자신들에게 유익하리라는 것을 확신하도록 만들어야 한다. 이렇게 모든 내담자들은 방문형으로 출발한다. 비록 내담자가 고객형으로서 온다고 해도, 이는 이미 내담자 편에서 혹은 여러분의 서비스가 내담자에게 커다란 득이 될 수 있음을 내담자에게 인식시킨 의뢰인 편에서 이루어진 엄청난 양의 준비가 밑바탕이 된 것이다. 사실 초기에 내담자가 방문형인 것은 건강한 것이다. 내담자들이 다른 사람의 관심사를 단순히 취하고 여러분의 주장을 그대로 받아들이기보다 여러분의 서비스가 주는 이점에 대해 스스로 탐색하는 것이 중요하다.

방문형 내담자에게 참석의 동기를 유발하고 설득하여 집단을 완성할 행동을 취할 책임은 상담자에게 있으며(〈글상자 5-1〉참조), 그러한 사전행동은 집단이 궤도에 오를 수 있는 충분한 인원을 확보하는 데 진정으로 도움이 될 수 있다.

📋 글상자 5-1 **방문형을 끌어들이기-내담자를 여러분 집단에 참석하도록 만들기**

- 내담자가 원하는 것을 조사하라.
- 출석하는 내담자에게 인센티브를 제공하라.
- 여러분의 집단을 판매하고 홍보하라.
- 사전에 계획하라.
- 선택권을 제공하라.
- 비난하기보다는 임파워먼트에 초점을 맞추어라.
- 의뢰인과 협력하라.
- 유익을 얻을 수 있는 내담자에게 초점을 맞추어라.

내담자가 원하는 것을 조사하라

사업의 세계에서 비즈니스는 고객에게 초점을 맞춘다. 고객이 원하는 것을 따라가고 이것에 맞추기 위해 노력하는 것이 목표다. 간단히 말해 고객이 원하는 것이 무엇인지 찾아내고 그것을 고객에게 주는 것이 목표다. 성공적인 치료적 · 교육적 서비스도 예외가 아니다. 물론 이러한 분야의 전문가들은 흔히 사업적인 접근을 하는 것에 대해 불편하게 느끼지만 말이다. 필수적인 사항은 내담자집단이 원하는 목표가 무엇인지 발견해 내고 이에 적합한 집단

상담 작업을 제공하도록 맞추는 것이다. 이는 전통적 전문 서비스에서 방문형이었던 내담자들에게는 어느 정도 본질적인 변화를 의미할 수 있다. 왜냐하면 내담자의 목표는 흔히 집단 설계자가 의도한 원래의 목표와 다르기 때문이다.

그러면 내담자가 원하는 것을 발견할 수 있는 가장 좋은 방법은 무엇일까? 이는 여러 방식으로 이루어질 수 있으나, '그들에게 물어보라!'라는 단순한 원리를 언제나 내포한다. 앞의 사례에서 센터의 종사자는 가족을 방문하였으며, 이후 집단이 만들어지면서 센터에 참석했던 부모들 중 핵심 집단에게 자문을 구했다. 좀 더 체계적으로는, 공식적으로 조사 연구를 통해서 혹은 비공식적으로 일련의 자문 집단 내에서 내담자를 설문 조사하거나 면담하였다. 일반적으로 방문형의 동기 수준을 가진 내담자 경우에는, 사무실 밖으로 나와 그들의 지역 환경 내에서 그리고 내담자들이 가장 편하게 느끼는 곳에서 만난다. 내담자들이 가장 취약한 상태에 있고 문제가 지배하고 있는 병원에서 정신과 환자를 만나는 것과 예를 들어, 집이나 지역사회 환경과 같이 낙인이 없는 곳에서 이들을 만나는 것의 차이점이 바로 이것이다. 이와 같이 환경이 달라지면 내담자를 문제와는 별개의 사람, 즉 적절한 집단상담 개입을 통해 성취할 수 있는 목표와 바라는 바를 가지고 있는 사람으로 만나는 것이 좀 더 쉽다.

〈사례 5-2〉는 여러분이 목표로 하는 내담자를 서비스에 참여시키기 위해 때로 어떤 정도까지 해야 하는지를 보여 준다. 많은 내담자 집단에 있어 핵심 이슈는 참여에 대한 결정이며, 여러 연구에 따르면 참여를 실질적으로 방해하는 것은 이동수단, 아이돌봄 등과 같이 단순한 일들이므로 이러한 노력들은 가치가 있다(Dumka et al., 1997). 집단에 참여하지 않으면 내담자에게 득이 되지 않으므로, 내담자와 접촉하기 위해 발걸음을 옮기고 참석하도록 격려하는 것은 중요하다.

📷 사례 5-2 전체 가족을 끌어들이기

농촌 지역에 지역사회 아동·가족 서비스가 시작되었다. 빈곤가족 중 특히 조기에 학교를 중단할 위기에 있는 초등학교 연령의 아동을 참여시켜 지원하는 것이 과업이었다. 처음에는 가족에게 아동을 위한 방과후 집단부터 부모교육까지 서비스를 제공했다. 이동수단을 조직하여 많은 아동들이 참여하게 되었으나, 가장 큰 문제는 부모의 참여를 이끌어 내는 것이었다. 결국 서비스 종사자들은 참여의 장애물이 무엇이며 이를 어떻게 극복할 수 있을지 알아내기 위해 가족을 만나러 갔다. 이들의 질문에 부모들이 보고한 내용은 다음과 같다.

1. 부모들은 비록 자신들이 자녀의 학습을 어떻게 도울 수 있을지에 대해서는 확신하지 못했지만 자녀가 학교에 잘 다니는 것에는 관심이 컸고 자녀들이 서비스에 참여하기를 원했다. 부모 중 다수는 학교에 다닌 경험이나 학습 경험이 적었다.
2. 부모 참여의 가장 큰 장애물은 이동수단, 집단에 참석하지 않는 자녀를 돌보는 문제, 직장일과 집안일로 인한 지나친 부담으로 확인되었다.
3. 부모교육 집단에 참여할 경우, 나쁜 부모로 보일까 봐 참여를 망설이는 것으로 보고되었다.
4. 또한 부모들은 교육과 직업으로의 복귀가 자신들을 위한 개인적 목

표임을 밝혔다.

이에 따라 센터는 이들 문제에 대응하도록 서비스를 재정립하였다. 그들은 효과를 내는 데 있어서 부모의 역할이 결정적임을 특별히 강조하면서 아동들이 학업을 지속하며 성공적으로 학업을 이수하는 것에 중점을 둔 프로그램을 구성하였다.

상담이 진행되는 시간에는 상담에 참여하지 않는 자녀들을 포함해 전체 가족을 센터에 초대하였으며 이동수단을 제공하였다. 집에서 식사를 하고 와야 하는 부담을 덜어 주기 위해 식사를 제공하였다. 그러고 나서 의뢰된 아동들은 아동중심 집단에 참여하였고, 부모들은 같은 시간에 부모교육 집단에 참석했다. 나이가 어린 아동이나 집단에 참여하지 않는 아동에게는 보육 서비스를 제공했다. 부모교육 집단은 부모들이 제시한 자녀에 대한 걱정거리들, 즉 학습을 도울 수 있는 방법과 숙제하기 등에 중점을 두었으며, 아동 집단을 관찰하거나 참여할 기회가 주어졌다. 이에 더해 동일한 시간에 부모를 위한 추가 선택사항으로 자기계발 과정과 교과목을 제공하였다. 끝으로 부모들에게는 지역 대학과 연계하여 프로그램 참여에 대한 수료증을 수여하였다. 이러한 새로운 형식은 부모들의 참여를 끌어내는 데 좀 더 성공적인 것으로 증명되었으며, 시간이 지나면서 부모들이 파트너가 되어 새로운 집단과 과정을 설계할 정도로 서비스가 확대되었다.

출석하는 내담자에게 인센티브를 제공하라

사람들이 집단에 참석하는 주요 이유는 치료적 목표를 성취하는 것 등의 치료적 이점 때문이다. 그러나 추가 인센티브나 보상 혹은 부가급부 등 모든 것이 참여를 보장하는 데 효과가 있다. 〈글

상자 5-2〉는 내담자 집단에 따라 효과적일 수 있는 인센티브 목록
을 포함하고 있다.

🧳 글상자 5-2 **가능한 보상과 인센티브**

- 따뜻하고 편안한 장소를 제공하기
- 차, 커피, 음료 제공하기
- 식사 제공하기
- 보육시설, 아동돌봄시설
- 이동수딘 제공하기
- 집단에 병행하여 기타 서비스 제공하기(예를 들어, 정신건강 주간 프로그
  램의 일부분으로 운영되거나 가족지원 센터 내에서 진행되는 경우)
- 출석하는 회기에 대해 보수 제공하기
- 내담자에게 참가비를 부과하기(예: 수업 자료 비용)
- 각 회기 마지막에 보상하기(예: 십대 집단을 위한 수영놀이)
- 토큰체계 활용하기(각 회기마다 참석자에게 토큰을 주고, 집단상담이 끝
  날 때 현금으로 바꿀 수 있도록 함)
- 출석률에 따라 종결 회기에 보상하기(예: 십대 집단을 위한 특별 여행 혹
  은 어머니 집단 마지막에 스파 치료)
- 집단 참여를 교육과정 수료와 연계하기
- 지역사회복지 계획의 일부분으로 만들기
- 수료증 수여하기

각 내담자 집단은 다르며, 여러분이 집단에 참여시키기 원하는
내담자에게 맞는 효과적인 인센티브를 선택해야 한다는 점을 기
억하라. 예를 들어, 어떤 집단에는 약간의 금전이나 토큰을 제공하

는 것이 동기를 증진시킬 수 있으며, 다른 집단에는 반대로 약간의 참가비를 부과하는 것이 집단에 대해 좀 더 많은 가치를 부여하게 되어 실제로 효과적일 수 있다. 예를 들어, 집단 구성원에게 수업 자료를 무료로 주는 것보다는 약간의 실비를 받는 것이 유용할 수 있으며, 종종 자료를 더 많이 읽게 만들기도 한다.

중요한 것은 내담자 집단의 동기를 유발하면서도 여러분의 작업 환경이나 기관 상황에서 합리적이며 실제적으로 제공할 수 있는 인센티브가 무엇인지 알아내는 것이다.

여러분의 집단을 판매하고 홍보하라

내담자를 집단에 참여하도록 만들기 위해 상담자는 시장에 대비하고 집단이 제공할 수 있는 것을 홍보해야 한다. 간략히 말해 상담자는 유능한 판매원이어야 한다. 이는 종종 상담자와 치료자, 돌봄전문직에 있는 여타 전문가들과 어울리지 않는 역할일지라도 집단 상담자가 집단의 이점에 대해 신뢰하고 이를 잠재적 참여자들에게 알리도록 준비하는 것은 도움이 된다. 상담자의 신념과 낙관주의는 성공적인 결과와 강한 상관관계가 있다(Snyder et al., 1999). 상담자로서 여러분이 제공하는 집단에 대해 신뢰가 가지 않는다면, 집단의 형식과 유형을 여러분이 신뢰할 수 있는 것으로 변화시키든가 다른 개입을 해야 할 시점이다.

밀러(Miller, 1998)는 방문형 수준의 동기를 가진 내담자의 참여를 설명하는 방법으로 쇼핑의 은유를 활용한다. 이들은 '윈도우 쇼

핑'을 하는 사람들에 비유할 수 있다. 즉, 어떤 것을 살지 아직 결정하지 않았지만 어떤 물건이 있는지만 살펴보고 있는 것이다. 유능한 판매원과 마찬가지로 이러한 동기 수준에 있는 사람들에게 치료자가 대응할 수 있는 최선의 방법은 물건을 매력적이고 호소력 있게 보이도록 설득하는 것이며, 이것이 잠재적 고객에게 얼마나 유익할 수 있는지 보여 줌으로써 홍보를 잘할 수 있다. 유능한 판매원은 방문자가 가게로 들어와 둘러본다고 해서 곧바로 그들이 어떤 것을 살 것이라고 가정하지는 않을 것이다. 그러나 수단이 좋은 주인은 가게에 어떤 물건이 있는지 보여 주고 필요로 하는 모든 정보를 가지고 있다는 것을 확신시킨다. 유능한 판매원은 방문객이 물건을 살지를 결정하는 데 필요한 시간과 공간을 준다는 점이 중요하다.

집단의 유익함을 홍보하는 가장 보편적인 방법의 하나는 브로슈어나 정보지를 활용하여 집단의 이점을 미리 설명하는 것이다. 이것이 잠재적 집단 구성원에게 좀 더 긍정적이고 호소력이 있을수록 성공적일 수 있다. 이에 대한 예로 [그림 5-1]을 참고하기 바란다.

입소문 또한 잠재적 내담자에게 집단에 대한 정보를 제공할 수 있는 강력한 방법이며, 결국에는 좀 더 효과적일 것이라는 점을 기억하는 것이 중요하다. 여러분이 중요한 행사에 참여했다고 생각해 보라. 멋진 브로슈어가 여러분의 결정에 좀 더 영향력이 있겠는가 아니면 믿는 친구의 입소문이 더 영향력이 있겠는가? 의뢰인이나 다른 내담자를 통해 직·간접적으로 사람들에게 정보를 제공함으로써 여러분은 참여를 원하는 사람을 늘릴 수 있다. 메시지

가볍게 시험 통과하기!

시험과 공부는 스트레스일 수 있으며 많은 학생들이 이러한 부분에서 지원받고 싶어 합니다. 지난 학기의 성공적 경험에 따라 학생들이 효과적으로 학습하고 스트레스를 관리할 수 있도록 돕기 위해 6주간의 새로운 지지 집단을 만들었습니다.

매주 스트레스 관리와 효과적 학습전략에 관해 새로운 주제를 소개하고 토의할 것입니다. 여러분이 학생으로서 가진 강점에 기초해 가장 좋은 학습 방법을 발견하고 시험 스트레스를 관리하는 것이 목표입니다.

집단은 지지적이고 격려하는 분위기가 될 것입니다. 지난 학기에 참석했던 모든 학생들은 집단이 매우 도움이 되었다고 하였습니다. 참여자 중 한 사람은 이렇게 말했습니다. "내가 정말로 공부에 몰입하도록 도왔어요. 집단에 참석하기 전에는 매우 갈등을 했었지만요. 또한 집단은 재미있고 즐거웠어요, 멋진 야간외출이었지요!"

집단은 매주 화요일 오후 6~8시, 6회에 걸쳐 진행될 것이며, 학생복지처의 상담자들이 집단을 이끌 것입니다. 그리고 약간의 가벼운 음료가 제공됩니다. 집단은 8명의 대학생으로 제한되므로, 예약을 원하는 학생은 빠른 시간 내에 우리에게 연락하여 확인하기 바랍니다.

자세한 내용을 알기 원하면 전화 주세요.

그림 5-1 집단 홍보지의 예

제공자가 긍정적인 음조로 말할수록, 그리고 존경받는 사람일수록 잠재적 내담자들은 정보를 호의적으로 받아들이게 된다. 따라서 이미 집단상담을 수료한 사람들을 홍보에 포함시키는 것은 매우 효과적일 수 있다. 특히 이들이 여러분이 참여시키기 원하는 내담자와 동일한 문화적 배경을 가졌다면 더욱 그러하다.

사전에 계획하라

잠재적 내담자들은 흔히 집단 참여를 결정하기 전에 많은 시간을 필요로 한다. 새로운 진로나 직업의 변화, 혹은 이사와 같이 중요한 인생 변화와 관련된 진로를 심사숙고하는 여러분의 경험을 생각해 보기 바란다. 여러분은 이러한 결정을 하는 데 얼마나 걸릴까? 결정을 내리기 전에 얼마나 많은 정보가 필요할까? 내담자도 자신의 인생에 주요한 영향을 미칠 수 있는 집단 참여에 대해 심사숙고하는 데 있어서 다를 바 없다. 이는 흔히 오랜 과정이 될 수 있으며, 때로는 몇 개월, 몇 년이 걸릴 수도 있다. AA 집단에 참석한 많은 사람들도 여러 해 동안 그와 같이 숙고해 왔다. 이러한 결정 과정은 내담자의 속도에 맞추어 진행해야 한다. 격려와 설득이 도움이 될 수도 있으나 다른 이유 때문에 이를 무리하게 밀어붙이지 않도록 조심해야 한다. 미리 계획하는 것과 지속적으로 진행되는 집단이 있는 것이 이에 도움이 될 수 있다. 내담자가 현재 참여할 준비가 되어 있지 않다면, 결정할 시간을 좀 더 가지고 앞으로 새로운 집단에 참석할 수 있도록 한다. 결정 과정에서 참석하도록 너무 미리 밀어붙이는 것은 득이 되지 않으며, 이들 자신과 다른 참여자들의 집단 경험에도 해를 끼칠 수 있다. 이는 전문 서비스와의 관계를 손상시킬 수 있으며, 앞으로 집단에 참여할 가능성을 더욱 감소시킬 수 있다. 그러므로 내담자가 참석에 대해 적절하게 준비할 시간을 충분히 주면서 기다리고, 내담자의 결정 속도에 맞추는 것이 좀 더 효과적일 수 있다.

선택권을 제공하라

내담자에게 서비스의 선택권을 많이 제공할수록 이들의 협력을 얻을 가능성도 많아진다. 쇼핑의 은유로 돌아가서 여러분이 소비자로서 단 한 개의 상품만 팔고 있는 가게를 방문하게 되었다고 가정할 때, 판매원이 여러분에게 이 물건이 여러분의 필요에 완벽히 일치한다는 점을 설득하기 위해 노력한다면 여러분은 이들을 신뢰하겠는가? 다른 한편, 진열대에 다양한 상품이 꽉차게 잘 갖추어진 가게를 방문했다고 하자. 어떤 물건이 여러분의 필요에 꼭 맞는지 기꺼이 함께 의견을 나누고 결정하기 전에 크기가 맞는지 입어 보라고 하는 판매원을 만났다면, 훨씬 호소력이 있지 않겠는가? 이는 내담자에게 진행 예정인 집단과 서비스에 대해 소개하는 것과 유사하다. 여러 유형의 집단치료를 비롯해 개인치료와 가족치료 같은 다른 치료 방법과 다른 의뢰 가능성 등의 대안을 갖는 것은 여러분이 제공하는 유일한 것을 **선택해야** 한다고 내담자를 압박하고, 이로 인해 무심코 이들의 협력을 제한할 위험성을 피하게 해 준다. 덧붙이자면, 집단을 내담자의 고유한 상황에 적합하게 맞추기 위한 논의에 내담자를 포함시키거나 이들에게 집단이 맞는지 시험해 볼 수 있는 가능성을 제공하는 것(예를 들어, 내담자에게 시험집단 참여를 허용하는 것, 혹은 이전에 진행된 집단에 대한 비디오테이프를 시청하게 하는 것)은 특히 방문형 동기 수준에 있는 내담자의 협력을 증진시킬 수 있다.

내담자의 선택권은 Bruge 알코올 프로젝트에서 이루어진 해결중심 집단치료의 기반을 이루고 있다(de Shazer & Isabeart, 2003). 프로그램에 의뢰된 내담자들에게는 가족치료, 개인치료 등의 대안이 주어졌다. 게다가 내담자들은 어떤 것에 성취 동기가 있느냐에 따라 절주와 단주 집단 프로그램 중에서 선택할 수 있었다. 이와 같은 내담자의 선택과 협력에 대한 강조는 흔히 동기유발이 어렵다고 여겨지는 내담자 집단과의 작업에서 성공률이 높은 이유를 설명해 준다.

비난하기보다는 임파워먼트에 초점을 맞추어라

회복하기 위해 아플 필요는 없다.

-Yalom(1995: 493)

내담자의 집단 참여를 방해하는 요인 중 하나는 많은 경우 집단치료에 따르는 낙인감과 수치심이다. 예를 들어, 알코올 치료 집단에 참여하기 위해서는 자신이 알코올 중독자라는 것을 인정해야 하며, 대학에서 시험 스트레스 관리 집단에 참여하는 것은 대처능력이 없는 사람임을 의미하고, 아동ㆍ가족 클리닉에서 부모교육 집단에 참여하는 것은 '못된 부모'임을 의미하는 것일 수도 있기 때문이다. 집단과 결합된 이러한 부정적 꼬리표는 많은 사람들이 집단에 참여하는 것을 방해할 수 있으며, 자신에 대한 문제 묘사를 어쩔 수 없이 받아들여야 한다고 생각하는 여러 사람의 자아존중감을 손상시킬 수 있다.

해결중심 관점에서 우리는 긍정적 집단 정체성을 만들어 내는 데 관심이 있다. 집단 구성원이 되기 위해서 '문제를 가질' 필요는 없다. 부모교육 집단은 양육 기술을 강화하고 싶어 하는 좋은 부모들을 위한 것이며, 알코올 집단은 알코올 섭취를 관리할 수 있는 새로운 방법을 알아보는 것에 관심을 가진 사람들을 위한 것이다. 집단 구성원들은 참석을 원한다는 점에서 책임감을 보여 준다. 이는 변화가 가능하기 위해서는 그전에 자신이 '문제를 가졌다'는 것을 받아들여야 한다고 여기는 전통적 신념에 반하는 것일 수 있다. 연구들을 살펴보면, 문제에 대한 인정(예를 들어, '나는 알코올 중독자다')과 긍정적 결과(예를 들어, 과도한 술 마시기를 그만두는 것) 사이에는 관계가 없다(Miller & Rollnick, 1991). 많은 사람들이 '문제 꼬리표'를 받아들이지 않은 채 술 마시는 것을 그만둔다.

좀 더 긍정적인 정체성을 창조함으로써 특히 방문형의 동기 수준에 있는 사람들을 새로운 집단 구성원으로 끌어들일 수 있다. 얄롬(Yalom, 1995)이 주장하는 바와 같이 잠재적인 집단 구성원을 끌어들이는 중요한 요인은 해당 집단의 구성원들에게 덧붙여진

자긍심의 정도다. 폭넓은 청중이 집단 참여를 가치 있고 보람 있는 것으로 여기는 지역사회에서 긍정적인 집단 정체성을 창조하는 것은 앞으로 진행될 집단의 지속적인 인원 모집을 보장할 수 있다. 예를 들어, AA, GROW, Recovery와 같은 여러 자조 집단 조직은 사회 내에서 그와 같이 높이 존중받는 지위를 획득하였다. 집단 상담자가 도전해야 할 목표는 자신의 집단에 대해 긍정적인 꼬리표가 붙는 정체성을 창출하는 것이다. 이는 집단 구성원을 끌어들이고 유지할 수 있는 가장 강력한 방법이다.

의뢰인과 협력하라

까다로운 내담자에게 집단 참여의 동기를 유발하는 최선의 방법은 아마도 내담자가 집단에 참여하기를 원하고 이들의 참여에 영향을 미칠 수 있는 지역사회 사람들과 함께 일하는 것일 것이다. 여기에는 상담 의뢰인, 친척, 지역사회 지도자 등이 포함될 수 있다. 예를 들어, 상담자가 마약을 복용하는 청소년과 직접 작업하기보다 동기가 있는 부모와 함께 자녀가 집단에 참여하도록 어떻게 영향을 미칠 수 있을지 논의할 수 있을 것이다. 혹은 부모교육 집단의 상담자가 아동학대 우려가 있는 부모를 의뢰한 사회복지사와 함께 이들의 참여를 독려할 긍정적인 방법을 발견하기 위해 협력적으로 작업할 수도 있을 것이다. 의뢰인을 활용해 내담자의 참여를 독려하고 심지어 '압력'을 행하는 것은 여전히 참여 상황과 성과에 유용한 결과를 가져올 수 있다. 여러분의 기대와는 다를지 모르겠으나, 연구 결과에 따르면 자발적으로 참석한 내담자와 공공기관이 의뢰한 내담자의 성과에는 차이가 없다고 한다. 예를 들어, 약물치료 서비스에 대한 MATCH 연구는 자발적 내담자와 사법체계로부터 의뢰된 내담자 사이에 긍정적인 성과 측면에서 차이가 없음을 밝혔다. 양 집단 모두에서 나타난 긍정적 성과를 가장 잘 예측할 수 있는 요인은 초기 2~3회기에 확립된 치료 동맹의 질인 것으로 밝혀졌다(Kelly et al., 2005). 이는 처음에 내담자를 참여하도록 만들고 이들과 초기에 동맹을 맺는 것이 가장 중요함을 알려 준다.

유익을 얻을 수 있는 내담자에게 초점을 맞추어라

끝으로 우리는 특정 집단이 가진 한계와 함께 집단이 어떤 사람에게는 도움이 될 수 있지만 다른 사람에게는 그렇지 않은 점에 대해 현실적으로 생각해야 한다. 집단이 어떻게 구성되든 혹은 얼마나 접근하기 쉽든 관계없이, 어떤 내담자들에게는 여전히 욕구에 맞지 않거나 아직 참여에 대한 동기가 유발되지 않을 수 있다. 그러므로 우리의 모든 자원을 이들 소수의 내담자에게 집중하고 이들을 참여시키려고 과도하게 쫓아다니지 않는 것이 중요하다. 제3장에서 살펴본 바와 같이 상담자가 실수로 집단과정에서 효과적이지 않은 것에 과도하게 시간을 낭비하고 잘 돌아가는 것에는 소홀할 수 있다. 사전 집단 단계에서도 똑같은 잘못을 저지르지 않는 것이 중요하다. 일반적인 방법으로는 집단에 끌어들이기 어려운 내담자에게 창의적인 방법으로 접근하는 것이 중요하나, 이미 접근한 내담자의 욕구를 시야에서 잃어버리지 말아야 한다. 우리의 주요 초점은 집단에 참여할 수 있고 집단으로부터 도움을 얻을 수 있는 내담자들에게 맞추어야 한다.

3. 내담자를 집단 구성원으로 준비시키기

여러 집단이론가들이 강력히 추천한 바에 따르면, 집단상담 시작 이전에 집단 구성원들이 준비할 수 있도록 해야 한다(Corey, 2000; Yalom, 1995). 이는 개인 준비 모임의 형태일 수도 있고, 전체 예상되는 집단 구성원을 대상으로 한 사전 집단 모임일 수도 있다. 해결중심치료에서는 치료자와 함께하는 첫 공식 회기 이전에 치료적 변화가 시작되므로, 사정과 치료, 준비와 치료 간에 명확한 구분이 없다(O'Connell, 1998). 내담자가 집단상담에서 득을 얻게 될 것인지 여부를 내담자와 함께 공동으로 사정하는 과정은 치료적 변화과정의 일부다. 집단에 참여하지 않기로 결정하더라도, 해결중심 사정은 내담자의 목표를 확인하고, 다른 치료적 개입이든 내담자 자신의 자원 내에서 이루어지는 과정이든 내담자가 선호하는 목표 달성의 수단을 알아보는 것이 목적이다. 사정은 집단이 도움이 될 것인지 아닌지를 결정하는 것뿐 아니라 내담자의 삶에서 또 다른 어떤 것들이 도움이 될 것인지를 결정하는 것이다.

단기 치료에서는 치료적 변화가 주로 내담자의 책임이며 대부분 치료 회기 밖에서 일어나는 것으로 받아들여진다. 참여를 위한 내담자의 준비는 집단에 참석하기 오래전부터 시작될 수 있다. 예를 들어, 집단에 대해 듣기 오래전에 이미 자신의 삶에서 어떤 목표에 대해 깊이 생각하고 있었을 수 있다. 내담자들이 집단에 대해 알게 되면, 이 집단이 자신들의 욕구에 맞는지, 그리고 참석해서 유익할지를 결정하기 전에 얼마간 시간이 필요할 수 있다. 집단상담 시작 이전에 이루어지는 내담자와의 모든 전문적 접촉의 목표는 내담자의 동기를 증진시키고 내담자의 생활 속에서 이미 일어나고 있는 치료적 변화를 집단에서 다룰 내용과 연결시킴으로써, 그 위에 변화를 더 쌓아 가려는 것이다. 내담자의 준비는 초기 홍보물이나 브로슈어를 보내는 것, 개별 스크리닝 회기, 사전 집단 모임 혹은 사전 전화통화 등의 다양한 단계로 이루어질 수 있다.

버드먼과 거먼(Budman & Gurman, 1988)은 혁신적인 형식의 사전 집단 모임에 대해 설명한다. 즉, 예비 집단 구성원들이 서로 소개를 하고, 예를 들어, 전형적인 문제 상황에 대해 역할극을 하고 집단 구성원들이 가능한 제안들을 하는 등의 집단 방식에 대한 시범을 하며, 집단 상담자와 이야기 나눌 수 있는 기회를 제공한다. 사전 집단 모임은 내담자들이 자신에게 집단이 맞을지 평가하게 하는 동시에 집단에 대해 준비할 수 있도록 한다. 단기 치료에서는 시간적 제약 때문에 집단 구성원들의 준비 과정을 축소하는 경향이 있으나 이는 비효율적일 수 있다. 왜냐하면 집단 스크리닝과 준비의 이점에 대해 중요한 증거들이 있기 때문이다(Hoyt, 1995). 단일회기로 진행되는 집단이더라도 이러한 준비 과정은 초기 인쇄물의 형태든, 짧은 전화통화든, 혹은 공식적인 집단에 앞서 이루어지는 소개든 간에 집단 구성원들이 집단과정에 대해 방향 설정을 할 수 있도록 보장하는 데 득이 될 수 있다. 얄롬(Yalom, 1995)은 환자가 자주 바뀌어 단일 회기의 효과적인 집단개입이 필요한 급성 환자를 위한 정신과 입원병동에서의 집단치료 모델에 대해 설명한다. 상담 회기 계획에서 핵심적인 부분은 집단 구성원들이 따라야 할 것을 소개하고 준비하는 도입 단계다.

준비의 양과 유형은 다양할 수 있으나, 해결중심 집단상담에서 내담자의 준비를 위해 알아야 하는 몇 가지 원칙은 다음과 같다.

집단 목표

준비를 통해 집단의 일반적인 목표를 내담자에게 설명하며 이들이 참여에 대한 개인적 목표를 세울 수 있도록 돕는다. 목표에 대해 앞서 논의했을지라도, 이에 대해 다시 이야기하면서 목표를 보다 더 구체적이고 각 개인의 관심을 끌 수 있도록 재구성하는 것은 유익하다.

개인적인 준비 회기에서 내담자와 함께 목표를 구성하는 것은 특히 유용할 수 있다. 이는 집단상담 첫 회기의 목표 설정 활동에서 다시 다루게 될 것이다. 개인적 목표가 중요하다는 점을 조기에 강조하는 것은 내담자로 하여금 그들 자신의 목표가 목표를 향한 자신들의 노력만큼 결정적이라는 사실을 알 수 있게 한다.

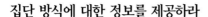

집단 방식에 대한 정보를 제공하라

집단에게 해결중심 접근을 설명하여 내담자가 이 접근법의 상대적인 장점을 신중히 판단할 수 있도록 하는 것은, 특히 내담자들이 전통적인 문제중심 개입 형태에 익숙해 있을 때 중요한 디딤판이 된다. 이는 이후에 일어날 수 있는 집단과정에 대한 도전들을 전환시킬 수 있다. 덧붙여 말하자면, 내담자의 헌신이 자신들이 원하는 변화를 만드는 데 중대한 역할을 한다는 점과 다른 집단 구성원과 기여를 주고받을 수 있는 내담자의 역할을 강조하는 것은 도움이 된다. 상황에 따라 다음과 같은 설명들을 활용할 수 있다.

여러분은 상담자가 정말로 여러분의 강점, 즉 여러분이 잘못하는 것보다는 잘하고 있는 것을 찾고자 한다는 것을 알게 될 것입니다. 우리의 목표는 여러분을 비판하거나 비하하는 것이 아니라 여러분이 목표에 도달할 수 있도록 지원하는 것입니다. 우리는 여러분이 가정에서 성공적으로 하고 있는 것에 집중하고, 여러분이 향상시키는 부분을 밝히는 것이 여러분을 목표에 도달할 수 있게 하는 최선의 방법이라고 믿습니다. 매주 우리는 여러분이 겪었던 문제뿐 아니라 성공적인 것과 가정에서 잘 이루어진 것에 대해 이야기하도록 요청할 것입니다. 이러한 태도 변화가 커다란 변화를 만들어 내는 데 진정으로 도움이 될 것으로 우리는 생각합니다.

다음 몇 주간 집단이 재미있고 즐거울 테지만, 또한 힘든 일일 수도 있습니다. 사람들은 자신이 투입한 것으로부터 얻으려는 경향이 있습니다. 여러분이 다음 몇 주간에 걸쳐 작업을 한다면 진정한 변화를 만들어 낼 수 있습니다.

여러분이 집단에 대해 알아야 할 또 다른 사항은 다른 집단 구성원의 기여가 얼마나 중요한가 하는 점입니다. 사람들은 모임으로부터 서로 많은 것을 얻으며 많은 것을 배웁니다. 여러분 각자가 기여할 수 있는 것을 많이 가지고 있습니다.

잠재된 문제를 미리 고려하라

내담자가 집단 참여에 대해 가질 수 있는 어떠한 문제나 두려움에 대해서도 탐색을 하는 것이 중요하다. 이는 자녀를 돌볼 사람이 없는 경우와 같이 실질적인 문제일 수도 있고, 집단에서 말하는 것에 대한 두려움이나 문해능력의 부족이 참여에 미칠 영향에 대한 걱정처럼 감정적인 것일 수도 있다. 이러한 문제를 조기에 탐색한다면 해결의 가능성이 생길 수 있다. 덧붙이자면, 내담자는 상담자와의 개별 면담에서만 이러한 문제를 제기해도 무방하며 집단과 직접 해서는 안 된다.

해결중심 관점에서 볼 때, 잠재적 문제에 대해 과도하게 강조하지 않으며 내담자에게 잘못될 수 있는 모든 일들을 나열하지 않는 것이 중요하다. 이는 자기충족적 예언이 될 수도 있기 때문이다. 내담자의 걱정을 심각하게 받아들이면서도 집단이 잘 진행될 것이라는 점을 상담자 측에서 소통해야 할 것이다.

변화에 초점을 맞추라

목표에 대한 초점은 변화에 대한 초점과 마찬가지로 치료 과정을 시작하게 만든다. 이미 일어난 긍정적인 변화와 내담자가 어떻게 이러한 변화에 기초할 수 있는지를 강조하는 것은 준비에 정말 도움이 될 수 있다. 내담자가 집단상담에 앞서서 이러한 변화에 기초할 수 있도록 돕기 위해 '첫 회기 과제 공식'(de Shazer, 1985)을 적용할 수 있다.

> 지금부터 집단이 시작될 때까지 여러분은 긍정적 변화를 알아차릴 수도 있고, 문제를 관리하는 다른 효과적인 방법에 이를 수도 있습니다. 이러한 일들을 집단에서 공유한다면 정말 도움이 될 것입니다.

4. 요 약

이 장에서 우리는 내담자를 집단에 끌어들이고 참여에 대한 동기를 유발하며 치료 효과를 극대화할 수 있도록, 내담자의 참여 준비를 위한 몇 가지 해결중심 접근에 대해 논의하였다. 이 장은 해결중심 접근에서 성공적으로 집단을 계획하고 설계하는 방법에 대해 살펴본 제4장에 기초하고 있다. 이 두 장은 첫 회기 이전에 집단을 시작하기 위해 계획하고 준비하는 필수적 단계들을 보여 준다. 두 장의 원칙을 요약하기 위해 필자는 제4장 초반에 제시한 사례 연구를 다음에 다시 소개하고자 한다. 하지만 이번에는 상담자가 집단 설계에 대해 충분히 숙고하고 모든 사람들이 집단 시작을 준비할 수 있도록 시간을 가진 경우다.

📷 사례 5-3 잘 설계되고 준비된 집단

짐은 학습장애 아동을 위한 특수학교 소속의 사회복지사로, 학부모를 위한 집단을 진행하는 데 관심이 있었다. 그가 이에 대해 부모들에게 말했을 때, 많은 부모들은 자녀들의 도전적인 행동을 관리하는 데 따르는 어려움에 대해 짐과 이야기를 나누었으며, 이를 다룰 수 있도록 지원해 주었으면 좋겠다고 말했다. 짐은 9월에 집단을 준비하기 시작했으며, 다음해 2월에 집단을 진행하는 것을 목표로 하였다. 그는 학교 내의 주요한 사람들과 함께 집단에 관해 비공식적으로 이야기를 나누며 그들의 견해를 알아보기 시작했다. 그는 팀미팅에서 상사 및 교장과 교사들에게 계획을 설명했는데, 모든 사람들이 프로젝트를 지원하겠다고 했다. 특히 아동의 문제행동을 목격했던 교사들이 지원하겠다고 말했다. 짐은 집단 진행에 대한 지원을 요청했으며 교사 중 한 명이 공동 상담자로 자원했다. 이는 교장으로부터 지원을 받았다.

그리고 나서 짐은 학교에 소속된 부모위원회와 접촉하여 그들이 원하는 집단의 형식과 유형에 대해 자문을 구했다. 위원회에 속한 부모 두 명이 집단을 계획하고 홍보하는 것을 돕기로 했으며 이들은 작은 조직위원회를 구성했다. 이들은 집단이 얼마 동안 진행되어야 하며 어떻게 구성되어야 할지를 함께 결정했다. 위원회는 짐이 제안한 사전 집단 모임에 동의했다. 사전 집단 모임에 모든 사람들이 초대되어 집단에 대한 정보를 얻으며, 집단이 어떻게 진행될지 감을 잡고, 참석을 원하는지 결정할 수 있다. 그들은 사전 집단 모임과 이후에 진행될 집단의 일정을 정한 후, 초대할 모든 부모에게 전단지를 보냈다.

그다음 짐과 위원회는 몇 주간에 걸쳐 집단에 대한 홍보를 했으며 누구든 관심을 표명하는 부모에게는 개별 면담을 제공했다. 짐은 또한 편지에 정식으로 답변하지 않은 부모들과 짐이나 교육 진행자들이 보기에 집단 참여가 유익하리라고 생각되는 부모들에게 특별히 모임의 초점을 두었다.

부모위원회와 마찬가지로 교사들도 입소문을 통해 집단을 홍보했다. 그 결과 부모 집단에 대해 커다란 기대와 관심이 생겨났으며, 35명의 부모가 사전 집단 모임에 참석했다. 참석을 원하는 많은 수의 사람들을 위해 저녁과 낮에 각각 한 집단을 진행하였으며, 교사 및 위원회에 속한 2명의 부모가 공동상담자로 활동했다. 6주간의 집단이 종결되면서 부모 지지 집단이 형성되었으며, 이들은 앞으로 매달 만나서 학교 내에 필요한 부모 강좌 및 집단을 개설할 책임을 맡았다.

제6장

해결중심 집단상담의 단계

이 장에서는 해결중심 집단의 회기 구조와 집단의 주기가 첫 회기에서 종결 회기 또는 그 이상의 추후 회기로 진행되면서 어떻게 달라지는지에 대해 생각해 본다. 별개의 회기 계획을 계획함에 있어 해결중심 상담자는 "모든 회기가 첫 회기이고 모든 회기가 종결 회기다."(Walter & Peller, 1992: 141)라는 중요한 원칙을 명심하여야 한다. 여기서의 목표는 각 회기가 완전한 것이어서 다음 회기에 의존하지 않도록 그 회기만의 가치를 포함하는 것이다. 따라서 다음에 기술되는 처음, 중간 그리고 종결 회기에 대한 집단계획을 엄격하게 따라야 하는 것은 아니다. 사실 첫 회기의 많은 요소들, 즉 목표 설정과 문제에 초점을 두지 않는 대화는 집단의 주기 내내 적용되는 것이고, 종결 회기에서 다뤄지는 주제 중 변화를 강화하고 축하하는 것과 같은 것은 집단이 시작될 때도 적합하다. 이러한 아이디어를 탐색해 보기 위해 이 장에서는 집단의 회기를 운영하는 데 필요한 다음과 같은 요소들을 고려해 본다.

- 첫 회기
- 중간 회기
- 종결 회기
- 검토/후속 회기

앞에서 언급된 아이디어를 구체적인 예를 통해 설명하기 위해 이 장에서는 다음과 같은 4개의 집단계획을 활용한다.

1. 아동을 위한 학교 집단상담
2. 급성입원환자를 위한 해결중심 집단 프로그램
3. 통원치료 환자를 위한 '분노 조절/갈등관리' 집단
4. '침착해지기' 모임 – 행동문제가 있는 청소년을 위한 집단

1. 첫 회기

첫인상이 매우 중요한 것처럼 집단의 첫 회기도 그렇다. 그 목표는 내담자가 환영 받고 집단의 다른 구성원들과 연결됨을 느끼도록 도우며, 또 그들이 집단의 목표와 과업에 대해 알 수 있도록 돕는 것이다. 이것은 내담자가 집단에 흥미를 갖도록 하여 다음 집단 회기에 다시 올 수 있도록 돕는 데 필수적이다. 〈글상자 6-1〉은 첫

회기에서 다루는 구성요소들이다.

📋 글상자 6-1 첫 회기의 구성요소

1. 소개
2. 목표 협상
3. 방법 협상
4. 회기에서 이루어져야 할 일/집단 과업
5. 치료적 휴식
6. 계획/앞으로 나아가기
7. 사교시간
8. 회기 검토

소개

집단의 첫 회기에서 다루어야 할 중요한 과업은 각 집단 구성원을 환영하고 소개하며, 집단이 서로에 대해 알 수 있도록 도와 그들이 집단의 과업을 중심으로 뭉칠 수 있도록 하는 것이다. 이것은 사교시간에 비공식적으로 이루어질 수도 있고, 집단과정 내에서 공식적으로도 이루어질 수 있다. 사람들이 도착하면서 비공식적 소개가 이루어지는데, 집단 상담자는 이 시간을 구성원들과 얘기를 나누고 전문적인 관계로 발전시키며 서로를 소개하고 연결하는 중요한 시간으로 이용해야 한다. 첫 번째 회기에 도움이 되는 의식 중 하나는 차를 대접하며 사람들을 환영하고 첫 몇 분 동안 서로의 어색함을 풀 수 있도록 돕는 것이다. 나중에 더 자세히 얘기하겠지만 상담자는 집단 내에서의 모든 사교시간에서 그렇듯 사람들이 서로 얘기를 나누고 어느 한 사람도 소외되지 않도록 해야 하는데, 이는 마치 파티에서 사람들을 따뜻하게 맞아주는 주인의 역할과도 같다.

집단에서 소개를 위한 공식적인 시간을 갖는 것도 중요하다. 이것은 주로 상담자가 집단의 배경과 전반적 목표를 설명하고 자신에 대한 개인적인 소개를 하며 '집단의 분위기를 설정하는' 식으로 시작한다. 해결중심의 시각에서 볼 때 상담자가 건설적이고 목표중심적인 집단 분위기를 조성할 수 있는 시작을 이끄는 것이 중요하다. 이 시점에서 집단 상담자의 주도적 역할이 집단 전체에 큰 영향력을 가진다. 그런 다음 집단 구성원들은 각자 자신의 이름을 말하거나 다음에 소개하는 해결중심 활동을 통해 자신을 소개할 수 있는 기회를 갖는다.

1. 집단 구성원들에게 둘이나 셋씩으로 나눠서 각자 소개하도록 하며 이때 구성원들에게 자신에 대한 긍정적인 것을 나눌 수 있도록 한다. 예를 들면, 각자 자신의 이름을 말하고 자신이 잘하는 것 또는 즐겨 하는 것에 대해 얘기하는 것이다. 상담자는 사람들이 활동에 참여하는 것을 돕기 위해 이러한 활동에 대한 정당성을 해결중심적으로 설명할 수도 있다.
2. 몇 분 후 사람들에게 방을 돌며 다른 두 사람 또는 세 사람과 조를 지어 다시 같은 활동을 하도록 한다.
3. 사람들이 전체 집단으로 다시 모이도록 한 후, 각자의 이름

을 다시 한 번 말하는 것으로 활동을 마무리한다.

이러한 활동은 집단의 상황적 맥락에 따라 다양하게 변형될 수 있다. 내담자가 다른 구성원들과 나누는 정보가 집단의 목표에 연결될 수도 있다. 예를 들면, 상담자는 각 내담자에게 자신의 이름과 '남들이 모르는 재능'이나 '앞으로 하고 싶은 취미' 또는 '그들의 삶에서 자랑스러운 것'에 대해 이야기 나눌 것을 부탁할 수도 있다. 이러한 활동은 집단의 어색함을 깨고 집단 구성원 각자가 그들이 가지고 있는 문제에 의해 정의되기보다는 한 인간으로서 서로를 알 수 있도록 돕는다. 또한 이러한 활동들은 재미도 있어서 사람들을 편하게 하고 또 집단이 단합할 수 있도록 돕기도 한다.

목표 협상

이 책의 전체를 통해 기술되었듯, 내담자중심의 목표를 만들어내는 것이 해결중심 집단상담의 기초 중 하나이기 때문에 이를 첫 회기에서 중요하게 다루어야 한다. 잘 준비된 집단에서는 참석을 원하는 개인이 집단에 적합한지를 가리고(screen) 그들의 목표 설정을 돕는 예비면담을 하지만, 첫 회기에서는 이러한 목표를 다시 살펴보고 강화하며, 공통의 경험을 나누고 집단을 위한 목표를 설정하는 기회를 재차 제공하게 된다. 이것은 집단이 결속력과 일체감 그리고 공동의 목표감을 형성할 수 있는 매우 중요한 단계다.

첫 회기에서의 목표 설정은 여러 가지 방법으로 이루어질 수 있다. 다양한 형태가 있을 수 있지만 다음과 같은 비교적 간단한 방법을 생각해 볼 수 있다.

1. 집단 구성원들에게 목표 설정 질문지에 답하도록 한다([그림 6-1]을 참조)
2. 두 사람씩 조를 지어 자신들의 목표를 서로 나눌 수 있도록 하고, 집단에서 무엇을 얻고 싶은지 토론하도록 한다.
3. 그런 후 집단 구성원들은 집단에 참여하는 자신들의 목표를 한 사람씩 발표하도록 한다. 이때 상담자는 구성원들이 긍정적 목표를 설정하고 공통의 목표 사이에 연결을 만들며, 다른 구성원들의 목표를 적절히 끌어들이는 중요한 역할을 한다.
4. 상담자나 다른 지명된 사람이 여럿이 볼 수 있고 또 이후의 회기에서 계속해서 이용될 수 있도록 차트 위에 목표를 적어 보도록 한다.

초기 목표 양식

이름: 날짜:

우리는 여러분이 집단에서 최대로 도움을 얻을 수 있도록 돕기 위해 최선을 다하고 있습니다. 이 질문지에 답하는 것은 여러분의 목표를 분명히 하는 것에 도움이 될 것이며, 또한 모두가 최대로 도움을 받을 수 있도록 함께 집단의 과정을 수정하는 것에 도움이 될 것입니다.

이 집단에 참여하는 여러분의 목표는 무엇입니까? 여러분은 무엇을 이루고 싶은가요?

다음의 1과 10 사이에 여러분이 그러한 목표에 얼마나 근접해 있는지 표시해 주세요(10은 여러분이 목표를 완전히 이룬 것을 표시하고, 1은 그 반대입니다).

목표 1	**목표 2**
목표에서 멀리 떨어짐 목표를 이룸 1 2 3 4 5 6 7 8 9 10	목표에서 멀리 떨어짐 목표를 이룸 1 2 3 4 5 6 7 8 9 10

목표를 향해 나아가기 위해 어떠한 일들을 해 보셨습니까?

이러한 목표들을 이루기 위하여 여러분은 집단에 어떠한 강점, 기술, 자원을 가지고 오십니까?

그림 6-1 초기 목표 양식

방법 협상

집단의 형태와 그 집단이 활용할 방법에 대해서는 내담자에게 분명하도록 첫 회기가 이루어지기 훨씬 전인 집단이 설계되고 준비될 때 그들과 협상이 이루어져야 하지만, 첫 회기에서 이러한 부분을 다시 살펴보는 것은 여전히 도움이 될 수 있다. 집단이 어떻게 운영될 것인지, 즉 목표 설정, 예외 찾기와 해결구축 같은 것을 어떻게 따를 것인지를 되풀이 하는 것 이외에도 상담자는 비밀보장, 다른 견해를 존중하기, 순서대로 듣고 말하기와 같은 집단의 기본이 되는 규칙을 협상할 기회를 갖는다. 이러한 토론을 하는 동안 상담자는 협조적 자세를 취하고 기본적인 규칙을 결정할 때 많은 부분이 협상의 여지가 있다는 것을 알리는 것이 도움이 된다. 이러한 매우 중요한 집단의 초기 단계를 이끄는 역할을 수행하는 동안 상담자는 자신이 취하는 방법에 대한 구성원들의 피드백을 계속해서 구해야 한다.

회기에서 이루어져야 할 일/집단 과업

일반적으로 첫 회기는 가장 중요한 소개에 많은 시간이 쓰여지기 때문에 목표 설정이나 방법에 대한 협상은 그 후의 회기에서 이뤄져야 할 필요가 있다. 그렇지만 상담자가 첫 회기에서 앞으로 이루어져야 할 과업의 일부를 시작하거나 또는 '집단의 과업'을 시작할 수 있도록 돕는 것도 중요하다. 이는 집단의 형태와 내용에

따라 다를 것이다. 예를 들면, 엄격하게 해결중심의 원칙을 따르는
집단에서는 이러한 집단 과업으로 예외 찾기 활동이 포함될 수 있
고, 통합적인 해결중심 집단에서는 첫 번째로 심리 · 교육적 주제,
예를 들어, 분노 조절 집단에서의 이완 기술 같은 것이 소개될 수
도 있다.

치료적 휴식

개인을 위한 해결중심치료에서 회기의 끝 무렵에 갖는 치료
적 휴식은 전체적인 치료적 개입에 매우 중요하다(Berg & Miller,
1992; de Shazer, 1988). 상담자는 치료적 휴식을 내담자의 강점, 기
술 그리고 자원을 칭찬하고 때때로 해결을 이끌어 낼 수 있는 자
원을 활용하도록 설계된 과제를 제안하는 기회로 삼으며 내담자
에게 이를 피드백의 형식으로 전한다. 치료적 휴식을 갖는 동안 내
담자는 회기 중에 무엇이 중요했는지, 또 목표를 향한 진전을 위
해 어떤 결정을 내렸는지 생각해 보도록 초대된다(Sharry et al.,
2001).

치료적 휴식은 캠벨과 브래셔(Campbell & Brasher, 1994) 같은
해결중심 집단 상담자들에 의해서도 비슷한 방법으로 활용되었다.
이 경우 치료적 휴식은 집단과정에서 잠깐 멈춤(pause)의 기능으
로 활용될 수 있는데, 이는 집단 회기가 거의 끝나감을 알리고 구
성원과 상담자가 집단에서 어떤 일이 일어났는지를 생각해 보고
계획을 만들 수 있는 장을 제공한다. 집단에서 이러한 반영적 멈춤

(reflective pause)을 활용하는 것은 구성원 간에 중요한 이해가 다뤄졌고 강화되었음을 확실하게 하며, 또 구성원들이 자신의 의견을 결정하고 다른 집단 구성원들에 의해 이해받고 지지받을 수 있는 기회를 제공한다는 측면에서 매우 중요하다. 이러한 휴식은 다음과 같은 방법으로 소개될 수 있다.

> 상담자 오늘 모임이 거의 끝나가고 있는데요, 몇 분 동안 짧은 휴식을 가졌으면 합니다. 오늘 집단에서 무엇이 중요했는지, 여러분에게 가장 많이 와 닿은 것은 무엇인지, 또 무엇을 배워 가고 싶으신지 한번 생각해 볼 수 있는 기회를 가졌으면 합니다. 그리고 오늘 무엇이 도움이 되었는지, 또 다음번엔 무엇을 다르게 하고 싶으신지도 한번 생각해 보세요.

심리 · 교육적 구성요소로 구조화된 해결중심 집단에서(제3장 참조) 상담자는 회기에서 다루어야 할 내용에 대한 유인물을 나눠 주거나 과제에 대한 제안을 하기도 하고, 또 내담자에게 휴식시간 동안 이러한 것들을 생각하고 가정에서 어떻게 적용할 수 있는지를 생각해 보도록 할 수도 있다. 치료적 휴식시간은 회기 평가 양식을 완성해야 하는 시간이기도 하다([그림 7-1] 참조).

집단의 역동에 따라 상담자는 치료적 휴식시간 동안 내담자들이 둘 또는 3~4명씩 작은 집단으로 모여 서로 반영해 보도록 할 수도 있다. 이때 상담자는 내담자들이 서로 반영할 수 있고, 집단 과정에 대해 구성원끼리(또는 집단에 대한 관찰자가 있다면 함께) 논의를 할 수 있는 시간을 주고, 자기 자신은 건설적인 피드백과 집단 구성원들을 위한 과제를 준비할 수 있도록 다른 공간으로 이동할 수도 있다.

계획/앞으로 나아가기

휴식 이후 내담자들은 쉬는 동안 논의했거나 생각한 것에 대해 교환한다. 특히 그들은 회기로부터 어떤 아이디어와 생각을 얻어 가는지와 심리 · 교육적 집단이라면 제안된 과제를 어떻게 수행할 것인지에 대한 계획에 대해 말하도록 한다. 또한 내담자들은 다른 구성원들의 기여에 대해 무엇을 가치 있게 생각하는지에 대해 서로에게 또 상담자에게 건설적인 피드백을 줄 것을 요청받는다. 이때 각 구성원의 반응을 노트나 차트에 기록하는 것이 도움이 된다. 이러한 기법은 피드백의 내용에 특별한 중요성을 부여하며 중요한 기록을 만들어 내기도 하는데, 이를 요약하여 집단 구성원에게 보낼 수도 있다.

휴식 후 상담자는 집단 전체에게나 각 집단 구성원에게 건설적인 피드백을 제공할 수 있다. 이것은 회기에서 다루어진 긍정적 사건이나 성공과 이해뿐만 아니라 전에는 알지 못했던 새로운 강점의 발견에 대한 요약을 되풀이하는 것을 포함할 수 있다. 만일 집단의 관찰자가 있다면 이 시점에서 참여하도록 하여 상담자의 코멘트에 그들의 건설적인 코멘트를 더할 수도 있다. 이러한 '청중(audience)'의 참여는 상담자가 전달한 메시지에 중요한 정도를

242 | 제6장 해결중심 집단상담의 단계

더할 수도 있다. 이때 상담자는 주로 내담자가 다음 주에 고려해 볼 과제를 제안한다. 첫 회기에서 첫 회기 과제 공식(the formula first session task)(de Shazer, 1985) 같은 '해골열쇠(skeleton key)'* 식의 관찰 과제(observational task)가 유용할 수 있다.

> 지금부터 다음번에 우리가 다시 만날 때까지 관찰을 좀 해 보셨으면 하는데요. 그래서 다음번에 당신의 가족 내에서 계속되기를 원하는 어떤 일이 일어나고 있는지를 우리에게 알려 주셨으면 합니다(1985: 137).

마지막으로 만일 상담자가 휴식 후 피드백을 전달한다면 내담자는 그들이 상담자로부터 들은 피드백에 대해 평가를 할 수 있도록 하는 것은 매우 좋은 방법이다. 이때 상담자는 마지막 코멘트나 결론 또는 좀 더 자세히 내담자가 들은 코멘트에 대해, 특히 어떤 부분이 자신에게 더 적절한지 또는 이해가 되는지를 이야기해 보도록 하는 것과 같은 간단한 방법을 활용할 수도 있다.

사교시간

많은 집단 상담자들은 간단한 다과를 즐길 수 있는 휴식을 활용

---

* 역자 주: 일명 ━━ passing key라고도 하며 만능열쇠로 불리기도 한다. 불필요한 부분이 없어지고 본질적인 골격만 남아 있다는 뜻에서 유래하였다.

하거나 사교시간을 (집단 중간이나 끝 부분에) 계획하며 이러한 시간들이 내담자에게 집단의 과제로부터 휴식을 주는 데 필요한지를 살핀다. 해결중심의 관점에서 볼 때 사교시간은 집단과정의 **중심적 부분**이다. 이러한 사교시간은 집단 구성원들이 지지와 이해를 얻는 것뿐 아니라 유용한 아이디어와 해결책을 얻는 것에도 집단의 주요 부분만큼이나 그들에게 중요할 수 있다. 여성들을 위한 한 집단의 예를 보면, 간단한 다과를 즐기는 휴식시간 동안 한 집단 구성원이 어떻게 해서 자신이 인근의 '글 깨우치기 프로젝트(a literacy project)'에 참여하게 되었는지를 언급했다. 이것은 그동안 그 프로젝트에 참여하는 것을 두려워하던 다른 집단 구성원의 흥미를 자극했고, 의논 끝에 두 사람은 다음번 프로젝트 모임에 함께 참석하기로 했다. 이것은 집단의 종결 후에도 계속 이어진 지지적인 우정의 시작이었다.

집단의 상담자로서 여러분은 집단의 사교시간에 대한 계획을 세우고 그것이 시작될 수 있도록 계획된 다과 휴식이나 집단이 시작되기 전이나 끝난 후 바로 내담자들이 만날 수 있도록 비공식적인 시간을 마련하는 것 등을 계획하며 사교시간 동안 '좋은 파티의 주관자(good host)'로서의 중요한 역할을 한다. 상담자는 이 시간을 내담자와 개인적으로 연결되고 그들과 관계를 쌓으며, 집단 구성원들이 서로 연결될 수 있도록 돕는 수단으로 활용한다. 여러분은 사교시간이 건설적이어야 함을 강조하면서 내담자들에게 건설적이고 정중한 대화법을 어떻게 끌고 나가는지에 대한 시범을 보여 줄 수도 있다. 일반적으로 사교시간은 집단에서 내담자에게

자신이 가장 끌리는 집단 구성원과 개인적인 연결을 만들 수 있으
며 지지와 연대감을 제공한다는 등의 측면에서 매우 중요하다.

회기 검토

집단이 끝난 후 짧게라도 회기를 되돌아보는 시간을 계획하는
것은 상담자에게 바람직한 실천 방법이다. 혼자서 일을 하는 상담
자일지라도 집단을 되돌아보기 위해 특별한 '생각과 계획의 시간'
을 만드는 것이 도움이 되며, 이는 회기의 종결 후 고문이나 슈퍼
바이저로서의 역할을 하기로 동의한 제삼자가 개입하여 도움을
받을 수도 있다. 회기 검토시간은 상담자에게 회기 평가 양식과 그
들이 받은 다른 피드백을 함께 고려해 봄으로써 집단의 효과성을
평가할 수 있는 시간도 제공한다. 상담자는 이 시간을 회기에서 무
엇이 잘 진행되었는지, 또 다음 회기의 구조를 계획하면서 무엇이
달라져야 할 필요가 있는지를 파악하는 데 활용할 수 있다. 이 시
간은 또 상담자가 집단에서 각 구성원들이 어떻게 진전을 이루고
있는지와 어떤 구성원과 접촉할 필요가 있는지 또는 다음 집단에
서 그 사람들에게 특별한 주의를 기울이는 것이 어떻게 도움이 될
수 있을지를 생각해 볼 수 있는 시간을 제공한다. 마지막으로 회기
검토 시간은 상담자가 자신의 감정과 생각을 말해 봄으로써 스스
로의 배움과 '돌보는 사람에 대한 돌봄(care for the carer)'의 시간
과 같은 개인적인 정리의 기회를 준다.

📷 사례 6-1 **아동을 위한 학교 집단상담의 회기 계획**

라폰테인과 동료들(LaFontain & Garner, 1996; LaFontain et al., 1995)은 학교 상담자가 활용할 수 있는 아동과 청소년을 위한 해결중심 집단을 개발했다.

1회기: 구성하기

- 학생들은 서로를 소개하고 기본규칙을 정한다.
- '서로를 알기' 위한 활동이 진행된다.
- 학생들에게 자신의 삶에서 무엇이 변하기를 원하는지 서로 나누도록 격려한다.
- 첫 회기 과제 공식: "이번 주에 네게 계속해서 일어나기를 원하는 어떤 일들이 일어나는지를 살펴보렴."

2회기: 목표 확립하기

- 지난주 과제를 되돌아본다.
- 기적 질문: "오늘 밤 네가 자고 있는 동안에 기적이 일어나 너의 문제가 해결되었다고 생각해 보렴. 네가 그것을 어떻게 알 수 있을까? 네가 무엇을 다르게 할 것 같니?"
- 현실적인 목표: "자, 이제 네가 무엇이 다르고 싶은지에 대한 아이디어를 갖게 되었지만 기적이 일어나지는 않을 테니 그것이 네게 일어나게 하기 위해서 네가 무엇을 다르게 해야 할까?"
- 학생들은 목표 설정 양식 위에 다음 주에 대한 구체적 목표를 쓴다.

3회기: 해결을 위한 열쇠

- 학생들은 자신들이 세운 지난주의 목표에 대해 나눈다.
- 해골열쇠 활동(skeleton key exercise): 상담자는 '해골열쇠'가 무엇이고, 무엇에 쓰이는지에 대해 논의한다. 해결(de Shazer, 1985), 예외, 다른 것 해 보기 등을 위해 해골열쇠가 어떻게 활용될 수 있는

지에 대한 연결이 만들어진 후 학생들은 자신들이 어떤 해골열쇠를 사용하는지를 알아내도록 초대된다. (이 활동을 구체적이고 재미있게 하기 위해 상담자는 자신이 어떠한 열쇠를 사용한다는 것을 알아낸 학생 에게 은박지로 만들어진 열쇠를 건넬 수도 있다.)

- 상담자는 목표를 향해 조금씩 진전하거나 해결이 이미 일어난 것을 가정하는 등 회기에서 학생들에 의해 밝혀지지 않은 다른 해골열쇠 에 대해 논의한다.
- 학생들이 자신들의 삶에서 더욱 활용할 수 있는 해골열쇠가 무엇일 지 알아보도록 격려한다.

4회기: 해결을 향한 진전

- 학생들은 자신의 목표와 진전에 대해 되돌아본다.
- 상담자는 진전을 만드는 것에 대한 은유적인 비유로 '장애물 코스 활 동(obstacle course exercise)'을 소개하는데, 이는 학생들이 변화 에 대한 장애물을 알아내고 극복하는 것을 돕는다.
- 학생들이 얼만큼의 진전을 했는가에 따라 다른 과제가 제시된다. 예 를 들어, 진전하고 있는 학생들에게 '같은 것을 계속해서 더 하기(do more of the same)'를 격려할 수 있고, 진전하지 못하고 한곳에 머 물러 있으면서 다른 방법이 없다고 느끼는 학생들에게는 '다른 것을 해볼 것(do something different)'을 권유할 수 있다.

이후 회기

- 이후의 회기는 학생들이 진전을 유지하도록 돕거나 그렇지 못한 학 생들을 도와야 할 필요에 의해 구성된다.

종결 회기

- 학생들은 자신의 목표와 그것을 향해 이룬 진전에 대해 되돌아본다.
- 학생들에게 서로에게 피드백을 나눌 것을 격려한다.
- 목표의 달성을 파티로 축하한다.

2. 중간 회기

 글상자 6-2 중간 회기의 구성요소

1. 진전을 되돌아보고 변화에 초점 맞추기
2. 목표 설정
3. 방법 협상
4. 회기의 과업
5. 치료적 휴식/계획/사교시간
6. 회기 검토

진전을 되돌아보고 변화에 초점 맞추기

두 번째와 그 이후 집단 회기의 초점은 내담자의 진전에 있다. 인수 버그(Berg, 1994: 150)가 말했듯 "대부분 두 번째와 그 이후의 접촉은 '지난 번에 우리가 만난 후 무엇이 아주 조금이라도 좋아 졌습니까?'라고 묻는 질문으로 시작해야 한다." 변화는 EARS 기법으로 강화될 수 있는데(Berg, 1994), 이는 상담자가 첫 번째 진전에 대한 예를 이끌어 내고(elicit), 그것을 확장하고(amplify), 강화한(reinforce) 후 마지막으로 새로운 예를 찾아 다시 시작하는(start) 것을 의미한다.

1. 이끌어 내기: 무엇이 좋아졌습니까? 무엇이 다른가요?
2. 확장하기: 그 변화를 누가 알아챘습니까? 그렇게 하리라는 아

이디어를 어떻게 갖게 되었습니까?

3. 강화하기: 그건 대단한 성공인데요? 어떻게 그렇게 할 수 있었습니까?

4. 다시 시작하기: 또 뭐가 좋았나요? 또 뭐가 다른가요?

상담자는 집단 전체에 다음과 같은 질문으로 집단의 변화를 이끌어 낼 수 있다. "지난주에 계획을 세운 것에 대해 어떻게 하고 계신가요? 그 결과로 변화가 생겼거나 상황이 좀 달라졌거나 나아진 것을 경험한 분이 있나요?" 혹은 집단의 모든 구성원에게 지난주에 어떻게 지냈는지를 돌아가면서 말해 달라고 할 수도 있다. 첫 번째 방법의 이점은 구성원이 집단의 방향에 대해 좀 더 주인의식을 가지고 이끌 수 있게 하고, 변화에 대해 논의를 할 때 좀 더 많은 구성원 간의 상호작용을 촉진시킨다. 집단 전체 구성원에게 한 번씩 돌아가면서 말을 하게 하는 것은 모든 구성원이 말을 할 수 있는 기회를 갖게 하므로 시간이 좀 더 민주적으로 분배되는 장점이 있다. 숙련된 상담자는 집단이 논의를 이끌도록 하거나 조용한 집단 구성원에게 필요할 때 직접 질문을 하여 논의에 끌어드리는 2가지 모두의 방법을 적절히 혼합하여 활용할 수 있다.

평균적인 집단을 생각해 본다면 집단 구성원들의 일주일간의 보고는 긍정적인 변화부터 변화가 없거나 심지어는 나빠지는 것까지 다양할 수 있다. 해결중심 상담자는 집단의 첫 모임부터 긍정적인 변화를 이끌어 내고 확장하고 강화하는 것에 특별히 관심이 있다. 내담자가 변화가 없음을 보고할 때 일반적으로 이런 내담자

는 방문형 동기 수준을 가지고 있다(제5장 참조). 이런 경우 상담자
는 호기심을 보이는 자세로 관찰되지 않았거나 생각해 보지 못한
변화와 차이를 찾아내기 위해 지난주에 실제 무엇을 하였는지에
대해 내담자와 함께 좀 더 자세히 살펴볼 수 있다. 만일 내담자가
상담자가 이끄는 방향으로 따르지 않을 때는 보고를 해 준 것에
대해 감사를 표시하고 공손한 방법으로 다음 내담자로 옮겨가는
것이 최선일 수 있다. 변화가 없다고 보고하는 내담자는 종종 자신
에게 일어난 변화에 대해 설명하는 다른 사람들의 얘기를 듣는 것
에서 영향을 받을 수 있으며, 이는 그들의 호기심을 자극해 자신의
삶에서도 비슷한 것을 찾아볼 수 있게 만든다.

　내담자가 상황이 더 나빠졌다고 보고할 때 이는 종종 그들이 불
평형 동기 수준을 가지고 있다는 것을 보여 준다(제8장 참조). 이
러한 경우 상담자는 건설적으로 경청하는 자세를 취하여 내담자
를 지지하는 동시에 내담자가 잘 대처했거나 자원을 이용한 반응
을 보였던 예를 찾을 수 있다. 다른 집단 구성원들의 지지를 이끌
어 내는 것이 큰 도움이 될 수 있다. 다시 한 번 강조하지만 문제
중심의 이야기를 듣는 틀에 갇히지 않는 것이 중요하다. 실수로 종
종 일어나는 일이지만, **문제를 보고하는 내담자에게 변화를 보고하는
내담자보다 더 많은 시간을 주어서는 안 된다**(제3장 참조). 상황이 나빠
졌다고 보고하는 내담자가 보고의 끝 무렵까지도 해결중심의 사
고 틀로 돌아오지 않는다 하더라도 상담자는 그들이 말한 것을 인
정해 주고, 지지하며 공손한 방법으로 다음의 내담자에게로 옮겨
가야 한다.

목표 설정

비록 목표 설정과 방법에 대한 협상이 첫 회기에 좀 더 많이 이루어지지만 집단이 잘 진행되고 있다면 이후의 회기에서도 중심적인 역할로 남아 있어야 한다. 집단의 거시적 목표는 집단과정을 안내하는 나침반과 같은 역할을 해야 하며 계속해서 언급될 필요가 있다. 집단의 목표는 차트에 적어서 집단활동이 이뤄지는 공간에 붙여 놓고 매 회기마다 다시 살펴보는 것이 도움이 될 수 있다. 구성원들은 주기적으로 자신의 목표를 살펴보고 그것을 바꾸거나 새로운 것을 덧붙일 수 있는 수정의 기회를 가져야 한다. 한 집단이 이뤄지는 과정에서 구성원들의 목표는 많은 경우 더 자세하고 긍정적인 것으로 되어 가는데, 이 자체만으로도 구성원들은 큰 진전을 보일 수 있다. 예를 들어, 한 내담자의 '금주'와 같이 일반적이고 부정적인 표현으로 만들어진 목표는 '기술자로 다시 일터로 돌아가는 것'이나 '한 주에 한 번씩(그동안 연락이 끊어진) 가족을 방문하기'와 같이 보다 구체적이고 긍정적이며 의미가 있는 것으로 바뀔 수 있다. 목표를 검토할 때 질문지([그림 6-2] 참조)를 활용하는 것이 큰 도움이 될 수 있다. 목표를 향한 내담자의 진전을 확인할 때 척도 질문이 매우 유용하다. 매 회기의 초점은 "같은 척도 위에서 여러분은 목표를 향해 어떻게 1점 더 올라갈 수 있습니까?"에 있다.

목표 검토 양식

이름: 날짜:

집단에 참여한 후 다음의 목표들에 대해 여러분은 척도 위 어디쯤에 있다고
표시하시겠습니까?

목표 1	목표 2
목표에서 멀리 떨어짐 목표를 이룸	목표에서 멀리 떨어짐 목표를 이룸
1 2 3 4 5 6 7 8 9 10	1 2 3 4 5 6 7 8 9 10

무엇이 달라졌습니까? 지금까지 어떤 진전이 만들어졌습니까?

여러분의 목표에 어떤 변화나 새로 덧붙일 것이 생겼습니까?

여러분이 계속해서 목표를 향해 나아가도록 하기 위해 무엇이 일어날 필요가
있습니까?

그림 6-2 목표 검토 양식

방법 협상

단기 집단에서 이미 언급되었듯 집단의 방법은 집단이 시작되
기 전에 이미 협상되고 분명해져야 한다. 상담자는 회기가 어떻게

구성될 것인가에 대한 분명한 모델을 염두에 두고 첫 집단을 시작하며 일반적으로 이것을 실행하는데 지도적 역할을 하여야 한다. 그러나 집단이 진행되어 가며 그 과정에서 구성원들이 자신들이 좀 더 많은 지도적 역할을 하여야 한다고 가정해 볼 때 집단 구성원의 필요와 원하는 바에 따라 집단의 방법을 협상하고 바꾸는 것이 도움이 될 수 있다. 이러한 피드백의 대부분은 회기 평가 양식(session rating forms)([그림 6-1] 참조)을 통해 제공되며 상담자는 이를 세심하게 살펴보고 알 필요가 있다.

몇몇 협상 방법은 단기 집단의 중간 단계에서 도움이 된다. 이러한 방법은 집단 내에서 각각의 구성원의 다른 욕구를 알아내고 구성원들이 지도적이며 적극적인 역할을 하도록 격려한다. 또한 집단이 자신의 욕구를 충족시켜 긍정적 결과를 만들어 낼 수 있도록 한다. 보통 협상의 대상이 되는 집단방법은 언제 휴식을 취할 것인지, 집단의 시작과 끝은 언제가 될 것인지, 차와 커피 같은 다과가 집단의 초기 또는 끝 무렵에 주어질 것인지, 집단토론과 달리 집단의 활동에는 얼만큼의 시간을 쓸 것인지, 또는 집단의 끝에 유인물이나 개요 같은 것을 나눠 줄지와 같은 결정을 포함한다.

회기의 과업

회기에 이루어져야 할 과업은 집단의 도입부에서 이루어지는 진전에 대한 검토를 통해 만들어질 수도 있다. 진전을 방해하는 것이 있을 경우, 이것은 회기의 이 부분에서 목표로 재정의될 수 있다.

예를 들면, 한 구성원이 금주를 하기로 목표했던 것을 어기고 술을 다시 마시게 되었을 때 집단 구성원들은 그 구성원이 다시 제 궤도로 올라설 수 있도록 돕기 위한 자원과 전략을 찾는 것을 거들 수 있다. 진전이 있는 경우에는 "여러분의 목표를 향해 한 발 더 다가갈 수 있도록 돕기 위해 무슨 일이 일어나야 할 필요가 있습니까?"와 같이 물어봄으로써 그 회기의 주제가 만들어질 수도 있다.

많은 구조화된 해결중심 집단에서 집단이 목표를 향해 나아가는 방법으로서 회기 중간에 다른 주제나 초점이 소개된다. 예를 들면, 셀렉만(Selekman, 1993)은 6주 동안 진행되는 부모교육 집단을 구성하였는데 이때 매 회기는 다음과 같은 '해결중심' 주제를 중심으로 구조화되었다.

1. 해결지향적 부모역할: 새로운 방법으로 바라보고 행동하기
2. 작은 변화를 목표로 하기
3. 효과가 있으면 고치지 않기
4. 효과가 없으면 다른 것을 하기
5. 계속해서 변화가 일어나게 하기
6. 변화를 축하하기

상담자는 매주 이 주제를 설명하고 토론과 집단활동으로 보강한다. 목표는 문제해결을 위해 해결중심 방법을 '교육'한 후 내담자가 가정에서 그것을 적용해 보도록 돕는 것이다.

창의적인 기법과 집단활동이 회기의 이 시점에서 매우 도움이

될 수 있다(제9장 참조). 시각화(visualization)를 활용한 기적 질문이나 역할극/드라마 또는 집단 브레인스토밍(group brainstorming)은 집단이 해결구축의 다음 단계로 나아갈 수 있는 동력과 에너지를 제공하는 데 매우 큰 도움이 될 수 있다.

치료적 휴식/계획/사교시간과 회기 검토

치료적 휴식, 계획 그리고 검토의 형식은 이후 회기에서 거의 같은 형태를 따르는데, 이는 이미 앞에서 설명된 첫 회기의 그것과 비슷하다.

📷 사례 6-2 급성입원환자를 위한 해결중심 집단 프로그램의 회기 계획

급성정신질환을 다루는 병원과 같은 환경에서는 내담자의 회전율(turnover)이 매우 높기 때문에 상담자는 집단의 매 회기가 자신이 활용할 수 있는 유일한 회기인 것처럼 계획을 세워야 한다(Yalom, 1995). 다음에서 본과 그의 동료들(Vaughn et al., 1996)은 입원환자를 위한 해결중심 집단 프로그램을 설명하는데 이는 하루에 세 번 진행되는 집단 회기로 이루어지며, 내담자가 계속해서 다른 집단 회기에 참가하여야 한다는 기대 없이 설계된 것이다. 하루에 이뤄지는 세 번의 회기는 다음과 같은 주요 주제를 따른다.

1. '왜 지금인가?와 이의 관리' – 현재의 입원에 대한 내담자의 목표를 만드는 것에 초점을 둔다. 다음과 같은 질문을 포함한다.
   • 무엇 때문에 입원하게 되었습니까?
   • 현재 여러분에게 스트레스를 주는 요소는 무엇이며, 여러분은 그

것을 어떻게 관리해 왔습니까?
- 이번 입원이 성공적인 것이 되기 위해서는 퇴원할 때쯤 여러분에게 무엇이 달라져야 합니까?

2. '해결책' – 내담자가 현재 문제에 대한 해결을 개발하도록 돕는 것에 초점을 둔다. 다음과 같은 주제를 포함한다.
- 미래지향적이며 자세한 목표 만들기(예를 들어, 기적 질문을 활용한다).
- 내담자가 브레인스토밍을 하고 공통적인 스트레스 요소와 문제에 대한 대처전략과 해결을 나누도록 격려한다.
- 내담자가 이미 일어나고 있는 변화를 알아내도록 돕는다(예를 들어, 입원을 한 후 뭐가 좋습니까?)

3. '선택' – 내담자가 병원 밖으로 가져갈 수 있는 유지계획을 개발할 수 있도록 돕는 것에 초점을 둔다. 다음과 같은 주제를 포함한다.
- 내담자가 병원에서 퇴원하는 것에 대한 자기 자신만의 유지계획을 만들 수 있도록 돕는다.
- 병원 외부에서 내담자가 접근할 수 있는 지지와 자원을 알아낸다(가족, 친구와 지역사회 자원 등).
- 건설적인 피드백을 제공하고 내담자의 강점과 이미 만들어진 진전을 알아낸다.

3. 종결 회기

해결중심 집단의 종결 회기는 구성원들이 만들어 낸 새로운 이해와 성취를 축하하고 강화하는 것을 목표로 하고, 또한 내담자가

집단에서 얻은 것을 유지하고 퇴보하는 것을 방지하기 위해 집단
이 끝난 후에도 활용할 수 있는 계획을 만드는 것을 돕는다.

📋 글상자 6-3 종결 회기의 구성요소

1. 집단의 검토
2. 미래의 지지와 계획
3. 변화를 축하하기

집단의 검토

집단 참여자들에게 첫 회기와 종결 회기 사이에 일어난 변화를
고려하여 집단에서 자신의 목표를 검토해 보도록 한다. 특히 내담
자에게 자신이 무엇을 배웠는지, 목표를 향해 나아가는 데 어떤 소
득이 있었는지, 그리고 자신이 집단에 대해 일반적으로 무엇을 소
중하게 여기는지를 생각해 보도록 한다. 이 활동은 참여자들이 전
체 집단에서 자신의 생각을 나누기 전 종결 목표 검토 양식([그림
6-3] 참조)을 완성함으로써 촉진될 수 있다. 이 활동의 위력은 종
결 모임을 하기 전에 구성원들에게 양식을 나눠 줌으로써 더욱 강
해질 수 있는데, 그렇게 함으로써 참여자들은 자신의 가정에서 어
떤 변화가 일어났었는지를 생각해 볼 수 있는 시간을 갖게 된다.
이와 더불어 전체 집단이 자신의 생각을 나누기 전에 상담자는 첫
회기에서 차트 위에 쓴 집단의 목표를 다시 한 번 보여 주며 생각
을 해 볼 수 있는 기회를 갖도록 돕는다.

종결 목표 검토 양식

이름: 날짜:

다음의 각각의 목표에 대해 여러분은 지금 어디쯤 있는지 표시하세요.

목표 1	**목표 2**
목표에서 멀리 떨어짐　　목표를 이룸	목표에서 멀리 떨어짐　　목표를 이룸
1 2 3 4 5 6 7 8 9 10	1 2 3 4 5 6 7 8 9 10

무엇이 달라졌습니까? 지금까지 어떤 진전이 만들어졌습니까?

다음 단계는 무엇입니까? 우리 기관이나 다른 곳에서 도움이나 지지가 더 필
요하신가요, 아니면 지금 현재 충분히 문제가 잘 해결되었다고 느끼시나요?
이것에 대해 말씀해 주시기 바랍니다.

다른 의견이 있으면 말씀해 주세요.

그림 6-3 종결 목표 검토 양식

미래의 지지와 계획

　종결 회기에서는 구성원들 각자가 다음 단계에 대해 생각해 보
고 '집단이 끝난 이후의 삶'에 대한 계획을 세울 수 있도록 돕는

것이 중요하다. 이 주제에 대해 물어볼 수 있는 간단한 질문은 다음과 같다.

- 집단 밖에서 진전이 있을 수 있도록 하기 위해 무엇을 하실 수 있나요?
- 집단 밖에서 어떤 지지에 의지하실 수 있나요?
- 집단이 끝난 후 현재의 진전을 유지하고 계속해서 좋아지게 하기 위해 해야 할 다음 단계는 무엇입니까?
- 현재의 진전을 유지하고 계속해서 좋아지기 위해 기관이나 치료시설에서 어떤 지지나 도움을 받고 싶으신가요? 아니면 상황이 충분히 좋아졌다고 느끼시나요?

이러한 질문들은 종결 목표 검토 양식([그림 6-3] 참조)의 끝부분에 포함되어 구성원들이 집단토론에 앞서 완성할 수도 있는데, 그들이 다음 단계와 또 어떤 지지와 도움이 더 필요할지 생각해 볼 수 있는 충분한 시간을 줄 수 있다. 이러한 토의시간 동안 내담자는 집단이 끝난 후에도 집단 전체가 다시 한 번 검토 모임을 갖고 싶어 하거나 또는 상담자와 더불어 아니면 상담자 없이 계속해서 모임을 갖고자 한다는 것을 알게 될 수도 있다. 해결중심 관점에서 보면 촉진된 집단이 자조 집단으로 변환되는 것은 내담자가 자신을 위해 행동을 취하도록 역량을 강화한다는 측면에서 매우 중요한 발전이기도 하다. 만일 그러한 변환이 가능하지 않을지라도 상담자가 계속된 지지나 자조 집단에 대해 잘 알고 있는 것이 내담자 스스로 그러한 곳을 찾아낼 수 있도록 하는 데 유용하게 활용될 수 있다. 상담자는 내담자에게 많은 수의 집단과 서비스를 제공하는 기관에서 일할 수도 있는데, 이때 이러한 정보는 집단 구성원들을 위해 개발된 '미래의 선택을 위한 목록'에 포함될 수도 있다.

집단이 끝난 후 외부에서 내담자가 접근할 수 있는 지지와 자원에 대해 집단 전체가 브레인스토밍을 하는 것이 도움이 될 수 있다. 이것은 공통의 걱정거리가 있는 특정한 포커스 집단(focus group)을 돕기 위해 더욱 강력하게 활용될 수 있다. 예를 들면, 장애아동 부모를 위한 집단에서 이러한 브레인스토밍은 지역사회 내에서 장애아동을 받아 주는 놀이 집단이나 장애인의 권리를 주장하는 데 도움이 되는 지역대표를 알아낼 수 있는 것처럼 아주 중요한 정보원이나 지지를 찾아낼 수 있다.

변화를 축하하기

단기 집단의 종결 회기 동안 특정한 의식을 갖는 것은 각 집단 구성원이 얻어 낸 성과와 변화를 강화시키는 것에 도움이 되고 서로에게 건설적인 피드백을 줄 수 있는 기회를 제공한다. 이러한 활동에 여러 가지 변형이 있을 수 있지만 다음과 같은 단계를 따를 수 있다.

1. 참여자들은 차례로 '중심무대(centre stage)'*에 초대되어 집단에 참여하면서 얻고 이룬 것 중 가장 중요한 것을 나누도

록 한다.

2. 각 참여자들이 의견을 나눈 후 다른 구성원들은 그 사람이 집
단에 기여한 것과 그들이 무엇을 소중하게 생각해 왔는지에
대해 긍정적이며 개인적인 피드백을 줄 수 있도록 격려된다.
상담자는 이것을 첫 번째로 시행하여 참여자들에게 어떻게
하는 것인지를 시범 보일 수 있다. 간단하지만 효과적인 피드
백의 예는 다음과 같다. '제가 ~씨에 대해 소중하게 생각하
는 것은 어려움을 겪고 있는 모든 구성원에게 매우 지지적이
었다는 것입니다.' 또는 '저는 ~씨가 일관되게 행동하는 것이
참 좋았는데 그렇게 함으로써 큰 용기를 보여 주셨습니다.'

3. 끝날 무렵에 상담자는 '중심무대'에 서서 자신이 집단에 대
해 어떤 점을 소중하게 생각해 왔는지, 개인적으로 어떤 도
움을 받았는지에 대한 소감을 나눈다. 그런 후 참여자들은
상담자에게 개인적인 피드백을 줄 기회를 갖는다.

이 활동의 치료적 힘은 특정 의식을 좀 더 극적인 것으로 만들
어 더욱 증대될 수 있다. 예를 들면, 각 참여자들에게 그들이 이루
어 낸 것을 인정하며 각자가 발표한 후 표창장(출석증명서 같은 것)
을 수여하고 집단으로부터 박수를 받는 방법이 있다. 또는 피드백
을 다른 창의적인 방법으로 나눌 수도 있다. 예를 들면, 참여자들
이 각자의 카드 위에 건설적인 메시지와 코멘트를 쓰고 이를 중심

---

* 역자 주: 자기 자리든, 가운데 자리에서든 집단 구성원들이 경청하는 것을 의미한다.

무대에 있는 사람에게 준다. 이러한 활동은 미리 준비될 수 있는데, 이는 구성원의 기대와 참여를 높이고 그 의식은 집단의 축하와 파티로 더욱 각인될 수도 있다.

이러한 피드백 의식은 매우 강력한 치료적 활동이 된다. 이것은 참여자들에게 집단에서 그들이 소중하게 여겼던 것이나 배운 것을 정리하고, 구성원과 상담자에게 개인적인 피드백을 주며, 긍정적인 변화를 강조하고 자신에 대한 새롭고 건설적인 정의를 강화함으로써 모든 것을 하나로 연결해 주어 구성원들에게 집단의 경험이 자신들에게 의미했던 바가 무엇인지를 더욱 확대시킬 수 있는 기회를 제공한다.

📷 사례 6-3   통원치료 환자를 위한 분노 조절/갈등관리집단을 위한 회기 계획

이 통합적 해결중심 집단은 해결중심 집단과정에 대화 기술을 향상시키는 심리 · 교육적 내용과 갈등해결 기술을 더한 것이다.

1회기

- '서로에 대해 알기' 활동과 어색함을 없애는 활동의 소개
- 목표 설정과 기초규칙의 협상
- 주제에 대한 설명 – 내담자의 삶에서 분노의 목적과 갈등의 영향을 논의하기. 상담자는 분노의 긍정적인 기능과 갈등해결에 개입하는 기회에 대한 재해석을 소개한다.
- 계획 – 내담자에게 다음 주에 그들이 화가 났을 때나 갈등에 개입될 때를 잘 살펴보도록 격려하고, 이때 특히 예외적인 상황, 즉 그들이 긍정적으로 자신이 분노를 조절하고 있다고 느끼는 때나 갈등을 잘

해결할 수 있었던 시간에 대해서 특히 더 살펴보도록 한다.

2~8회기

중간 회기는 다음과 같은 비슷한 구조를 따른다.

- 소개
- 지난주의 검토 – 각 내담자가 문제에 대한 예외가 있었는지 또는 집단에서 자신의 목표에 근접한 때를 특별히 살펴보고, 이전 주에 내담자가 어떻게 지냈는지 논의한다.
- 새로운 주제 – 다음 7주 동안 새로운 주제가 소개된다.

1. 연결을 만들고 관계를 쌓아가기
2. 적극적 경청
3. 확신을 가지고 말하기
4. 침착함을 유지하기 1(이완과 호흡 기술을 활용하기)
5. 침착함을 유지하기 2(긍정적 자기대화법을 활용하기)
6. 문제해결 – 좋은 해결을 찾아내기
7. 종합 – 그동안의 사례들로 배운 모든 기술을 활용하기

- 기술연습 – 소집단에서 내담자는 여러 가지 활동과 더불어 자신의 예를 가지고 역할극을 함으로써 새로 소개된 아이디어를 연습한다.
- 과제/계획 – 과제가 주어지며 소집단에서 내담자는 자신의 상황에 이를 어떻게 적용할지에 대한 계획을 세운다.
- 결론과 정리

9회기 – 종결 회기

- 그동안 했던 것들을 검토해 보기
- 목표를 검토하기
- 다음을 계획하기. 계속해서 잘 지내기 위해 어떠한 지지가 더 필요

한가?
- 표창 의식 – 지금까지 이룬 것을 축하하기
- 집단 피드백 – 각 구성원은 집단 전체와 다른 사람들에게 피드백을 전할 기회를 가진다.
- 끝맺음

4. 검토/후속 회기

　집단상담에서 검토나 후속 회기를 제공하는 것은 일반적으로 바람직한 실천 방법이며, 특히 단기 치료에 적절하다. 이러한 실천 방법은 일반적으로 치료적 변화가 치료 과정 외부, 즉 치료가 시작되기 전과 치료가 끝난 후에 일어난다는 것을 인식하는 것이다. 단기 치료는 특히 치료 전과 치료 후의 변화를 가장 중요하게 강조하는데, 이는 그것이 내담자 스스로 자신의 자원을 이용해 이루어낸 것이며 그렇기 때문에 그러한 변화가 유지될 가능성이 더 높기 때문이다. 검토 회기의 목적은 이러한 치료 후에 변화를 활용할 수 있도록 변화를 이끌어 내고, 확장하고, 강화하는 반영의 장을 제공하는 것이다. 많은 단기 치료가 이러한 방법으로 검토 회기를 활용하는데, 예를 들면 '투 플러스 원 모델(two plus one model)'(Barkham et al., 1999)은 내담자에게 처음 두 회기를 제공하고 세 달 후 검토 회기를 제공한다.

　집단상담에서 검토 회기는 내담자에게 개별적으로 제공될 수 있고, 또 전체 집단을 대상으로 제공될 수도 있다. 만일 시간이 허락한다면 개별 검토와 집단 검토 회기를 합친 형태가 가장 효과적일 수 있다. 집단 검토 회기의 구조는 앞에서 설명한 중간과 종결 회기의 많은 요소를 포함한다. 다음과 같은 기본적인 형태가 있을 수 있다.

📋 글상자 6-4 검토 회기의 구성요소

1. 해결에 초점을 둔 대화(집단 구성원들이 다시 연결될 수 있는 시간 허용)
2. 진전의 검토(종결 모임 이후 어떤 변화가 일어났는가?)
3. 회기의 목표/방법의 협상
4. 미래에 대한 계획(다음에 할 일은 무엇인가에 대한 토론으로, 예를 들어 다른 집단을 구성하는 것에 대한 토론 등)
5. 마무리

📷 사례 6-4 '침착해지기'모임-행동문제가 있는 청소년을 위한 집단

가정과 학급에서 행동문제가 있는 청소년 몇 명을 학교 심리상담자에게 의뢰하였다. 그 심리상담자는 집단치료가 유용한 개입방법이 될 수 있다고 결정하였고, 학교 직원들로부터 이에 대한 지지를 얻어 냈다. 그는 의뢰된 청소년들을 개인적으로, 또 가족과 함께 집단에 참여할 의사가 있는지 그리고 집단에 대한 그들의 목표가 무엇인지를 알기 위해 만났다. 그 심리상담자는 의뢰된 7명의 청소년 중 6명이 집단상담에 적합하다고 느꼈다. 그는 일곱 번째 청소년이 집단에 대해서 긍정적인 견해를 가지지 않고 집단 구성원으로서 긍정적인 목표를 명료하게 표현할 수 없다고 느꼈다. 그 집단은 청소년들이 학교에 있는 시간을 이용해 매주 한 시간 반 동안 10주 정도 이루어졌다. 집단에는 가족들도 포함되었으며, 가족의 출석 조건은 집단 전, 집단이 이루어지는 동안, 집단이 끝난 후 세 번에 걸친 만남이었다.

첫 회기는 서로를 존중하고 차례를 지키며 집단의 토론과 활동에 참여하기 등과 같은 집단의 규칙을 만들고, 만일 그들이 규칙을 잘 지키고 매 회기에 건설적으로 참여하면 집단이 끝날 무렵에 다과를 가질 수 있고 20분간의 자유시간을 가지며 당구나 컴퓨터게임을 할 수 있는 자격을 가진다와 같은 계약에 동의하는 것에 초점을 두었다. 첫 회기는 집단에 대한 그들의 개인적인 목표를 세우는 것에도 초점이 있었다. 그들의 목표는 '재미있게 지내는 것'이나 '수업에서 빠져나올 수 있는 것'에서부터 '부모님과 반 친구들과 좀 더 잘 지내는 방법을 배우는 것'에 이르기까지 다양했다. 부모와 선생님들의 목표로는 그들의 욱하는 마음을 잘 관리하기 또는 수업을 덜 방해하기 등이 언급되었다. 마지막으로 첫 회기에서 그들은 집단을 위한 좋은 이름을 만들어 내기 위해 브레인스토밍을 했으며 '침착해지기 모임'이라는 이름을 생각해 냈는데, 이는 여유를 가지고 집단을 즐기고자 하는 목표와 욱하는 성질을 잘 다스리고자 하는 청소년들의 목표를 동시에 창의적으로 잘 반영한 것이었다.

이후의 회기는 다음과 같은 형식을 따랐다.

1. 진전의 검토: 상담자는 집단 구성원 각자의 기여에 대해 언급하면서 지난 회기에서 무엇이 진행되었는지 다시 한 번 정리를 했다. (이후의 회기에서는 청소년들이 직접 정리를 할 수 있는 기회를 가졌다.) 그런 후 청소년들은 지난주에 자신의 목표를 향해 어떤 진전을 만들었는지에 대해 또 뉴스거리나 '달라진 것'에 대한 얘기를 나누도록 초대되었다. 한 사람 한 사람이 얘기를 할 수 있는 시간을 갖기 위해 충분한 시간이 할애되었다.

2. 새로운 주제: 상담자는 매주 집단에 새로운 아이디어를 소개했다. 이것을 위해 인기 있는 드라마나 영화가 자주 활용되었다. 예를 들면, 상담자는 갈등, 충성, 우정 등과 같은 이슈를 강조하는 인기 있는 영화의 미리 보기 화면을 보여 주었으며, 이것은 뜨거운 논쟁과 토론을

일으켰다. 후반부의 회기에서는 청소년들이 직접 비디오를 골랐다.

3. 문제해결/특별한 이슈: 개별 집단 구성원에 의해 제기되는 특정한 이슈에 대한 토론의 공간이 허락되었다. 상담자는 집단이 문제를 해결할 수 있도록 이끌었다.

4. 계획: 회기에서 다루어진 이슈들을 요약하고 집단 구성원들에게 다음 주의 계획을 서로 나누도록 격려됐다.

5. 레크리에이션: 회기의 마지막에 다과와 다양한 게임(당구와 컴퓨터 게임)을 할 수 있는 레크리에이션 시간이 주어졌다.

5. 요 약

이 장에서 우리는 해결중심 집단을 위해 회기별 계획을 만드는 원칙에 대해 생각해 보았다. 그 구성요소는 첫 회기, 중간 회기, 종결 회기, 그리고 검토 회기 등이었고, 이러한 회기들이 어떻게 초점과 구성에서 서로 다른지를 설명했다. 우리는 집단의 서로 다른 단계 사이의 핵심적인 공통점과 매 회기에서 이루어져야 할 것을 확실하게 하는 방법과 매 회기 자체가 완전한 것이어야 함의 중요성에 대해 강조했다. 4가지의 서로 다른 회기 계획을 세우는 방법을 예를 들어 설명하였다. 즉, 4주 내지 6주 동안 이루어지는 아동을 위한 학교 집단상담, 급성입원 환자를 위한 매일 이루어지는 해결중심 집단 프로그램, 9주 동안 이루어지는 해결중심 사고를 인지행동 접근에 통합시킨 '분노 조절/갈등관리' 집단, 그리고 침착해지기 모임 – 행동문제가 있는 청소년을 위한 집단 등이었다.

제3부

집단과정의 관리—해결중심적 집단유지
Managing Process–Keeping Groups Solution-Focused

제7장

집단의 평가
집단이 표적을 향하게 하기

집단 실천가와 집단 연구자는 추구하는 방향이 다른 것 같다. 실천은 직관적 창조성에 의하여 인도되고 인간적 동정을 격려하는 데 반해, 연구는 과학적 엄격성에 의하여 인도되고 객관성을 격려하며 실천이 만들어 내는 것과는 다른 실체를 만들어 내는 것으로 보이기 때문이다.

-Stockton & Toth(1999: 448)

사람들은 전통적으로 연구와 심리치료를 뚜렷이 구별되는 다른 영역으로 여겨 왔다. 치료자들은 연구의 동기와 치료 방해 가능성을 두려워해서 연구에 참여해 오지 않았으며, 그 연구의 결과물이나 연구 과정에 무지해 왔다. 연구 방법이란 실천이 효과적이고 표적을 향하게 하기 위한 것이어서 실천가의 일과 많은 관련성이 있지만 실천가들이 이에 무지했으므로 자연히 실천의 효과성 면에서 막대한 희생을 치러야 했다.

이 장에서는 실천가들을 위한 평가 모델을 다루고자 한다. 이 모델은 덩컨과 밀러(Duncan & Miller, 2000)의 연구에 기반한 것으로 매 회기마다 집단을 평가하는 데 쉽게 사용할 수 있는 것이다. 이 모델은 치료에서 '무엇이 효과 있었는가'를 다루는 성과 연구의 결과를 충분히 반영하여 개발하였고, 집단 참여로 인하여 진전이 있었는지에 대한 내담자의 피드백을 얻기 위해 필요한 관련 연구 방법을 사용한다.

1. 평가 모델의 개발

일반적으로 집단상담은 평가하기에 적합하다. 개방형 구조인 개인치료와 달리 집단상담은 보통 시간에 있어 제한적이며 계획하에 진행된다. 일반적으로 집단 치료자는 척도를 활용하여 집단의 효과에 관한 자료를 수집할 수 있는 구조화된 첫 회기와 종결 회기 혹은 계획된 사전 스크리닝 면담과 추후 면담을 실시한다. 단기간에 성과를 얻는 데 관심을 가지고 있는 단기 집단 치료자들은 지속적 평가에 관심을 기울여야 한다. 우선 가능한 한 일찍 목표를 설정해야 한다. 그 후에 집단으로 하여금 이 목표를 향하게 해야 하며 마지막에는 집단이 계속해서 이 표적에 초점을 두고 있는지, 이탈하고 있지 않은지를 상세히 모니터링해야 한다. 간단히 말해서 평가란 매 회기마다 확실한 진전이 있도록 하기 위하여 내담자 등으로부터 피드백을 체계적으로 수집하는 모니터링 과정이라고 할 수 있다. 평가를 통해서 집단 치료자는 피드백을 얻어야 하며, 이 피드백을 통하여 집단에 대한 정보를 얻고 집단개입을 '효과 있는 것'에 맞춤으로써 지속적인 변화가 일어나게 할 수 있다.

지속적 평가는 해결중심치료와 잘 어울린다. 해결중심 모델을 최초로 개발할 때를 회상하며 드 셰이저와 인수 버그(de Shazer & Berg, 1997)는 단기 치료에서 '무엇이 효과적이었는지'를 발견하기 위하여 내담자와 함께 수행했던 자연주의 연구 프로젝트로부터 최초 모델이 탄생하게 된 과정을 설명했다. 이 연구는 해결중심치료의 3가지 원칙을 만들어냈다.

1. 망가지지 않았으면 고치지 마라.
2. 일단 무엇이 효과적인지 알게 되면 그것을 더 하라.
3. 효과가 없으면 그것을 다시 하지 말고 뭔가 다른 것을 하라 (Berg & Miller, 1992).

간단히 말해서 지속적 평가란 무엇이 효과가 있고 없는지에 대한 증거를 확실하게 수집하게 하는 체계적인 방법이다. 사실상 우리가 후에 볼 수 있듯이, 목표 설정, 척도 질문, 작은 단계에 초점 두기 등 해결중심치료의 기술들은 집단상담을 평가하는 데 도움이 된다.

치료변화연구소(Institute for the Study of Therapeutic Change, ISTC)는 개인치료에 대한 평가 모델로 '내담자주도 성과기반(Client-Directed, Outcome-Informed)' 모델을 제안한다(Duncan &

Miller, 2000; Duncan et al., 2004; Miller et al., 2004). 이 평가 모델은 진전과 변화에 초점을 두게 하며 내담자가 치료에 완전한 참여자가 되게 하는 데 도움이 된다. 기본적으로 이 연구자들은 손에 잡히는 진전과 효과적 치료의 조건(예를 들면, 목표와 방법에 대한 동의, 좋은 치료 동맹, 변화에 대한 희망과 낙관주의)이 존재하는지 확인하기 위하여 회기마다 내담자에게 질문지를 사용할 것을 추천하였다. 내담자들은 상담에서 어려움이 있을 때 치료자에게 언어적으로 표현하지 않는 반면에 질문지는 진전의 기록과 다른 내담자나 규준 집단과의 비교를 가능하게 하기 때문에 질문지 사용은 언어적 피드백과 대조가 된다. 이 장에서는 언급한 연구자들의 방법을 집단 형태에 맞추어 설명하겠고, 추가적인 변화 측정 척도로서의 해결중심 목표 설정에 관하여 다룬다.

특히 다음 2가지를 좀 더 상세히 살펴보겠다.

1. 성과 측정(진전 확인 목적)
2. 과정 측정(진전을 위한 치료적 조건 확인 목적)

2. 성과 측정

목표성취척도

성과를 측정하는 가장 단순하고 구체적인 척도는 아마도 처음에 내담자와 함께 목표를 설정하고, 나중에 척도 질문을 사용하여 목표의 성취 여부 또는 진전 여부를 탐색하는 것일 것이다. 해결중심치료에서 목표 설정의 통합적 성격을 고려할 때, 바로 이런 척도가 해결중심 집단평가에서 중심적인 것이 되어야 한다. 제6장에서 초기 목표 양식, 목표 검토 양식, 종결 목표 검토 양식 견본들을 소개하였다([그림 6-1] [그림 6-2] [그림 6-3] 참조). 이 양식들은 내담자가 목표를 향한 진전을 경험하는지 추적하는 데 도움이 될 것이다. 목표 성취를 측정하는 척도들의 장점은 척도의 내용을 내담자 개인의 관심에 맞출 수 있다는 점이다. 연구의 관점에서 이 척도들의 단점은 표준화되어 있지 않고 내담자 간에 쉽게 비교하기가 어렵다는 점이다.

표준화된 심리척도 질문지

치료변화연구소(ISTC)는 표준화된 심리척도 질문지를 회기마다 사용할 것을 권하는데, 이 질문지는 내담자가 얼마나 잘 진전하고 있는지를 비교 가능케 하는 '객관적' 점수를 제공해 준다. 이런 질문지의 장점은 이미 타당화 검사가 이루어져서 여러 범주의 내담자에게 실시되었으므로, 규준이 되는 평균 집단과 임상 집단에 관한 기준을 제공해 준다는 점이다. 이 질문지들은 심리치료와 심리학 연구에서 기본적인 것이며 선택 가능한 질문지들이 시중에 많이 있다. 예를 들면, 프로이드와 램버트(Froyd & Lambert, 1989)는 1,430가지의 사용 가능한 척도가 있음을 문헌 검토를 통하여 발견한 바 있다.

집단에 적합한 척도를 선택할 때 상담자는 척도가 다음과 같은 지를 확인해야 한다.

1. 타당성이 있어야 한다. 즉, 척도는 당신이 원하는 변화를 측정해야 한다. 내담자가 가진 증상, 스트레스, 문제를 다루지 않는 척도가 있다면 이 척도는 변화나 개선을 드러내 주지 못하기 때문에 목적에서 빗나간 것이다.
2. 사용하기 쉬워야 한다. 즉, 내담자가 답하기 쉽고, 비용이 저렴하고, 집단 내의 모든 사람에게 사용할 수 있어야 한다.
3. 신뢰성이 있어야 한다. 즉, 일반적으로 척도 실시의 결과는 일관성이 있어야 하고, 변화가 없음에도 불구하고 있는 것 같은 결과를 만들어 내서는 안 된다.

시중에는 많은 척도가 존재하는데 널리 사용할 수 있는 것으로 추천할 만한 것이 2가지 있다. 그것은 「CORE(Clinical Outcomes in Routine Evaluation)(통상평가에서의 임상성과)」와 「성과 질문지 45(Outcome Questionnaire-45: OQ-45)」다. 「성과 질문지 45」는 45문항 질문지로 내담자의 스트레스 증상, 사회 기능, 대인관계 기능의 수준을 비교 가능한 점수로 제공해 준다. 「CORE」 척도는 34문항으로 내담자의 안녕(well-being), 증상, 생활 기능, 위험행동에 관한 자료를 제공해 준다.

특별한 집단을 표적으로 하는 척도로는 어린이의 행동 또는 정

서 문제를 측정하는 「강점과 어려움 질문지(Strengths and Difficul-
ties Questionnaire: SDQ)」(Goodman, 1997)나 우울 증상을 측정하
는 「벡(Beck) 우울척도」(Beck et al., 1988) 같은 것들이 있다.

　해결중심 관점에서는 문제나 증상의 단순한 감소보다는 해결중
심적 사고와 행동의 출현을 측정할 수 있는 긍정적 내용을 담고
있는 척도 개발에 관심이 있어 왔다. 예를 들면, 이본 돌런(Yvonne
Dolan)은 「성학대 생존자를 위한 해결중심 회복 척도(Solution-
Focused Recovery Scale for survivors of sexual abuse)」*(1991)
를, 론 크랄(Ron Kral)은 「아동과 부모를 위한 해결 확인 척도(Solu-
tion Identification Scale for working with children and parents)」*
(1988)를 개발하였다. 또한 해결중심치료 분야 이외의 많은 연구
자들도 「강점과 어려움 질문지」(Goodman, 1997)처럼 부정적 행
동뿐만 아니라 긍정적 행동을 밝히는 척도들을 개발하였다. 이런
척도의 개발은 강점기반 척도에 대한 관심의 증가를 보여 주는
것이다.

　심리척도의 가장 큰 단점은 부정적 측면으로 편향되었다는 특
성 이외에, 응답하는 데 걸리는 시간과 척도의 길이가 길다는 점이
다. 임상 실천에서는 이러한 문제로 인하여 척도 사용을 망설이게
되며, 특히 변화를 추적하기 위해 반복 사용하는 경우에 더욱 그러
하다. 특히 치료자들은 즉각적으로 척도가 실천에 주는 이점이 없

* 역자 주: 이 두 척도는 우리나라에는 아직 공식적으로 번역되어 나오지 않아 역자가
제목을 번역하여 제시한 것이다.

을 때는 귀중한 시간을 연구 척도에 낭비하는 것을 매우 싫어한다.
결과적으로 ISTC는 간단하고 긍정적이고 쉽게 채점할 수 있는 척

성과평정척도

이름: _____ 연령: _____
번호: _____ 성별: 남/여
회기#: _____ 날짜: _____

오늘을 포함하여 지난 한 주를 돌아보며 다음과 같은 삶의 영역에서
어떻게 지냈는지를 표시해 주어서 우리가 귀하의 기분을 이해하도록
도와주시기 바랍니다. 왼쪽 끝은 낮은 수준을, 오른쪽 끝은 높은 수준
을 의미합니다.

개인적으로
(개인적 안녕)

|---|

대인관계적으로
(가족, 가까운 관계들)

|---|

사회적으로
(직장, 학교, 친구관계)

|---|

전반적으로
(전반적 의미의 안녕)

|---|

치료변화연구소(ISTC)

그림 7-1 **성과평정척도**(허락하에 사용함)

도인 「성과평정척도(Outcome Rating Scale: ORS)」를 개발하게 되었다. 이것은 네 항목으로 이루어진 10cm에 비유되는 척도로 자신의 삶의 4가지 중요한 분야, 즉 개인적/대인관계적/사회적/전반적 기능을 측정하기 위한 것이다. 「성과평정척도」는 적절한 타당도와 신뢰도를 보이므로(Miller et al., 2003) 「OQ-45」 같은 긴 척도에 대한 대안으로 사용되고 있다([그림 7-1] 참조).

3. 과정 측정

치료변화연구소(ISTC)는 성과와 변화를 측정할 뿐 아니라, 치료 과정에 대한 피드백을 내담자로부터 들을 것을 치료자에게 권하고 있다. 이런 피드백은 내담자 관점에서 양질의 서비스를 받게 하고 효과적인 치료 조건을 만들기 위한 것이다. 다음에는 독자에게 특정 척도를 제안하기 전에 우선 연구들이 알려 주는 효과적인 치료적 변화를 위한 조건이 무엇인지를 생각해 보자.

치료적 변화를 위한 조건은 무엇인가?

심리치료 성과 연구들을 검토한 유명한 한 연구에서는 심리치료에서 긍정적 변화가 일어나는 데 4가지의 주요한 과정요소가 있으며 이는 모든 치료 모델과 모든 학문 분야에서 공통된다고 결론지었다(Assay & Lambert, 1999; Lambert, 1992). 연구자들은 긍정적 변화에 미치는 이 요소들의 상대적 영향 정도를 다음과 같이 평가하였다.

1. 내담자 요소들 – 내담자와 환경의 강점과 자원(40%)
2. 치료적 관계의 질 혹은 치료 동맹의 질(30%)
3. 기대, 희망, 위약(플라시보) 효과 요소(15%)
4. 치료 모델과 기술(15%)

앞의 결과에서 눈에 띄는 것은 효과적 치료에서 내담자 요소가 매우 중요하다는 점이다. 양질의 치료 과정이 되려면 변화에서 내담자가 중심 역할을 한다는 것을 인정해야 하며 내담자의 자원, 강점, 생각을 활용하는 내담자의 적극적 치료 참여가 필요하다. 얄롬(Yalom, 1995)은 집단상담을 연구한 결과 집단에 적극적이고 참여를 많이 하는 사람이 집단상담으로부터 도움을 가장 많이 받는다는 점을 강조하였다(예를 들면, Lundgren & Miller, 1965). 다른 연구들은 집단에서 지도자 역할이나 적극적 역할을 하는 구성원이 시간이 지나면서 다른 구성원보다 더 많이 향상되고 더 잘 적응했다는 것을 보여 준다(예를 들면, Rappaport et al., 1992).

치료 효과에 두 번째로 많이 기여하는 것은 양질의 치료 동맹이며 이는 놀라운 일이 아니다. 내담자가 느끼는 내담자에 대한 치료자의 이해와 존경 정도와 같은 목표를 향한 이 두 사람의 노력이 긍정적인 성과를 만들어 낸다. 치료 효과 예측인자 중 가장 중요한 것이 긍정적 치료 동맹임을 많은 연구들이 발견하였다(Krupnick et al., 1996; Orlinsky et al., 1994). 흥미롭게도 많은 연구가 동맹에 대한 치료자의 인식이 아니라 내담자의 인식이 중요하다는 점을 보여 주고 있으며(Bachelor, 1991; Gurman, 1977), 따라서 치료 동맹에 관해서는 치료자의 판단에 의존할 것이 아니라 내담자로부터 체계적인 피드백을 들어야 할 필요가 있다. 집단상담에서는 '집단 응집력'—집단 구성원들이 서로 끌리고 수용되고 있다고 느끼는 정도—이라는 개념도 집단 기능의 중요한 전제조건이다(Yalom, 1995). 개인상담의 치료 동맹에 대한 연구보다는 덜 과학적이지만, 집단의 치료 성과에도 치료 동맹이 중심적 역할을 한다는 연구들을 얄롬(Yalom, 1995)이 인용하고 있다(Hurley, 1989; Yalom et al., 1967).

세 번째로 중요한 것은 양질의 치료 과정이며, 양질의 치료 과정은 내담자에게 희망과 변화에 대한 긍정적 태도를 심어 준다. 내담자가 변화의 가능성을 믿도록 격려할 수 있다면 이것은 긍정적 결과에 주요한 기여 요인이 된다(Snyder et al., 1999). 우울증 치료에 대한 임상 연구에서, 의사와 환자가 효과 있을 것이라고 믿을 때는 위약(가짜 약)이 향정신성 약물만큼 강력할 수 있다는 것이 발견되었다(Greenberg & Fisher, 1997).

마지막으로 비록 내담자 요소 또는 앞에서 논의한 관계적 요소보다는 훨씬 작지만 과제와 치료 기술도 양질의 치료 과정에 기여한다. 그런데 치료 기술이 나머지 요소들을 활성화시킬 때는 사실상 치료 기술이 가장 크게 기여한다고 주장할 수도 있다. 예를 들면, 해결중심치료의 기술 중 성과에 가장 크게 기여하는 것은 아마도 내담자의 강점과 자원의 활용, 협력적 치료관계의 형성, 그리고 낙천주의와 변화에 대한 희망을 불러일으키는 것을 강조하는 점일 것이다.

회기(과정) 평정 양식

회기(과정) 평정 양식을 사용하여 치료 변화를 위한 집단의 조건이 형성되었는지를 판단하기 위해서는 앞에서 강조한 집단 기능에 관한 내담자의 피드백을 들을 필요가 있다. 집단 기능의 측면 중 다음과 같은 것에 대해 피드백을 들어야 한다.

1. 내담자가 집단 내에서 지지받고 이해받는다고 느끼는지 여부
2. 집단에 관여하고 있다고 느끼는지와 참여 가능 여부
3. 집단 목표, 내용, 과업이 내담자에게 도움이 되는지 여부

내담자로부터 피드백을 들으면 양질의 치료 과정에 필요한 조건들이 활성화된다. 왜냐하면 피드백을 듣는다는 것은 치료를 협력적인 것으로 만들며 집단의 진행 방향을 결정짓는 데 있어서 내담자의 제안과 생각을 가치 있게 여기는 것이기 때문이다. 개인상담을 위한 회기 평정 양식으로는 「원조동맹 질문지(Helping Alliance Questionnaire)」*(Luborsky et al., 1996) 혹은 「상담동맹목록(Working Alliance Inventory)」*(Hovarth & Greenberg, 1989) 등 몇 가지가 있다. 치료변화연구소(ISTC)는 시각적 비유 척도를 활용하

여 임상 실천에서 반복 사용이 가능한 간단한 4항목짜리 「회기평
정척도(Session Rating Scale: SRS)」*를 개발하였다(Duncan et al.,
2004)([그림7-2] 참조).

회기평정척도(SRS V. 3.0)

이름: _____ 연령: _____
번호: _____ 성별: 남/여
회기#: _____ 날짜: _____

오늘 회기를 숫자로 평가해 주세요. 귀하의 경험을 가장 잘 묘사하는
것에 표시해 주세요.

관계

내 말을 듣거나
존중해 주는 것 같지 않았다. |- - - - - - - -| 내 말을 듣고 이해하고
존중해 주는 것 같았다.

목표와 주제들

내가 다루고 싶은 것을
다루거나, 말하고 싶은 것에 |- - - - - - - -| 내가 다루고 싶은 것을
대해 이야기하지 않았다. 다루거나, 말하고 싶은 것에
대해 이야기했다.

접근법 혹은 방법

치료자의 접근법이 나에게 |- - - - - - - -| 치료자의 접근법이 나에게
잘 맞지 않았다. 잘 맞았다.

전반적으로

오늘 회기에서 뭔가 놓친 |- - - - - - - -| 전반적으로 오늘 회기는
것이 있다. 나에게 좋았다.

치료변화연구소(ISTC)

그림 7-2 **회기평정척도**(SRS V. 3.0) (허락하에 사용함)

집단 회기 평정 양식

집단상담에 참여하는 개인에게 개인별로 집단과정척도를 사용할 수도 있으나 이것은 집단 응집력이나 참여 정도, 공평성 같은 집단과정의 요소를 측정하기에 완전히 적합하지는 않다. [그림 7-3]은 집단 회기 평정 양식이다. 이 양식은 집단과정의 요소들을 측정하려는 것이며, 집단과정의 요소들은 치료 변화에 중요한 기여를 할 수 있다. 양식 중 몇 가지 질문은 집단 유형에 따라 변형해도 되는데, 예를 들면 집단에 따라서 질문 7에 다른 과제들을 포함해도 된다.

「집단 회기 평정 양식」의 결과를 분석할 때 염두에 둘 것이 있는데, 이 분야의 내담자들은 문제를 실제보다 적게 보고하는 경향이 있다는 점이다(Miller, 1998). 내담자가 치료에 불만족할 때 치료자에게 이를 말하기보다는 중도에 그만두는 경향이 있으며, 치료 과정에 몇 가지 불만족스러운 점이 있어도 심지어 "괜찮다"고 말하기까지 한다. 이런 이유 때문에 중간 점수는 문제 있음을 의미한다고 보아야 한다. 그러므로 치료자는 다음의 「집단 회기 평정 양식」의 질문에 대한 응답들 중 3점은 불만족의 표시로 받아들이고 이에 대해 다루어야 한다.

우리는 오늘의 모임에 관한 귀하의 생각과 피드백을 듣고 싶습니다. 귀하의 의견은 집단이 목표를 향하고 있는지 확인하고, 귀하의 요구와 목표에 맞추는 데 도움이 될 것입니다.

이름: 날짜:

다음 문장에 대하여 귀하가 어느 정도 찬성하거나 반대하는지를 표시해 주세요.

1. 오늘 집단 내용은 나의 요구와 목표에 부합했다.
   매우 반대한다   매우 찬성한다
        1   2   3   4   5

2. 오늘 집단은 내가 목표를 성취하는 데 도움이 되었다.
   매우 반대한다   매우 찬성한다
        1   2   3   4   5

3. 오늘 집단에서 나는 이해받고 지지받는다고 느꼈다.
   매우 반대한다   매우 찬성한다
        1   2   3   4   5

4. 나는 오늘 집단에서 충분한 만큼 시간을 차지했다.
   매우 반대한다   매우 찬성한다
        1   2   3   4   5

5. 나는 오늘 집단에 충분히 관여했고 적극적이었다.
   매우 반대한다   매우 찬성한다
        1   2   3   4   5

6. 나는 오늘 모임 끝 무렵에 진전에 대해 희망적이라고 느꼈다.
   매우 반대한다   매우 찬성한다
        1   2   3   4   5

7. 일반적으로 아래의 집단 과제들이 얼마나 유용했는지를 표시해 주세요.

	유용하지 않았음				매우 유용했음
도입 부분의 연습	1	2	3	4	5
집단토론	1	2	3	4	5
역할극과 연습	1	2	3	4	5

계획과 숙제   1   2   3   4   5

8. 내 생각에 상담자는 오늘 집단을 잘 진행했다.

   매우 반대한다   매우 찬성한다

     1   2   3   4   5

오늘 특별히 도움이 된 것으로 좀 더 했으면 하는 것은 무엇인가요?

오늘 특별히 도움이 되지 않은 것으로 좀 덜 했으면 하는 것은 무엇인가요?

다른 의견이 있으면 적어 주세요.

그림 7-3 집단 회기 평정 양식

4. 지속적인 집단평가 수행

'내담자주도 성과기반' 개인치료 평가 모델에서 ISTC는 다음과 같은 단계를 권유하고 있다.

1. 내담자는 5분 일찍 도착하여 성과척도(들)를 작성한다.
2. 치료자와 내담자는 성과척도를 함께 채점하고 그 결과를 치료에 대해 알려 주는 정보로 사용한다. 첫 회기의 척도에서는 현재의 문제와 목표를 강조한다. 나중 회기의 척도에서는 향상된 점과 변화를 강조한다. 척도를 통해 변화를 볼 수 없을 경우에는 변화를 촉진하기 위해 무엇을 다르게 할 수 있을지에 대한 협력적 토론의 기반으로 척도를 사용한다. 성과척도

는 '객관적 척도'가 없을 경우에 문제를 적게 보고할 가능성
이 있는 내담자들을 자유롭게 해 주어서 진전에 대하여 솔직
하게 토론하도록 만들어 준다.

3. 치료자는 회기 끝 무렵에 내담자에게 회기 평정 양식을 완성
해 줄 것을 요청하고 치료 과정이나 치료자-내담자 동맹에
어떤 문제가 있는지 응답 내용을 살펴본다. 만약 내담자가 어
떤 질문에 대하여 중간 혹은 낮은 점수를 주었다면, 치료자는
치료가 어떻게 진행되었는지와 개선 방법에 대한, 예를 들어,
점수를 3점에서 4점으로 올리기 위해 회기 중 무엇을 할 수
있을지에 대한 논의를 내담자와 하는 것이 좋다.

덩컨과 밀러(Duncan & Miller, 2000)는 앞에서 언급한 세 단계
를 매 회기마다 실시할 것을 권하고 있다. 이들의 논리는 치료가
몇 회기까지 계속될지 예측할 수 없다는 것, 즉 내담자가 몇 회기
에 탈락할지 알 수 없기 때문이라는 것이다. 게다가 회기 중에 과
정의 문제가 나타난다면 회기 평정 양식이 이것을 보여 주게 되므
로 회기 중에 이것을 다룰 수 있게 되어서 내담자가 불만족스러운
상태로 회기를 마치지 않게 된다.

집단상담의 조건은 때에 따라 매우 다르다. 첫째, 집단의 길이는
보통 특정 길이로, 즉 5 내지 12회기로 집단마다 다르게 계약된다.
그럼에도 불구하고 여전히 조기 종결의 문제가 있기는 하다. 둘째,
집단 회기 앞 부분에 각 개인의 지난 회기에 대한 성과척도를 분석
할 시간이 없거나 회기 끝에 그 회기의 과정척도를 분석할 시간이

없을 경우도 있다. 셋째, 집단 구성원들은 진전에 대한 불만족을 단체가 아닌 진행자와 개인별로 논의하기를 원한다. 이러한 이유들로 인해 집단을 위해서는 변용된 평가 계획을 개발하는 것이 좋다.

5. 집단을 위한 평가 계획

성과 측정

집단의 성과를 확인하기 위하여 집단의 성격에 맞추어 목표성취척도([그림 6-1] [그림 6-2] [그림 6-3] 참조)나 표준화된 심리척도 혹은 2가지 모두를 사용할 수 있다.

목표성취척도(Goal Attainment Scale: GAS)

「초기 목표 양식」([그림 6-1] 참조)을 사전 면담 때나 첫 회기에 내담자와 함께 완성한다. 내담자와 함께 잘 형성된 긍정적인 목표를 만들어 내려면 시간이 필요하다는 것을 고려할 때, 집단에서 내담자가 기쁘게 목표로 삼을 만한 긍정적이고 초점이 잘 맞는 목표를 형성하기 위하여 사전 면담과 첫 회기에 초기 목표 양식을 반복해서 사용하는 것이 좋다. 각 회기 초에 「목표 검토 양식」([그림 6-2] 참조)을 사용하여 목표를 향한 진전에 대하여 검토할 수 있다. 구성원들은 개인별로 양식에 응답하고 난 후, 집단 안으로 돌아가 각자의 진전에 대한 이야기를 나눌 수 있다. 목표 검토 양식에 답하는 것이 집단 회기의 시작 의례가 될 수 있는데, 강력하면서 초점에 집중하게 하는 척도 질문—"집단을 시작한 이후로 1부터 10 사이의 척도에서 여러분이 지금 각 목표의 어디에 계신지를 표시해 주세요."—이 특히 도움이 된다. 이 질문은 자연스럽게 '진전의 검토' 토론으로 흘러가게 하며(제6장 참조), 이 토론은 목표를 향한 변화와 진전을 끌어내고 증폭시키며 강화하게 된다. 진전의 장애물을 집단에서 혹은 개인별 회의에서 밝혀보고 논의한다. 종결 회기에서는 처음부터 마지막까지의 수확을 굳건히 하고 집단 종결 이후에 있게 될 단계를 강조하기 위하여 「목표 검토 양식」([그림 6-3] 참조)을 사용한다.

표준화된 심리척도

성과평정척도(Miller et al., 2003)와 같은 간단한 성과척도들은 집단에서 사용하기에 좋다. 집단 구성원들이 집단 초기에 척도에 답을 하고 이후에 진전을 검토하는 기반으로 이것을 사용할 수 있다. 이런 척도는 목표성취척도의 대안으로 사용될 수 있고, 다른 척도와 함께 사용될 수 있다. 즉, 각 회기마다 성과평정척도를 사용하고, 목표성취척도는 집단의 시작, 중간, 종결 등 중요한 시점에 사용한다.

비록 응답하는 데 시간이 걸리고 즉각적인 분석이 이루어지지 않으며 집단 주기의 특정 시점에 제한되겠지만, 집단 내에서 진전을 계속 확인하기 위하여 「OQ-45(성과 질문지-45)」나 「SDQ(강점과 어려움 질문지)」처럼 길이가 더 긴 심리측정 척도를 사용하는 것도 유용하다. 예를 들면, 다음과 같은 시점에 사용하는 것이 좋을 것이다.

1. 사전 스크리닝과 추후 면담
2. 첫 회기와 종결 회기
3. 사전 스크리닝, 중간 평가, 추후 면담

앞의 1번과 3번은 척도를 분석하고 내담자와 함께 그 결과를 논의할 수 있는 시간이 충분히 많은 개별 면담 동안에 실시하면 좋다.

과정 측정

집단의 성격에 따라서 집단과정에 대한 회기별 피드백을 다음과 같은 2가지 방법으로 수집할 수 있다.

1. 치료적 휴식시간 동안에
2. 각 회기의 마지막에

치료적 휴식시간 동안에

제6장에서 소개된 집단 회기의 구조를 따르자면, 집단 회기 평정 양식에 응답해 달라고 내담자에게 요청할 수 있는 좋은 시간은 '치료적 휴식시간'이다. 치료적 휴식시간이란 다음과 같이 내담자로 하여금 집단 내 진전에 대하여 생각해 보게 하는 시간이다.

1. 집단 내 진전과 집단 내 좋은 점과 좋지 않은 점에 대해 생각해 보도록 내담자에게 잠시 휴식시간을 준다.

2. 이 휴식시간이 시작될 때 공동진행자는 「집단 회기 평정 양식」을 배부한다. 1분 이하의 시간 동안 응답하게 한 후 진행자가 수거한다.

3. 내담자들이 계속 생각해 보거나 짧은 연습을 하는 동안 상담자는 전반적인 것을 확인하기 위해 수거된 피드백 양식을 잠시 동안 훑어봄으로써 집단이 괜찮은지와 관심을 기울여야 할 눈에 띄는 주제가 있는지 살펴본다.

4. 그러고 나서 진행자는 아무 주제라도 꺼내면서 집단과정에 대한 전체 토론을 이끈다. 예를 들면, "여러분이 답한 것을 살펴보는 동안, 오늘 여러 활동에 대해 어떻게 느끼셨는지 궁금해졌습니다……"

5. 또한 상담자는 응답 양식에 낮은 점수를 보인 (그러므로 중도 탈락의 위험이 있는) 구성원과 접촉하는 시간을 가지려고 노력하며, 이는 집단이 어떠한지와 개선 방안을 확인하기 위한 것이다.

각 회기의 마지막에

'치료적 휴식시간'을 가지지 않는 집단은 회기 끝에 집단 회기 평정 양식에 답해도 된다. 양식은 다음과 같이 소개할 수 있다.

　　회기 종료 직전인 지금, 오늘 집단 참여 소감과 변화를 주어야 할 것이 있는지 알기 위하여 회기 평정 양식에 응답할 시간을 잠깐 가지기로 합시다. 응답한 양식은 차 드시러 나가실 때 저에게 주시기 바랍니다.

치료자는 회기 종료 후에 응답지를 분석하여 다음 회기 계획에 참고하고 구성원 개인과 다루어야 할 문제가 있는지 확인한다. 만약 가능하다면 회기 종료 후 몇 분 동안 치료자가 남아 있어서 집단에서 미처 다 다루지 못한 문제가 있을 때 내담자들로 하여금 치료자에게 접근하여 말할 수 있도록 여지를 두는 것이 좋다. 이것은 문제를 드러내 준다는 장점이 있으며 중도 탈락을 피하게 하는 데 도움이 된다. 회기 후의 다과 시간이나 사교시간은 이런 역할을 잘 해 준다. 회기 후의 시간에 내담자들이 치료자에게 편안하게 접근할 수 있게 하려면 앞의 문장에 다음과 같은 말을 덧붙이면 된다.

만약 오늘 모임에 대해 무엇이라도 말씀하실 것이 있으면 집단이 끝난 후 몇 분 동안 남아 있을 테니 저에게 와서 말씀해 주세요. 아니면 주중에 저에게 전화하는 것이 더 편하시면 그렇게 하셔도 됩니다.

피드백에 대한 후속 조치

상담자는 지속적 평가를 함으로써 조기에 문제를 다루는 기회를 가질 수 있는데, 여러 방법으로 지속적 평가가 가능하다. 첫째,

집단 내에서 전체를 대상으로 할 수 있다. 앞에서 설명한 대로 회기 시작 시에 목표를 검토할 수 있는데, 변화에 대한 장애물이 확인되면 상담자는 곤경을 극복하는 방법과 해결책을 지지적인 분위기 속에서 찾아보라고 집단을 격려하는 것이 좋다. 「회기 평정양식」 응답을 통해 과정의 문제가 드러날 때, 상담자는 그 문제에 대한 집단토론을 이끌어서 이 문제를 타개하는 방법에 대하여 집단 합의 도출―아마도 집단을 구조화하는 새로운 방식에 대한 협상―을 시도해 볼 수 있다.

둘째, 상담자는 집단의 비공식적 시간을 사용하여 피드백에 관련한 후속 조치를 할 수 있다. 집단 내 사교시간이나 티타임 혹은 집단 시작 직전과 종료 직후 몇 분 동안은 상담자가 구성원들의 생각과 의견을 들을 수 있는 상호작용 기회를 가질 수 있다. 예를 들면, 만약 구성원 한 사람이 말이 없다면 상담자가 비공식적 시간에 이 사람에게 말을 걸고 다른 구성원과의 대화에도 끌어들일 수 있다. 또는 한 구성원이 집단에서 어려움을 겪고 있다면 상담자는 비공식적 시간에 대해 이 구성원을 지지해 주고 다른 도움이 될 만한 것이 있을지 탐색해 보는 시간으로 사용할 수 있다.

셋째, 상담자는 회기 사이에 내담자들에게 전화를 해서 후속 조치를 취할 수도 있다. 만약 「회기 평정 양식」 응답에서 문제가 드러나면 상담자는 그 내담자에게 전화를 걸어 집단 참여 소감과 집단의 개선 방향에 대해서 의논하고 싶다고 해도 된다. 이러한 '아웃리치' 방법 사용에 대한 확신이 없는 상담자는 연구 증거를 고려해야 한다. 밀러와 롤닉(Miller & Rollnik, 1991)은 첫 회기 후나 결석 회기 후에 상담자와의 짧은 통화도 중도 탈락률을 감소시킨다는 여러 연구를 인용한 바 있다(Koumans et al., 1967; Nirenberg et al., 1980).

넷째, 상담자가 집단 회기 이외의 시간에 내담자와 개별 면담을 함으로써 후속 조치를 취할 수도 있다. 이것은 스크리닝, 중간 점검, 혹은 집단 종료 후 면담처럼 약속을 별도로 잡아서 할 수도 있고, 성과척도나 과정척도에서 드러나는 내담자의 진전 상황을 고려하여 필요할 때만 시행할 수도 있다. 비록 시간이 드는 일이기는 하지만 이런 면담은 내담자의 진전과 집단의 생존을 위하여 매우 가치 있는 일이다.

6. 지속적 평가의 실제

사례 1

심리학자인 조는 6주간의 자기주장과 의사소통 기술 향상을 위한 집단을 진행하고 있었다. 이 집단에는 기술연습과 역할극이 많았으며, 조는 이것이 치료적 변화와 학습에 중요하다고 보았다. 2회기까지 2명이 탈락했는데, 「회기 평정 양식」을 보니 문제가 드러나 있었다. 여러 사람이 역할극에 대해 '불편하며 창피하다'고 평가하고 있었다. 조는 결석한 구성원에게 전화를 했고 이들로부터 비슷한 피드백을 듣게 되었다. 3회기에 조는 '적절하지' 않았음

을 사과하고 '집단이 어떠한 방식으로 운영되어야 할지'에 대한 토
론을 가졌다. 긴 토론 끝에 집단은, 역할극은 도움이 된다는 구성
원에게만 약간 하게 하자는 것과 주로 토론을 바탕으로 하는 집단
을 좋아한다는 것에 합의하게 되었다. 이러한 변경 후에 집단에는
결속력이 생겼고 성공적으로 집단을 마칠 수 있었다.

사례 2

네 자녀를 둔 한부모인 메리는 큰아들의 어려운 행동에 대한 대
처를 위해 아동보호기관에 의하여 8주간의 부모 집단에 의뢰되었
다. 네 번째 회기까지 메리는 집단에서 이해받고 지지받는다고 회
기 평정 양식에 응답했으나 성과척도에서 보면 사실상 아들의 행
동이 통제 불능 정도가 심해지고 상황이 더 나빠졌다는 것이 명백
하였다. 치료자가 메리와 만나서 검토를 한 결과 메리는 우울해져
있으며 전남편으로부터 막대한 압력을 받고 있고, 집단에 오는 것
도 어려워지고 있음을 분명히 알 수 있었다. 치료자와 메리는 뭔
가 다른 조치가 필요하다는 데 동의하였다. 이들은 아동보호기관
과 긴급 사례회의를 가졌고 특별 가족지원이 결정되었다. 메리의
아들은 일주일에 4일은 위탁가정에서 보호받게 되었다. 특별 지원
덕에 메리는 나머지 집단 회기에 참석할 수 있었다. 집단은 지지적
이었으나 집단 외의 사건들이 큰 영향을 미쳐서 메리가 집단에 잘
참석하는 것을 방해하였다는 것을 종료 시에 척도를 통해 알 수
있었다. 그 결과 메리는 양육과 관련해서 원했을 만한 성과를 얻을

수 없었다. 문제가 안정된 이후에 메리는 치료자의 동의를 얻어 다음에 새로이 시작되는 집단에 재참여하게 되었다. 성과척도를 통해 보면 두 번째 참여한 집단은 메리에게 도움이 되었고, 이 집단에서 메리는 다른 부모들에게 지지적 역할을 하는 등 집단에도 더 많은 기여를 하였다.

사례 3

알렉은 주간 정신건강 센터에서 5주간의 사회 기술 집단에 참석하고 있었다. 그는 2회기까지 성과척도에서 진전이 없었으며 회기 평정 점수는 낮았다. 그로 인해 상담자는 알렉을 만났고, 알렉이 집단에서 외부인 같은 기분을 느끼고 있음을 알게 되었다. 알렉은 다른 구성원들과는 다른 문화와 배경 출신이었고, 그는 다른 구성원들이 자신을 무시한다고 느꼈다. 알렉의 문화적 차이에 대해 전혀 '무지했던' 상담자에게 이것은 새로운 사실이었다. 앞으로의 진행 방향에 대해서 논의하는 중 알렉은 집단이 너무 짧아서 집단 내에서 이 문제를 논의하고 싶지 않다고 하였다. 그들은 지역사회의 다른 자원 중 알렉이 참여할 만한 것을 찾아보았고, 문화적으로 알렉에게 맞는 집단을 주간 센디에서 운영할 수 있는 가능성에 대해 검토하였다. 상담자는 이전에는 전혀 몰랐던 문화적 이슈에 대해 '눈을 뜨게 해 준 것'에 대해 알렉에게 감사하였다.

알렉은 원래 참여하던 집단의 나머지 회기를 참석하였고, 종결 회기에는 그동안 집단 내에서 얼마나 '문화적 차이'를 느꼈는지 얘

기할 정도로 좀 더 집단에 적극적으로 참여하게 되었다. 다른 구성
원들은 알렉의 이러한 기여가 가치 있음을 알게 되었다.

사례 4

　정신보건 간호사인 수전은 지역의 정신건강 센터에서 외래환자
집단을 진행하고 있었다. 집단 내에 서로를 사적으로 아는 두 사람
이 다른 사람들보다 말을 많이 하였으나, 전체적으로는 집단이 진
전을 하는 것처럼 보였다. 한 구성원이 문제를 말하면, 이 두 사람
이 끼어들어 자신들은 동일한 문제를 가졌는데 훨씬 더 심각한 수
준이라고 말하여 조명을 받곤 하였다. 수전은 이것을 통제하기 어
려웠고 다른 구성원들이 이에 대해 어떻게 인식하고 있는지 궁금
했다. 세 번째 회기의 종료 즈음에 치료적 휴식시간을 가졌고 모든
구성원에게 회기 평정 양식에 응답해 줄 것을 요청하였다. 후에 구
성원들이 연습을 하는 동안 수전은 재빨리 응답된 양식을 훑어 보
았으며 많은 구성원이 보통 때보다 낮은 점수로 척도에 응답하고
있음을 알 수 있었다. 이 말은 구성원들이 충분히 말할 시간을 가
지지 못했고 집단이 어느 정도 부정적이라고 느끼고 있음을 의미
했다. 그런데 흥미롭게도 수전이 생각한 지배적이라고 여긴 두 사
람도 집단이 별로 도움이 되지 않으며 놀랍게도 자기 두 사람도
충분히 말할 시간을 가지지 못했다고 응답하고 있었다. 즉, 지나치
게 많이 말하는 내담자들은 일반적으로 자신이 많이 말하는 것을
의식하지 못하며 집단에 불만족해한다는 것을 의미한다.

피드백에 반응하여 휴식시간 후에 수전은 집단이 그동안 어떠했는지에 대해 대화를 시작하였다. "피드백을 보니 집단이 약간 제 궤도에서 벗어나 있고 부정적인 것 같습니다. (몇은 고개를 끄덕임) 또한 대집단이어서 모든 구성원이 말할 수 있는 기회를 가지기는 어려워 보이네요. 집단을 제 궤도로 돌려놓기 위해서 우리가 할 수 있는 일이 무엇일지 궁금합니다."라고 수전은 피드백 결과를 구성원들에게 알렸다. 이후 브레인스토밍을 하였으며 다음과 같은 아이디어를 발견하게 되었다.

1. 모든 사람이 자신의 새로운 소식을 말할 수 있도록 집단을 둘로 나눈다(수전이 한 집단을, 공동진행자가 다른 집단을 맡는다).
2. 한 사람을 시간 지킴이로 선출하여 모든 사람이 충분히 말할 수 있는 시간을 갖게 한다.

수전은 이 제안을 실시하였는데, 가장 많이 말하는 두 사람을 떼어 놓고 이 둘에게 시간 지킴이 역할을 주었으며 그들은 이 역할을 매우 잘 수행하였다. 이후에는 집단이 훨씬 잘 운영되었고, 회기 평정 양식이 이를 보여 주었다.

7. 요 약

이 장에서는 집단 치료자가 활용할 수 있는 지속적 평가 방법에 대해 설명하였다. 지속적 평가 방법의 장점은 3가지다. 첫째, 그 성격상 협력적이어서 내담자들을 치료 과정의 동업자로 초대한다. 둘째, 변화와 목표에 초점을 둠으로써 치료가 초점을 유지하게 하여 단기 치료가 되도록 해 주며, 집단의 목표와 내담자의 안녕을 표적으로 하도록 도와준다. 셋째, 조기에 문제와 어려움에 대해 관심을 둘 수 있으며, 치료자가 내담자들과 함께 협력적으로 과정을 평가하게 해 주며 '뭔가 다른 것을 하게' 하는 데 도움이 된다. 이러한 방식으로 치료 실패와 중도 탈락을 예방할 수 있으며, 만약 치료가 궁극적으로 성공적이지 않다면 조기에 이 점을 발견하고 대안을 고려할 수 있다.

제8장

어려운 집단의 관리

석가모니가 보리수 아래 앉아 깨우침 얻기를 기다리며 명상을 하고 있었다. 석가모니의 평화로움이 마음에 들지 않은 마라가 석가모니를 공격하려고 군대를 보냈다. 군사들이 돌과 곤봉, 화살을 들고 석가모니를 향해 접근했다. 그러나 석가모니는 흔들리지 않고 평화롭게 앉아서 명상을 계속하였는데, 금빛 광채가 석가모니를 둘러싸고 있었다. 화가 난 마라는 군사들에게 석가모니를 향하여 무기 발사를 명령하였다. 그러나 무기들은 석가모니를 둘러싼 광채 속에 도달했을 때 꽃으로 변하여 마치 선물인양 석가모니의 발 앞에 떨어져 내렸다

-Sangharakshita(1996)

집단상담에서는 어려운 상황이 자주 일어나서 집단 상담자가 많은 도전을 경험하게 된다. 집단 구성원들이 지나치게 부정적이

거나 집단 상담자에게 직접적으로 대항하거나, 집단시간을 독차지하거나, 별난 행동 등으로 집단에 방해가 되는 행동을 하는 경우가 이에 해당한다. 집단상담에서 발생하는 어려움은 집단과정의 일부분이자 한 조로 이루어진 썰물과 밀물이라고 할 수 있다. 터크맨(Tuckman, 1965)은 이와 같이 갈등의 폭풍이 몰아치는 것 같은 상황을 집단 정체성 형성의 중심으로 보았으며, 집단의 발전 과정을 '형성, 폭풍, 정상화, 수행'이라는 유명한 비유를 사용하여 설명하였다. 이런 상황은 정상적인 것임에도 불구하고 다루기 어려워서 숙련되고 사려 깊은 접근을 필요로 한다. 이 장에서는 어려운 상황에 대한 해결중심 접근을 살펴보겠다. 집단 상담자는 좀 더 건설적으로(constructively) 생각하는 동시에 내담자의 동기 수준을 고려할 때 내담자의 저항과 집단의 곤경을 극복할 수 있다. 이러한 내용은 다음에서 상담 사례와 일반적인 슈퍼비전 연습으로 예시하고 있으며, 이는 어려운 사례에 대하여 치료자가 건설적 이해를 하여 집단을 계속 진행하는 데 도움이 될 것이다.

1. 불평형의 동기 수준

제5장에서는 방문형/불평형/고객형의 동기 수준에 대해서 다루었다. 내담자들은 이 동기 수준이 존중되는 가운데 치료 목표를 정하고 집단에 참여할 수 있다. 고객형 동기 수준이 이상적이며 이들은 분명한 목표와 이를 성취하기 위하여 노력하려는 동기를

가지고 있다. 그러나 실제로는 방문형과 불평형 정도의 동기 수준을 가진 내담자들이 좀 더 흔하며 이들은 변화 과정의 초기 단계에 있고 집단 상담자와 치료자에게 종종 '힘든' 사람들로 여겨진다. 방문형은 집단에의 참여가 적고, 우선은 출석 자체를 거부하기 때문에 치료자가 힘들어진다. 불평형은 집단 상담자에게 과외의 요구를 하며 갈등을 겪게 되고 목표를 향한 진전이 거의 없어 보이기 때문에 치료자들이 힘들어 한다. 우리는 제5장에서 이미 방문형 동기 수준의 내담자를 집단상담에 끌어들이는 여러 가지 방법에 대해 다루었다. 이 장에서는 불평형들이 제기하는 특별한 도전과 치료자가 이들을 상담에 끌어들이기 위해 할 수 있는 것들에 대해서 살펴본다. 밀러와 롤닉(Miller & Rollnick, 1991: 100)은 다음과 같이 주장하였다.

> **동일한** 치료자가 내담자에게 이전과 다른 접근을 하거나(Miller & Rollnick, 1990) 심지어 동일한 회기에서 접근 양식을 바꿀 때 내담자의 저항에 극적인 변화가 생겨나곤 한다(Patterson & Forgatch, 1985).

불평형 동기 수준의 내담자는 목표를 가지고 있으며, 그 목표를 성취하기를 매우 원하지만 변화를 만들어 내기에는 무력감을 느끼는 사람이다. 약물 중단을 포기한 후 재발하게 된 약물 사용자는 변화 가능성에 대해 절망감을 느끼며, '제노'가 자신의 문제에 도움이 되지 않고 오히려 악화시켰다고 생각하는 퇴직군인을 위한 정신건강 서비스 이용자는 전문 서비스에 대해 분노하거나 불만 족스러워 한다. 일반적으로 불평형 동기 수준에서는 '약물 하지 않 기' '우울해하지 않기'처럼 목표를 부정적인 형태로 형성한다. 이 때 상담자와 내담자의 치료적 동맹이 잘 이루어지지 않는데, 내담 자들은 치료자가 자신에게 도움이 되지 않으며 심지어는 자신의 목표 추구에 방해가 된다고 믿기까지 한다.

  해결중심적 관점에서 불평형의 내담자와 '고객형의 계약'을 재 협상하려면 다른 접근이 필요하다. 이들에게 더 큰 동기를 불러일 으킬 만한 목표를 발견해야 하는데, 이들이 자신의 삶을 변화시키 도록 영향을 줄 수 있는 방법을 보여 주고 치료적 동맹을 갈등관 계로부터 협동관계로 변화시켜야 한다. 불평형 동기 수준의 내담 자를 다루는 것이 치료자에게는 힘든 일이지만 집단 발전에는 지 렛대가 될 수 있다. 불평형 동기 수준의 내담자는 종종 에너지가 많고 변화 욕구가 강한 사람들이다. 일단 이들은 치료자와 갈등관 계로부터 협력관계로 변하게 되면 큰 자원이 되고 집단에 활력소 가 된다. 간단히 말해서 치료자 관점에서 집단에 가시 같은 존재인 사람이 있을 때 치료자가 일단 이들과 협력할 수 있는 방법을 찾 게 되면 이들은 치료자에게 가장 큰 우군이 될 수 있는 것이다.

2. 불평형과의 협력

> 🧰 **글상자 8-1** 불평형과의 협력
>
> • 다르게 생각하라/건설적 이해를 하려고 노력하라
> • 양육하고 지지해 주라
> • 내담자/집단의 속도에 맞추라
> • 집단/내담자와 함께 진전을 검토하라
> • 치료자 자신을 돌보라

다르게 생각하라/건설적으로 이해하려고 노력하라

스승으로부터 배울 수 있을 만큼 우리가 현명할 수 있다면 우리 인생에서 가장 힘든 사람은 위대한 우리 스승들이다. 그들의 존재에 반감을 가지기보다는 그들을 환영해야 하며 스승이 우리에게 어떤 지혜를 제공할 수 있을지를 기대해야 한다.

– John Sharry

전통적으로 '저항'이나 '어려움'은 개인 내부에 존재하는 것으로 여겨졌기 때문에 내담자가 집단과정에서 발생하는 문제의 근원으로 여겨졌다. 얄롬(Yalom, 1995)은 그의 고전 『집단치료의 이론과 실제(*The Theory and Practice of Group Psychotherapy*)』에서 병리적인 꼬리표가 가지는 가치관을 비판하는 한편, 성격유형 때문에 집단과정에 문제를 만들거나 집단을 고착시키는, 집단 내에 존재하는 다양한 유형의 '문제 내담자'에 대해 한 장을 할애하여 논하고 있다. 해결중심적 관점에서는 저항이란 개인의 병리 속에 존재하는 것이 아니라 관계적인 것이며 상황에 의해 초래되는 것으로 본다. 집단이 위축되고 고착되는 이유는 치료 목표와 치료 방법이 제대로 형성되지 않았기 때문이며, 특히 치료적 관계가 제대로 형성되지 않았기 때문이다. 만약 치료자가 집단 구성원에 대하여 부정적이거나 병리적으로 생각한다면 이 생각은 비난이라는 방식으로 내담자에게 간접적으로 전달될 수 있으며, 치료적 관계에 영향을 미쳐 저항을 초래할 수도 있다. 〈사례 8-1〉을 살펴보기 바란다.

📷 사례 8-1   치료자에 대한 집단 구성원들의 대항

대인관계 향상이라는 공통 목표를 가지고 있는, 특성이 다양한 일곱 사람으로 구성된 집단이 있다. 치료자는 집단이 '회피하며' '깊이가 없다'고 생각하였다. 치료자는 집단 구성원들이 잡담하는 수준에 머물러 있으며 깊이 있는 주제를 회피하고 있다는 기분이 들었다. 세 번째 회기에서 집단 구성원 중 한 명인 안나가 아동기에 어머니의 죽음을 경험했을 때 버려진 기분이었던 것에 대해 이야기하였다. 그러나 로버트가 대화 주제를 다른 것으로 즉시 바꾸어 버렸다. 다른 집단 구성원이 로버트의 주제를 따라갔다. 치료자는 안나의 이야기가 묻혀 버리는 것이 속이 상하여서 대화를 중단시켰다. "안나가 이제 막 중요한 얘기를 했는데 다른 분들이 제대로 듣지 않았습니다." 침묵이 흘렀다. 치료자는 잠시 기다린 후에 말하고 싶은 것이 있는지 안나에게 물었다. 안나는 아니라고 머리를 흔들었으며 다시 침묵이 흘렀다. 치료자는 아마도 이 집단이 진정한 대화보다는 사교적 잡담을 더 편안해하는 것 같으며 그것이 진정으로 이 집단의 목적인지 의문이 든다고 말하였다. 좀 더 길

게 침묵이 흘렀고 이번에는 로버트가 소리를 높여 치료자를 비난하면
서 치료자에게 집단의 목적을 무엇으로 알고 있는지 질문하였다. 다른
구성원들이 가세하여 치료자에게 집단을 다루는 방법이 잘못되었다고
비난하였다.

〈사례 8-1〉에서 치료자는 집단의 기능 방식에 대해 비난조의
이해를 하였다(즉, 구성원들이 깊이가 없고 회피한다고 생각하였다).
이러한 이해는 집단이 '진정한' 대화를 회피하며 사교적 잡담 수
준을 더 편안해하며 다른 사람의 말을 귀담아듣지 않는다고 치료
자가 집단을 '야단치는' 데에 스며 있었다. 아마도 그의 목소리에
는 좌절과 속상함이 묻어 있었을 것이다. 그러므로 집단이 '회피하
는 태도'로 치료자에게 반응한 것은 놀랄 만한 일이 아니며 집단
의 회피하는 태도는 치료자의 판단을 강화시켰다. 해결중심 관점
의 치료자라면 위와 같은 생각이 아니라 내담자와 집단의 행동에
대해 건설적 이해를 하려고 했을 것이다. 〈사례 8-1〉에서 치료자
는 집단의 사교적 대인관계 능력을 집단의 강점으로 여기고 어려
운 주제를 다루고 싶어 하지 않는—다른 사람이 당황해하는 것을
원하지 않는—그들의 희망을 타인에 대한 배려의 표현으로 이해
할 수도 있었을 것이다. 치료자는 집단과 그동안의 진전 사항을 검
토하고 그러한 방법, 즉 잡담이 목표 달성에 도움이 되는지를 확인
할 수도 있었을 것이다. 건설적 이해를 하였다면 이 대화가 덜 대
항적이고 더 협력적으로 흘러갔을 것이다.

만약 치료자인 당신이 집단 구성원의 말에 부정적으로 반응하

고 싶거나 그들과 다른 의견을 가지고 싶어진다면, 혹은 왜 그들
이 그렇게 행동하는지 이해가 되지 않거나 집단 구성원들의 반응
에 좌절하거나 방어적이 되는 것 같으면 당신이 이 집단 구성원들
에 대해 건설적으로 생각하지 않는 것이며 그들의 관점을 이해하
지 못한 것으로 보아야 한다. 그런 생각은 집단 구성원들에게 간접
적으로 전달되어 어려움을 심화시킬 가능성이 많다. 이럴 때는 한
걸음 뒤로 물러서서 집단 구성원들이 하는 말을 다시 평가해 보
고 새로운 건설적 틀을 생각해 내는 것이 가장 좋다. 〈사례 8-2〉와
〈사례 8-3〉은 집단 치료자가 어떻게 집단 구성원들의 도전에 대
해 좀 더 건설적으로 생각할 수 있을지와 이러한 생각에서 흘러나
오는 건설적 반응과 질문들에 대해서 다룬다.

📷 사례 8-2 '이 집단이 나에게 무슨 도움이 되는지 모르겠어요'

루크는 46세의 퇴역군인으로 정신건강 센터에서 여러 가지 진단을 받
았다. 그는 여러 가지 집단과 서비스에 참여했고 악명이 높은 사람이었
다. 그는 이제 주간 정신건강 센터에서 '일상생활 대처 기술'을 가르치
는 집단에 참여하기 시작했는데 첫 모임에서 집단에 참여하는 목표에
대해서 질문받았을 때 다음과 같이 대답했다.

솔직히 말해서 이 집단이 나에게 무슨 도움이 될지 모르겠어요. 저
는 24년 동안 이 센터와 다른 정신건강 서비스 센터에 다녔지만 점
점 더 상태가 나빠지고 있어요. 지금까지 저에게 도움이 된 집단이
있었는지 모르겠어요. 기분 나쁘게 만들 생각은 없지만 제가 참여했
던 집단들은 아주 쓸모없는 것들이었어요.

실제로는 이런 문제들이 스크리닝 면담에서 다루어지지만 바쁜 업무 가운데 이런 점을 걸러 내지 못하여 치료자가 초기에 이와 같은 도전에 부딪히게 되기도 한다.

건설적 이해

루크는 실제로 이 집단이 무엇인가 다르기를 원하지만, 어떻게 할 줄 몰라서 좌절한 상태인 것이다. 정확히 말하자면 그는 자신의 상태가 좋아지기 위해서는 서비스가 열쇠가 아니며 자신의 노력과 자원이 열쇠라는 점을 인식하고 있다.

그는 자신이 원하는 것을 정확하게 표현하고 있는 것이며 반드시 가장 좋은 서비스를 받기 원한다고 말하고 있는 것이다. 그는 여러 가지 생각을 비판하고 도전함으로써 배우는 사람이다. 또한 소비자 관점에서 볼 때 그는 정신건강 서비스에 대한 많은 경험과 지식을 가지고 있다. 그가 계속해서 집단에 출석하고 있다는 사실은 그가 집단으로부터 무언가 얻기 위해 노력하고 있다는 것을 의미한다. 그는 집단에 대단한 자원이 될 수도 있을 것이다.

가능한 건설적 반응

재명명: 강점

"선생님은 과거에 여러 과정에 출석하셨어요. 문제를 해결하시려고 정말 열심히 많은 노력을 하셨네요. 선생님이 그렇게 열심히 해 오셨다는 것은 무엇을 의미할까요?"

예외

"선생님이 노력해 오신 것 중에서 무엇이 상황을 조금 나아지게 했나요? 아주 조금이라도 효과가 있었던 것은 무엇이었나요?"

재명명: 자원

"선생님이 경험한 정신건강 서비스와 참여하셨던 여러 집단에 비추어

볼 때, 이 집단은 어떤 식으로 운영이 되어야 할까요? 이 집단이 진행되어갈 때 우리가 명심해야 할 것은 무엇일까요?"

대처

"제가 관심 있는 것은 선생님이 어떻게 대처하시느냐 하는 것입니다—지금까지 어떻게 견디어 오셨나요?"

동기 인정

"이번에는 정말 뭔가 다르게 하고 싶으신 것으로 들리네요. 무엇으로 인해 그렇게 변화를 원하시게 되었나요? 달라진다면 선생님께는 어떤 차이가 있을까요?"

목표 설정

"선생님의 헌신이 매우 인상적입니다. 선생님은 이 집단에 꼭 참석해야 하는 것이 아님에도 불구하고 뭔가 나아지기 위해 이 집단에 오셨습니다. 무엇이 선생님을 다시 오시게 했나요? 무엇이 선생님을 계속 오시게 만드나요?"

최소한의 목표 설정

"몇 주간 집단 모임에 참석한다고 해서 기적이 일어나지 않는다는 것을 잘 알고 있습니다. 그러나 만약 집단에 참석하는 것이 조금 도움이 된다고 가정하면, 다음 몇 주 동안에 무엇이 달라지는 것을 보고 싶으세요? 어떤 작은 변화를 보고 싶으신가요?"

📷 사례 8-3 집단시간의 독점

여러 특성의 사람들이 섞여 있는 어떤 집단의 구성원 중 한 명인 진은 다른 집단 구성원보다 더 많이 이야기하는 것으로 보인다. 그녀는 항상 제일 먼저 말을 꺼내고 다른 사람들이 말할 때 자주 말을 가로채고 있

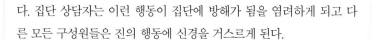

다. 집단 상담자는 이런 행동이 집단에 방해가 됨을 염려하게 되고 다른 모든 구성원들은 진의 행동에 신경을 거스르게 된다.

건설적 이해

집단에서 말을 많이 하는 사람은 종종 참여 동기가 높은 사람이며 자신의 생각과 경험을 밝힘으로써 집단에 도움이 되고자 한다. 이들은 일반적으로 집단 내에서 과제가 있을 때 이를 책임지며 이런 식으로 집단의 자원이 될 수 있다. 이들은 종종 자신이 얼마 동안 말하는지를 인식하지 못하며 자신이 다른 사람과 동일한 시간만큼 말한다고 생각한다. 집단 상담자는 종종 이들에게 너무 많이 관심을 기울임으로써 '지나치게 말을 많이 하는 사람'과 의도하지 않은 작당을 하게 된다. 예를 들면, 이들이 모임이 열리는 실내로 들어오는 것을 쳐다보거나, 이들이 말할 때 너무 많은 관심을 기울이거나 또는 단순히 앉은 자리가 그러한 결과를 자아내기도 한다. 예를 들면, 진이 집단 상담자의 바로 반대편 눈에 띄는 자리에 앉았다면 말이다.

가능한 반응

관심

집단 상담자는 반드시 모든 구성원에게 동일한 만큼의 관심을 기울이도록 조심해야 한다. 예를 들면, 조용한 구성원이 집단 내로 들어오도록 기다리고, 이들에게 직접적으로 질문하고 진 같은 사람이 말할 때마다 매번 관심을 기울이지 않음으로써 또는 공간 배치가 좀 더 잘되도록 실내의 좌석 배치를 바꿈으로써 말이다. 집단 상담자가 자신의 신체언어를 사용하는 방식도 집단과정에서 아주 강력한 영향을 미칠 수 있다.

구조

모든 구성원이 돌아가면서 동일한 만큼의 시간 동안 말할 수 있게 하고 집단 구성원 중 한 명이 이것을 관리하게 하는 방법(이것을 진이 할 수 있을 것이다)을 사용하는 것도 좋다.

공손한 방해

너무 말을 많이 하는 구성원의 말을 단순히 가로막거나, 다른 구성원에게 말을 하게 하거나, 다른 과제나 연습으로 넘어가는 것이 때로는 가장 좋은 방법일 수도 있다. 강점기반 관점에서 볼 때 이렇게 하는 목적은 이런 사람의 기분을 상하게 하지 않고 이들의 기여하는 바를 인정해 주면서 가능한 한 공손하고 존중하는 태도로 대하기 위한 것이다.

다음에서 3가지 경우를 보자.

> 상담자 (진이 맨 먼저 답했을 때 전체 구성원에게) 항상 진이 전체를 대신해서 답하지 않게 합시다. 다른 분들이 좀 얘기해 주세요.
>
> 상담자 진, 그건 참 좋은 질문이네요. 그런데 좀 나중에 다룰 시간이 있을 테니 잠시 미루어 둡시다.
>
> 상담자 (진의 말을 요약하면 더 말해 보라는 격려의 의미가 될 수 있기 때문에 진을 쳐다보거나 진의 말을 요약하지 않으면서 다른 구성원을 끌어들일 수 있는 기회를 만든다) 피터, 지금 고개를 끄덕이고 계신데 어떻게 생각하세요?

책임 맡기기

집단 내에서는 모든 사람이 말할 기회가 있어야 한다는 것과 진이 그동안 집단 참여로 인해 좋아진 것에 대하여 진과 개별적으로 이야기 나눈다. 치료자는 말수가 적은 구성원을 끌어들이기 위해 진에게 도움을 요청할 수도 있다. 또한 진은 역할극을 해 보이거나 다른 구성원들이 먼저 하기를 주저하는 구조화된 연습을 할 때 앞장섬으로써 집단 내 다른 구성원의 참여를 끌어내는 자원이 될 수도 있다.

집단 내의 복습

만약 집단 내에 충분한 신뢰감이 있다면 진의 적극성을 인정하면서도 시간을 좀 더 잘 사용하자는 건설적인 피드백을 집단이 진에게 주도록

격려할 수도 있다. 사실상 다른 구성원과 집단 상담자에게도 시간을 잘 사용할 책임이 있기 때문이다.

양육하고 지지해 주라

불평형들은 종종 자신의 상황에 대해 절망을 느끼고 낙담해 있곤 한다. 이들에게도 목표가 있지만 이 목표를 향해 노력하기에 무기력감을 느끼고 있다. 이들의 감정은 '소진'과 매우 유사한 것이다. 많은 치료자들이 이들에게 너무 일찍 책임을 떠맡기고 이들을 괴롭히는 문제에 대해 뭔가 다르게 해 보라고 하지만 이는 잘못된 것이다. 동기 수준에서 불평형인 내담자는 아무것도 할 준비가 되어 있지 않다. 즉, 이들은 먼저 양육받고 지지받고 이해받을 필요가 있다. 이런 내담자에게는 집단 상담자가 부정적인 면에 과도하게 초점을 맞추지 않으면서 지지적이고 동정적인 태도를 취하는 것이 가장 좋다.

내담자 다 쓸데없어요. 저는 이 우울감을 절대 극복하지 못할 거예요.

상담자 그렇게 느끼시니 안타깝네요. 정말 힘든 일주일을 보내셨잖아요. 거기에다가 선생님 상사가 선생님을 폄하하고요. 선생님이 그렇게 기분이 저조하신 것이 이해가 갑니다. 제 생각에는 집단의 다른 분들도 그런 좌절을 겪으시면 (치료자가 구성원들의 지지를 끌어내며) 누구나 기분이 그러실 거예요. 다음 주에는 선생님 자신을 잘 돌보셔야 한다는 것을 잊지 마세요.

해결중심 집단에서는 문제와 씨름하고 있는 한 구성원을 지지하기에 집단시간이 충분치 않을 경우가 있지만 집단시간 이외의 시간에 이런 내담자들을 지지해 줄 수도 있다. 집단 상담자가 집단 후의 휴식시간에 이런 내담자와 이야기하는 것이나 혹은 다음 회기 전에 안부전화를 하는 것, 또는 집단시간 이외에 별도의 시간을 내어 개별적으로 만나는 것은 아주 좋은 영향을 줄 수 있다. 이런 것은 내담자에게 특별한 지지의 표현으로 느껴지며 집단시간을 문제중심 대화에 너무 많이 사용하지 않아도 되므로 도움이 된다. 다른 종류의 보살피는 행동도 큰 차이를 만들 수 있다. 예를 들면, 집단이 끝날 때 치료자가 "선생님이 힘든 일주일을 보내셨으니까 제가 차를 한 잔 가져다 드릴게요." 같은 말을 하면 내담자가 보살핌을 받고 지지받는다고 느끼는 데 도움이 된다. 요점은 집단시간 전후에 내담자를 지지해 주는 것이 내담자를 재충전시키고 재동기화하는 데 도움이 된다는 것이다. 이런 행동은 치료적 동맹을 좀 더 건설적이고 협동적인 것으로 만드는 데 도움이 된다. 사람들은 집단상담에서 가장 큰 차이를 만든 순간을 떠올려 보라고 할 때 치료자의 숙련된 개입이나 질문이 아니라 인간적인 보살핌과 지지를 받은 순간을 떠올리는데, 이것은 놀랄 만한 일이 아니다 (Yalom, 1999).

내담자들이 힘든 한 주일을 보내거나 어떤 부정적인 상황에 끼

여 꼼짝 못할 때 자기 돌봄이나 자기 양육 연습을 제안하면 상황
의 진전에 도움이 된다.

> 상담자 어머님은 남편 되시는 분이 술을 끊도록 여러 해 동안 애
> 써 오셨어요. 남편이 어머님을 나쁘게 대했는데도 어머님
> 은 그분을 지속적으로 사랑하고 돌봐 오셨어요. (쉼) 저는
> 어머님이 혹시 그 돌봄과 사랑의 일부분을 어머님 자신에
> 게 할애해서 다음 한 주간 어머님이 즐거워지거나 정말 편
> 안해질 수 있는 뭔가를 하실 수 있을지 궁금해요. 제 생각
> 에 어머님은 그럴 자격이 충분히 있으시거든요.

내담자/집단의 속도에 맞추라

> 단기 치료는 천천히 진행된다.
>
> –Lipchik(1994)

초보 해결중심 치료자들이 흔히 하는 실수는 너무 빠른 속도로
상담을 진행한다는 것이다. 이들은 단기 치료의 협력 정신을 제
대로 이해하지 못하여 급박성을 느끼면서 아직 새로운 시각을 고
려해 볼 준비가 되어 있지 않은 내담자를 훨씬 앞질러서 해결중
심 대화 속으로 '성급히 달려들어' 가며 이렇게 되면 전체 회기가
해결중심적이 아니라 해결강요적으로 된다(Nylund & Corsiglia,
1994). 상담자가 이렇게 '짧게 하려는 성급함'(Lipchik, 1994)을 가

지게 되면 내담자는 저항을 느끼며 상담자가 자신을 이해하지 못
하고 자신의 말을 경청하지 않는다고 느끼게 된다. 따라서 치료자
는 당연히 내담자의 말을 진지하게 받아들이고 내담자의 관점을
경청해야 한다. 그러나 일반적으로 내담자는 치료자가 자신의 문
제에 대한 일반적인 이해를 할 때가 아니라 치료자가 자신을 충분
히 이해하고 존중해 주고 자신의 인생이야기에 대하여 치료자만
의 독특한 이해를 했다고 느낄 때 치료자가 해결중심 대화로 이끄
는 것을 받아들인다. 내담자나 집단이 문제에 끼어 꼼짝달싹 못할
때는 치료자가 '너무 많이 나갔을' 가능성이 있다. 이런 경우에 치
료자는 뒤로 물러서서 속도를 줄이고 경청하며 내담자의 입장을
건설적으로 이해하려는 시도를 해야 한다. 천천히 간다는 말은 매
회기 끝마다 반드시 해결책이나 전진할 방법을 찾게 된다는 의미
는 아니다. 내담자가 새로운 생각이나 질문을 가지게 되거나 그냥
단순히 지지받는 느낌을 가지고 집단을 마치거나 치료자나 구성
원들이 내담자 편에 서서 함께 문제에 대항하고 있다는 느낌을 갖
게 하는 것으로 충분할 수 있다.

집단 회기 중 '내담자의 속도로 진행하면' 종종 잠시 동안 문제
중심 대화로 다시 돌아오기도 한다. 문제중심 대화로 돌아오는 내
담자에게 집단이 그의 곤경과 문제의 심각성을 진정 이해했음을
강조하려면 상담자의 반영적 경청과 다른 구성원들의 지지가 가
장 중요하다. 자폐증과 학습장애 아동의 부모 집단 첫 회기에 목표
설정 부분에서 발췌한 다음의 사례를 검토해 보자.

상담자 이 집단이 어떤 도움이 되길 원하시나요?

앨리스 (화가 나서) 솔직히 말씀드려서 도움이 될지 모르겠어요. 제 아이가 세 살 때 다른 아이를 깨물어서 이 클리닉에 처음 데리고 왔고, 아이는 지금 열한 살인데 저는 사실상 더 악화됐다고 생각해요.

상담자 안타깝습니다. (쉼) 클리닉에 오는 게 아드님에게 도움이 되리라고 희망하면서 그렇게 오랜 기간 오셨지만 전혀 도움이 안 된 것 같아서 얼마나 속이 상하세요. 속상하신 게 상상이 돼요. 말씀해 보세요.

앨리스 때로 저는 정말 외로워요. 아무도 제 주위에 없는 것처럼이요.

상담자 아무도 지지해 주는 사람이 없는 것처럼 말씀이지요.

앨리스 네, 저와 제 아이만 있는 것처럼이요.

상담자 때로 정말 외로우시겠네요.

앨리스 네.

상담자 저는 이 집단의 다른 분들도 그와 비슷한 경험을, 도움이 부족해서 속상하고 혼자서 모든 것을 해내야 하는, 그런 경험을 하셨을 거라 생각해요.

이안 당연하지요. 아내가 아이 문제 때문에 저를 떠났을 때 저는 정말 버림받고 비난받는 느낌이었어요.

(이 단계에서 집단 내의 많은 내담자들이 비슷한 경험을 연이어 얘기하면서 많은 집단지지가 일어났다.)

문제중심 대화에 고착되어 있으면서 해결중심 대화로 진전할 준비가 되어 있지 않은 것 같은 내담자에게는 대처 질문이 유용할 수 있다. 내담자들은 자신의 생활에 영향을 미치는 문제가 있음에도 불구하고 일상에 대처하고 있는데, 바로 이 방법을 발견하고자 하는 것이 대처 질문의 기능이다. 대처 질문의 목적은 내담자의 신념에 도전하거나 다르게 행동하거나 다르게 생각하라고 요청하는 것이 아니다. 오히려 그들의 고투와 문제에 대한 저항을 생생하게 만들려고 하며 문제의 영향에도 불구하고 이들이 소유한 강점과 자원을 드러내고자 하는 것이다. 내담자와 나누는 대처 질문 대화는 내담자의 역량을 매우 강화해 주며 치료자를 문제에 저항하는 내담자의 동지로 만듦으로써 간접적으로 치료적 동맹을 강화하는 결과로 이어진다. 이러한 생각은 내담자의 '저항 행동'을 밝히는 앨런 웨이드(Alan Wade)의 접근(1997)과 이야기치료의 '문제의 외재화'(White & Epston, 1990) 개념과 겹치는 면이 있다. 앞의 사례를 계속해서 살펴보자.

> 상담자   그러니까 어머님이 자녀의 문제를 다루는 데 있어서 원하시는 만큼 서비스가 도움이 되지 않았고 혼자 감당하는 느낌이었다는 말씀이시지요. (그리고 저는 서비스가 매우 제한적이고 썩 좋지 않다는 점에 동의해요.) 제가 알고 싶은 것은 이런 상황을 어떻게 견디어 오셨는가 하는 것이에요. 자녀분이 가진 심각한 어려움에도 불구하고 어떻게 대처해 오셨나요? 무엇이 차이를 만들어 냈나요?

앨리스   모르겠어요.

상담자   음, 예를 들면, 어려움에도 불구하고 아이가 학교에 정착하
         도록 만드는 등 많은 것을 잘해 오신 것이 인상적이에요.
         어떻게 그렇게 하셨는지 궁금해요.

앨리스   계속해서 싸우는 것이 중요하다고 생각해요. 저는 서비스
         기관을 그대로 봐줄 수 없다고 생각해요. 기관으로 하여금
         제 아이에게 필요한 서비스를 확실히 주게 하려면 정말로
         권리 주장을 해야만 해요.

상담자   아, 알겠습니다.

이안   그게 바로 제가 발견한 것이기도 해요. 그 사람들은 우리를
         속이려고 하기 때문에 우리는 계속해서 권리를 주장해야
         만 해요.

상담자   알겠어요. 그러니까 여러분은 하나의 집단으로서 기관이
         여러분을 속이지 못하도록 계속 노력해야 하는군요.

문제가 진지하게 받아들여지고 이에 대한 치료자의 반응이 적
절하다고 여겨지면 애초에 집단 목표에 찬성하지 않았던 내담자
들도 종종 집단의 목표에 대하여 생각하기 시작한다. 이런 행동이
처음에는 작은 것일지 모르지만 집단을 앞으로 나아가게 만드는
강력한 집단 목표를 만드는 촉매제가 될 수 있다.

상담자   어머님이 말씀하신 것을 고려해 볼 때 이 집단이 어머님에
         게 어떤 도움이 될 수 있을까요?

앨리스 저는 다시 활력을 얻고 싶어요. 최근에 아주 기분이 저조했 거든요. 다시 싸울 수 있는 힘을 얻고 싶어요.

상담자 힘을 재충전하시고 싶으신 거네요. 제 생각에는 집단이 도 움이 되리라고 봐요. (다른 구성원들을 쳐다본다.)

이안 네 , 우리는 단결할 필요가 있어요.

수전 아마도 우리는 그 서비스 기관에 대항해서 함께 싸워야겠 네요.

앨리스 어떻게 한다는 말씀이신지요?

수전 그러니까, 어린이들을 위한 더 나은 시설을 확보하기 위한 캠페인 같은 거지요.

지나 아니면 우리가 아이 돌보기 같은 일을 함께한다거나 뭔가 를 함께하는 것이지요.

이 사례에서 집단 내의 도전이나 어려운 상황이 상담자에게 기 회가 될 수 있다는 것을 알 수 있다. 이런 상황은 잘 다루어진다면 구성원들 간의 신뢰를 깊게 하여 집단 응집력을 높이고 치료자와 전체 집단 간의 동맹을 변화시키는 촉매제가 될 수 있다. 그러므 로 초기에 '가장 어려웠던' 구성원이 맥락이 바뀔 때는 집단 내에 서 가장 긍정적 영향을 주는 인물이 될 수 있다는 것이다. 초기에 집단 내에서 '치료자에게 가장 가시가 되는' 구성원이 뭔가 중요한 것을 가르쳐 줄 수 있으며 그렇게 하는 과정에서 중요한 협력자가 될 수 있음을 치료자는 기억해야 한다.

📷 사례 8-4 위축되어 있고 말수가 적은 집단 구성원

한 외래 정신건강 집단의 초기에 상담자는 구성원 중 3~4명만이 토론에 참여하거나 말을 하고 나머지 2~3명은 거의 말을 하지 않는다는 것을 발견했다. 상담자는 이것이 문제인지, 만약 문제라면 말이 없는 사람들의 참여를 독려하기 위해 자신이 무엇을 할 수 있을지 생각해 보게 되었다.

건설적 이해

이 집단이 명백히 '힘든' 상황은 아니지만 조용하거나 말이 없는 구성원들로 인해서 상담자는 도전을 받게 되었다. 상담자는 한 구성원이 조용한 가운데 '그저 집단토론을 경청하는 것만'으로도 도움을 받을 수 있다고 생각할 수 있다. 그러나 연구에 의하면 가장 적극적으로 집단에 참여하는 구성원이 가장 도움을 많이 받는다고 한다(Yalom, 1995). 더 나아가 말이 없거나 집단 내 참여를 하지 않는 구성원들은 집단 응집력에 해로운 영향을 끼칠 수 있으며 이러한 집단은 이상적으로 상호작용하거나 충분히 기능하는 집단이 아니다.

사람들은 집단 내에서 여러 가지 이유로 말이 없다. 때로 이들은 다른 구성원이나 상담자인 당신과 좀 다르다고 느끼고 있을 수 있다. 때로는 집단 내의 자신의 역할을 확신하지 못하거나 자신은 집단 목표와 거리가 멀다고 느낄 수도 있다. 혹은 집단 내에서 불안하거나 말하는 것에 자신이 없을 수도 있다. 이유가 무엇이든 상담자는 이 문제를 다루어서 이들이 집단에 기여할 수 있도록 더 좋은 환경을 만들기 위한 조치를 취해야 한다.

건설적 반응

관심 기울이기

'지나치게 많이 말하는' 구성원에게 기울이는 상담자의 관심을 전략적

으로 줄여야 하는 것과 마찬가지로 (〈사례 8-3〉 참조) 상담자는 말수
가 적은 내담자에게 보이는 관심의 양을 전략적으로 늘려야 한다. 예
를 들면, 상담자는 질문을 하면서 말수가 적은 사람들을 쳐다볼 수 있
다. "여러분은 어떻게 생각하세요?" 하면서 상담자는 온화하게 초대하
는 눈빛과 몸짓으로 말수가 적은 구성원들을 먼저 쳐다보는 것이다. 회
기가 시작되기 전에 몇 분 동안의 비공식적 시간에 이들과 우선적으로
잡담을 나누어 이들을 환영한다는 것을 확실하게 할 수도 있다.

말수가 적은 구성원부터 시작하기

회기 초에 집단 구성원들이 좋아진 것을 돌아가며 말할 때 말수가 적
은 사람부터 먼저 시작하는 것(혹은 적어도 이들을 초기에 포함하는
것)은 매우 유용한 원칙이다. 예를 들면, "앨리스부터 시작해 볼까요?
앨리스, 한 주 동안 어떻게 지내셨어요?" 이런 방법은 집단에 참여하기
를 불안해하는 구성원에게 매우 효과적이다. 만약 회기 초기에 말수가
적은 구성원이 이야기하도록 돕는다면 이것은 서먹함을 깨는 역할이
되어 말하는 것에 대한 불안을 제거하는 데 도움이 된다.

말수가 적은 구성원이 집단으로 들어올 기회를 찾기

말수가 적은 구성원들이 대화에 끼어들도록 조심스럽게 기회를 주시한다.

상담자 거기, 마이클! 고개를 끄덕이시는데. 뭔가 머리를 스치고 지나
　　　　가는 게 있으십니까?

말수가 적은 구성원의 기여를 강화하기

말수가 적은 구성원이 말할 때 이들이 말하는 것을 확실하게 강화한
다. 이들이 말한 것을 반복하거나 명료화 질문을 해서 좀 더 말하도록
초대하는 적극적 경청 기술을 사용하는 것이 좋다.

집단 구조를 사용하기

어떤 집단에서는 집단토론을 좀 더 하도록 집단을 작게 나누는 것도

좋은 방법이다. 이렇게 하면 말수가 적은 구성원이 기여하거나 말할 시간을 좀 더 가지게 된다. 집단을 나눌 때는 지배적인 구성원과 함께하지 않도록, 말수가 적은 구성원이 좀 더 편안해할 수 있는 구성원들과 함께하도록 집단을 나누어야 한다. 상담자가 지지해 주기 위해 소집단에 참여해도 좋다.

비공식적 시간 활용하기

말수가 적은 구성원과 개인적 유대를 가지거나 이들이 집단 내에서 편안한지를 확인하는 방법으로 집단의 비공식적 시간이나 사교시간을 사용한다(예를 들면, 휴식시간). 이때 이들이 자신과 공통점을 가진 다른 구성원과 이야기하고 연결되도록 촉진하는 것이 매우 도움이 된다. 예를 들면, 저자가 운영한 부모 집단에서 한부모가정의 젊은 어머니 2명은 집단 내에서 고립되어 있는 것으로 보였고 집단에 기여하지 않고 있었다(그러므로 중도 탈락 위험성이 있었음). 이 둘을 휴식시간에 서로에게 소개해 줌으로써(둘은 비슷한 배경을 가지고 있었음) 이들은 서로에게 연결감을 가지게 되었고 이것을 통해 전반적으로 집단에 좀 더 소속감을 가지게 되었다.

구성원과의 개별적 만남을 고려해 보기

말수가 적은 구성원들과는 그동안 집단에 참여한 경험이 어떠했으며 집단에 좀 더 편안하게 참여할 수 있는 방법이 있을지에 대하여 개별적으로 검토하는 시간을 가지는 것이 많은 도움이 될 수 있다

현실적이 되기

목표는 모든 구성원이 집단에 참여하고 기여하는 것이라는 점을 기억해야 한다. 이 말은 모든 구성원이 똑같은 시간만큼 말해야 한다는 것이 아니다. 사실상 그런 경우는 매우 드물다. 남보다 더 조용하지만 적은 말수로 의미 있는 기여를 하는 사람들도 많다.

집단/내담자와 함께 진전을 검토하라

치료적 어려움이 일어나는 흔한 경로는 치료가 제대로 되지 않고 있는데도 불구하고, 좋은 결과를 만들어 낼 것이라고 희망하면서 치료자가 동일한 개입을 계속해서 좀 더 하는 경우다. 예를 들면, 정신건강 내담자들이 역사적으로 특정 치료에서 도움을 받지 못했음에도 불구하고, 그 치료를 계속 받으면 결국은 좋아질 것이라는 믿음으로 인해 그 치료를 계속해서 받게 되는 경우가 있다. 혹은 우울증에 처방된 약이 효과가 없는데도 불구하고, 다른 치료 대신 동일한 약의 용량을 늘리는 경우도 있을 것이다. 이러한 문제점을 타파하기 위한 해결중심치료의 중심 원리는 이것이다. 즉, 효과가 없으면 다른 것을 하라(Berg & Miller, 1992). 이 원칙은 해결중심 모델 그 자체에도 적용될 수 있다. 어떤 내담자에게는 목표나 강점, 가능성에 초점을 두는 것이 이들이 추구하는 것이 아닐 수도 있다. 이들은 어쩌면 로저스식 접근이나 심지어 과거에 초점을 두는 정신역동적 접근을 원할 수도 있다. 훌륭한 해결중심 치료자는 내담자의 희망과 내담자의 고유한 협력 방식에 적응할 만큼 유연해야 하는데, 그것이 해결중심 모델을 포기하는 것일지라도 필요하다면 그렇게 해야 한다.

치료자는 집단에 진전이 있는지, 집단과정에서 무엇이 효과가 있고 없는지에 대해 끊임없이 피드백을 들으려고 노력해야 한다. 제7장에서 논한 대로 평가와 목표 검토 양식을 사용하여 피드백을 받고, 이것을 바탕으로 집단 내의 전체 토의나 각 구성원과의 검토를 통해서 피드백을 받을 수도 있다. 집단 내에서 어려움이 나타날 때 집단치료의 과정을 변경하기 위해 치료자는 조치를 취할 책임이 있다. 만약 구성원 한 명이 집단 내에서 힘들어하거나 방해가 된다면 이들과 개별적으로 진전사항을 검토하는 시간을 가지는 것이 좋다. 이러한 시간은 그 구성원을 비난하는 직면의 성격이 아니고 현재의 어려움과 앞으로 나아갈 가능성에 관해 내담자로부터 피드백을 듣는 성격의 것이다.

> 상담자 그동안 집단에 참여하신 소감이 어떠신지, 집단에 참여한 목적을 성취하고 계신지, 목적을 성취할 수 있도록 우리가 뭔가 다르게 해야 할 필요가 있을지 어머님으로부터 듣고 싶어서 뵙자고 했어요.

우리는 선의를 가지고 일하지만 치료자로서 우리가 도울 수 없거나 집단 참여 자체가 부정적이거나 도움이 되지 않는 내담자들이 있다. 이런 내담자들은 집단에서 도움을 받을 수 없다는 것이 아니고 특정 시점에 특정 치료자의 특정 개입이 도움이 되지 않았다는 의미다. 이런 경우에 치료자는 언제 진전이 없는지를 초기에 알아내서 비난조가 되지 않도록 하면서 다른 대안이나 다른 가능성이 있는지를 내담자와 함께 검토할 의무가 있다. 셀렉만(Selekman, 1997)은 '치료자 해고'라는 기술을 설명하고 있는데, 이는 치료자가 "내담자에 대한 이해와 내담자의 문제해결에 대한 조력 면에서 명백하게 실패했음"(1997: 190)을 인정하고 다른 치료자를 소개하는 방법이다. 셀렉만은 이 개입이 치료자와 내담자 간에 좀 더 현실적이고도 협력적인 관계를 만드는 촉매제로 작용한다는 것을 발견한 바 있다.

그러나 심각하게 어려운 경우에, 즉 내담자가 진전이 없는 것이 확실하거나 그의 존재 자체가 다른 구성원들에게 지나치게 방해가 되는 경우에 치료자는 그를 집단에서 제외하는 것을 두려워해서는 안 된다. 다시 한 번 강조하지만 이것은 가능한 한 건설적으로 해야 한다. 문제에 대해 내담자를 비난함으로써 이들을 '더 병리화'시킬 필요가 없는 것이다. 오히려 내담자의 필요에 맞는 집단을 만들지 못한 책임을 치료자가 지는 태도가 더 도움이 된다. 다음 사례를 고려해 보기 바란다. 36세의 정신과 환자인 클로에는 직전 집단 모임에서 스트레스와 불안이 심해졌을 때 자해 행동을 하였다. 이 행동은 모든 구성원에게 심한 스트레스를 주었다. 그 결과 치료자는 진전사항을 검토해 보기 위하여 클로에를 개별적으로 만났다.

> 상담자   지난 모임 때 일어난 일 때문에 걱정이 많이 되었어요.
>
> 클로에   네.
>
> 상담자   그렇게 행동한 것을 보면 집단이 매우 스트레스였나 봐요.
>
> 클로에   아주 화가 났어요. 구성원 전체가 나를 못살게 구는 것 같았거든요.
>
> 상담자   그 말씀을 들으니 속상하네요. 집단 내에서 그렇게 불안해지는 경험을 하게 만들어서는 안 되지요. 당신이 집단 내에

서 안전하다고 느끼게 하려면 뭘 다르게 하면 좋을까요?

클로에 모르겠어요.

상담자 지금은 집단이 당신에게 적당하지가 않은 것 같네요. 당신
이나 다른 사람들이 집단이 안전하고 도움이 된다고 느낄
수 있는 방법을 찾을 때까지 집단을 쉬는 것은 어떨까요?
이 방법을 알 때까지 저와 몇 번 만나시면 어떨까요? 아니
면 다른 좋은 방법이 있을까요?

클로에 좋아요.

내담자를 집단에서 떠나게 할 때, 내담자의 병리적 자기 인식이
커지거나 장래에 다른 치료를 포기하지 않게 만드는 방식으로 해
야 한다. 건설적이고 존중해 주며 미래의 가능성을 열어 주는 방식
으로 이루어져야 한다.

치료자의 자기 돌봄

해결중심치료는 그 원칙이 간단하지만 실제 적용하기는 어려울
수 있다. 치료자가 계속해서 건설적이고 낙천적이고 존경하는 태
도를 유지하려면 유연성과 많은 에너지가 필요하다. 그러나 어려
운 상황에 부딪히면 이러한 태도가 약해질 수 있다. 내담자에 대한
부정적인 감정에 쉽게 휩싸이고 진전 가능성이 없어 보여 절망하
기도 한다. 어떤 내담자와 어떤 상황은 쉽게 '우리 자신'을 선동하
여 부정적 정서나 기억에 휩싸이고 효율성을 잃게 한다. 내담자가

목표에 관한 동기 수준 면에서 불평형이나 방문형으로 쉽게 미끄
러 떨어지듯 우리도 치료 작업에서 방문형이나 불평형 동기 수준
으로 떨어지기 쉽다. 예를 들면, 치료자가 치료나 내담자에 대해서
무관심해지거나 거리감을 느낄 때 방문형이 되는 것이며, 변화에
대해 비관적이고 효과면에서 절망적이라고 느낄 때 불평형이 되
는 것이다. 만약 이렇게 되면 치료자는 어려운 사례를 담당할 에너
지와 낙천성을 유지하지 못하게 된다.

  상담을 하다 보면 어떤 '종류'의 사례들은 우리를 비관적으로
만들며 좋지 않은 결과를 예상하게 만든다. 많은 상담자들이 '경계
성' 혹은 '반사회적' 내담자 집단을 진행해야 할 때 염려와 비관적
태도를 가지기 쉽다. 덩컨과 그의 동료들(Duncan et al., 1997)은
상담자의 '불안, 긴급성, 비관, 과잉 책임감'이 마치 깃발을 펄럭이
며 말을 타고 다가오는 4명의 기수(騎手, horsemen)처럼 상담자를
엄습하게 되면 이것들이 상담자의 마음을 사로잡아 상담자는 불
가능성을 예측하게 되고 치료의 효율성이 감소된다고 한다. 저자
들은 "이러한 상태, 기분, 또는 기대는 불가능성을 예측 혹은 예상
하게 만든다"(1997: 38)고 하였으며 이를 '불가능의 네 종류의 기
수(騎手)'라고 불렀다.

  어려운 상황에서 종종 우리는 좌절감을 느끼며, 내담자에 직면
하고 싶어지고, 한 수 위라고 생각되는 전략을 사용하고 싶어지
며, 병리중심 사고를 하고 싶어지는데, 이는 원래의 어려움을 강
화시키며 더 큰 어려움을 초래하게 한다. 상담 사례에 좌절할 때
치료자들은 종종 자기 자신의 책임을 돌아보기보다는 내담자의

행동에 '부정적 꼬리표'를 붙이곤 한다. 덩컨과 그의 동료들(Duncan et al., 1997)은 다음과 같이 말했다.

> 고전적 정신분석의 예를 들자면, 치료에 진전이 없을 경우에 처음 생각했던 것보다 내담자가 더 정신적 외상을 입은 것으로 보고 싶은 유혹이 생길 것이다. 이는 치료 방법이 적절하지 않아서가 아니라, 정신분석 상황에 내재하는 좌절을 참고 이기기에 정신분석가의 인격이 너무 미숙한 탓일 수도 있다. 놀랄 것도 없이 과거에는 정신분석이 실패하면 '환자'를 '잠재적 정신분열증 환자'로 보기 시작했다(1977: 44).

그러므로 치료자가 자기 자신의 정신건강과 자원을 돌아보고 유지하기 위한 조치를 취하는 것은 매우 중요하다. 치료자들은 자기 마음속에 부정적 정서가 지배적인 때를 알아차릴 만큼 충분히 자기를 의식하고 부정적 정서에 압도당하지 않도록 조치를 취할 필요가 있다. 만약 부정적 정서가 치료자 자신의 삶에 의해서 일어나는 것이라면 치료자는 부정적 정서의 근원을 이해하여 이것이 치료 속으로 스며들지 못하도록 해야 할 것이다. 슈퍼비전이나 동료의 자문이 이런 점에서 매우 중요하다(집단 슈퍼비전에 대해서 제10장 참조). 공동 집단 상담자가 이끄는 집단 진행의 큰 장점 중 하나는 집단 상담자가 서로에게 지지와 이해를 제공한다는 점이다. '어려움'이 닥쳤을 때 집단 상담자는 동료의 지지에 의지할 수 있으며 동료가 여전히 건설적인 집단개입을 할 수 있다. 또한 집단의 휴식시간이나 휴식시간 후 검토시간에 그동안의 변화와 앞으로의 방향에 대한 새로운 건설적 이해의 시간을 가질 수 있다.

치료자들은 부정적인 추측이나 기대에 영향 받지 않고 새로운 상황을 '초심자의 마음'으로 대할 수 있기 위해서 필요한 것이면 무엇이든 해야 한다. 가장 힘든 상황에서도 '불가능의 네 종류의 기수'를 막아 내며 결과에 대해 책임감을 지나치게 느끼지 않으면서 가능성에 초점을 두고 존경심을 가지고 건설적이고 긍정적인 태도로 '천천히 진행해야' 한다. 간단히 말하자면, 치료자들은 가장 어려운 상황 속에서도 로저스의 치료적 자세 중 핵심인 내담자에 대한 진정성, 무조건적인 긍정적 태도와 공감적 이해 능력(Rogers, 1986)을 배양해야 한다. 이것을 하기 위해서는 자기 자신의 정신건강을 늘 확인하고 건강하도록 유지해야 한다. 만약 당신이 치료자로서 부정적이거나 어려움이 닥쳤다고 느끼면 멈추어서 생각할 시간을 갖고 자신을 돌보는 데 힘써야 한다. 만약 당신이 진행하는 상담에 대한 동기 수준이 불평형 수준으로 떨어지는 것을 발견하면 앞에서 제시된 원칙을 적용하기 바란다. 보살핌과 지원을 반드시 받아야 하며, 건설적으로 이해해 보고, 치료 목표를 돌이켜 보고, 존경과 건설적 태도라는 기본 가치를 기억해 보라. 〈글상자 8-2〉는 집단에서 '어려운' 사례에 부딪혔을 때 전진할 방법을 만들어 내기 위하여 당신이 혼자 해 보거나 다른 치료자와 함께할 수 있는 일반적 슈퍼비전 연습의 골자를 제시해 주고 있다.

글상자 8-2 어려운 사례에 대한 슈퍼비전 연습

목적

이 슈퍼비전 연습의 목적은 집단 내에서 '어려운' 내담자나 '어려운' 상황을
만났을 때 계속 전진할 수 있는 방법을 발견하기 위한 것이다. 목표는 집단/
내담자의 자원 혹은 집단/내담자(혹은 전문기관의)에 대한 당신의 접근법
중에서 새로운 강점이나 가능성을 발견함으로써 상담자가 상황에 대해 다르
게 생각할 수 있도록 돕고자 하는 것이다.

이 연습은 둘씩 짝 지어 혹은 소집단으로 할 수 있으며, 소집단에서는 한 사
람이 발표자('어려운' 사례를 가진 사람), 다른 한 사람은 면접자, 그리고 나
머지 사람들은 관찰자 역할을 한다. 연습은 5분 내지 20분 동안 진행될 수
있으며 역할을 바꾸어 반복해도 된다. 이 연습을 슈퍼비전이나 자문 집단의
기초 자료로 이용해도 된다.

면접

발표자는 자신이 막혔다고 느끼거나 자문을 받고 싶은 사례의 배경과 문제,
자신이 해 온 개입에 대해 간단히 발표한다. 면접자는 건설적으로 들은 후
다음 질문을 사용하여 발표자가 사례에 대해 다르게 생각할 수 있도록 안내
한다.

집단/내담자에 대해 건설적으로 생각하기

- 현재의 어려움이 보여 주는 집단/내담자의 강점은 무엇인가?
- 막혀 있음에도 불구하고, 이 집단/내담자에 있어서 잘되고 있는 것은 무
  엇인가?
- 무엇이 그들의 목표가 되면 좋겠는가?
- 어려움에도 불구하고 그들이 무엇을 건설적으로 하고 있는가?
- 이 내담자의 어떤 점이 좋으며 칭찬할 만한가?
- 어떤 자원이나 강점이 있는가 혹은 잠재적으로 있는가?

- 이전에 고려되지 않은 집단/내담자의 지지자/원조자는 누구인가?

당신의 실천에 대해 다르게 생각하기
- 이 집단/내담자가 목표로 하고 있지 않으나 당신이 목표로 하고 있는 것은 무엇인가?
- 당신은 어떤 목표/방법에 집단/내담자와 동의하는가?
- 내담자와의 상담에서(혹은 내담자가 기관을 이용함에 있어서) 잘되고 있는 것은 무엇인가?
- 어려움/현재의 곤경에도 불구하고 당신이 치료자로서 건설적으로 하고 있는 것은 무엇인가?
- 치료자로서 당신이 가진 자원이나 강점 중에서 이 집단/내담자에게 도움이 될 만한 것은 무엇인가?

연습의 끝 부분에서 관찰자와 면접자는 건설적 피드백을 준다. 자신들이 관찰한 것 중에서 앞으로 전진하는 데 도움이 될 진행자/내담자의 강점과 가능성에 대해 좀 더 피드백을 준다.
발표자는 제시된 제안과 논점에 대해 평가하고, 이 중에서 어떤 생각을 앞으로 받아들여 상담을 진행할지를 결정한다.

3. 요 약

어렵거나 도전이 되는 상황은 집단상담의 한 부분이고 늘 따라오는 것이며 사실상 집단이 좀 더 깊은 응집력 상태로 들어가도록, 즉 상담이 좀 더 효과적인 것이 될 수 있도록 진행자가 구성원들을 도와주는 기회가 될 수 있다. 그러나 정확히 말하자면 어려운 상황은 어렵다(그리고 만약 옳은 방법으로 다루어지지 않는다면 집단에게는 불길한 죽음의 종소리가 될 수 있다). 이 장에서는 집단과정에서 생기는 일들에 대해 치료자가 다르게, 좀 더 건설적으로 생각한다면 '어려움'과 연결된 많은 문제들이 달라질 수 있음을 설명하였다. 많은 경우 낮은 동기 수준(예를 들면, 불평형)에 있는 내담자를 높은 수준에 있는 것처럼 취급함으로써 집단에 어려움이 생긴다는 것을 설명하였다. 내담자를 보살피고 지지하며 건설적으로 이해하려 애쓰고 속도를 늦추어 내담자의 속도로 진행하며 집단의 진전 사항과 치료자의 자기 돌봄을 검토하고 측정한다는 기본적 원칙에 충실한다면, 대부분의 내담자나 집단에 도움이 되고 변화가 이루어져 계약 시 목표로 삼았던 것이 성취될 수 있다. 이 중에서 치료자의 자기 돌봄이라는 마지막 원칙이 아마 가장 중요할 것이다. 집단 상담자는 도전이 되는 상황에서도 계속해서 유연하고, 에너지 넘치고, 낙천적이 되기 위하여 조치(예를 들면, 지지나 자문, 슈퍼비전을 줄 사람을 찾는 것)를 취해야 한다. 덩컨과 그의 동료들(Duncan et al., 1997)이 말하는 것처럼 "불가능을 극복하는 가장 강력한 무기는 될 수 있다는 신념이다. 성공에 대한 이러한 신념이나 기대는…… 내담자에 대한 확고한 신뢰와 치료적 동맹에 대한 억제할 수 없는 믿음에서 드러난다."(1997: 49)

제9장

집단과정 향상을 위한 창의적 연습

사람 마음에 작용하는 거의 모든 도구는 어느 정도 신기함이 있
어야 한다.

-Edmund Burke

해 아래 새로운 것은 없다. 그러나 우리가 모르는 옛것은 많다.

-Ambrose Bierce

일반적으로 집단상담 도입 부분의 서먹함을 푸는 활동, 역할극,
기술시연, 토론과 같은 구조화된 연습과 활동들은 집단상담의 중
요한 특성이며, 집단 응집력 형성과 신속하고 효과적인 해결책 형
성을 목표로 하는 단기 집단상담에 특히 유용하다. 얄롬(Yalom,
1995; 447)이 논하듯, "아마도 단기 치료 형태에서 그것들은 (구조
화된 개입들은) 집단으로 하여금 과제에 집중하고 좀 더 빨리 과

제에 뛰어들게 해 주는 데 도움이 되는 매우 귀중한 도구일 것이다." 특히 집단연습에는 다음과 같은 장점이 있다.

- 집단 구성원 간의 라포 형성
- 시들해진 집단과정에 힘을 불어넣어 주고 새로운 경험 공급하기
- 내담자들로 하여금 문제중심 대화를 멈추고 해결에 초점을 두게 하기
- 경험적 학습과 기술연습을 하게 하기

　구조화된 연습 자체가 효과적 집단에 꼭 필요한 것은 아니며 오히려 이것이 가져오는 **건설적 집단과정**이 필요하다는 점을 알아야 한다. 상담자들은 매체와 메시지를 혼동하지 말아야 한다. 구조화된 개입의 목적은 극적이거나 '번지르르하게' 구조화된 연습 자체가 아니라 집단 구성원들이 집단중심적 해결중심 대화(group-centered solution talk, 제3장 참조)를 할 때 상호작용을 촉진하려는 것이다. 집단연습은 구성원 사이에 응집력과 의사소통 수준을 향상시키고 어떤 구성원도 불편함을 느끼거나 소외되지 않을 때만 효과적이다.

　이 장에서는 해결중심 집단상담에서 사용할 수 있는 구조화된 연습 5가지를 소개한다. 그러나 이 5가지가 구조화된 연습의 전부라는 의미는 아니다—창의적인 개인의 숫자만큼이나 창의적 연습도 그 가짓수가 많을 수 있다. 여기서 소개하는 연습은 단지 저자

가 집단상담에서 사용한 것 중에서 가장 유용하고 변형해서 사용하기 좋다고 생각한 것들이다.

📁 글상자 9-1 집단과정을 향상시키는 창의적 연습

1. 창의적 시각화를 사용한 기적 질문
2. 해결책을 찾기 위한 집단 브레인스토밍
3. 역할극/드라마 연습
4. 해결그림/마음지도
5. 비디오를 사용한 자기모델링

---

1. 창의적 시각화를 사용한 기적 질문

창의적 시각화는 원하는 미래와 목표를 상세하고도 구체적으로 형성하는 데 많은 도움이 된다. 집단상담 실천가들은 창의적 시각화를 구조화된 연습으로 사용해 왔으며(예를 들면, Houston, 1984), 다음과 같은 방식으로 창의적 시각화 연습을 함으로써 특히 기적 질문의 질을 높일 수 있다.

1. 참여자들에게 눈을 감고 긴장을 풀라고 요청한다. 진행자는 준비한 대본에 따라 혹은 즉흥적으로 내담자들에게 긴장을 풀라고 '말한다'. 다양한 제안을 사용하여 참여자들을 호흡에 집중하게 하거나, 점진적으로 몸의 여러 가지 근육의 긴장을

풀게 하거나, 바닷가를 걷거나 계단을 내려가는 장면을 시각
화하라고 한다. 혹은 이 셋을 모두 하게 한다. 시중에 이를 위
한 대본들이 많이 나와 있다(예를 들면, Barber, 1977: Gawain,
1995).

2. 참여자들이 몸의 긴장을 풀고 편안해졌을 때, 기적이 일어나
서 문제가 사라졌다고 상상하게 한다. 이 새로운 해결 상황
에 대해 구체적으로 다음과 같이 상상하라고 한다. '여러분은
기적이 일어나서 문제가 완전히 사라져 버린 바로 다음날 아
침에 잠자리에서 일어나는 거예요. 그런데 여러분은 기적이
일어난 것을 아직 모르기 때문에 밤 동안에 달라진 것을 보
고 놀라게 돼요……. 그럼 제일 먼저 뭘 보고 알아차린 걸까
요? …… 무얼 보고 기적이 일어난 것을 알게 될까요? ……
뭐가 달라졌다고 느끼게 될까요? …… 다른 분들에 있어서는
뭐가 달라졌다는 것을 알아차리게 될까요?' 등.

3. 앞과 같은 시각화 이후에 참여자들에게 자신이 원하는 해결
상황에서 알게 된 것, 배운 것, 새로이 발견한 구체적인 것들
에 대해서 생각해 보라고 격려한다. 생각한 것을 둘씩 짝지어
이야기하게 한 후, 집단 전체에서 이야기한다.

기적 질문을 집단에서 사용하면 개별 내담자에게 사용할 때 없
던 장점이 있다. 내담자들이 생각해 낸 해결책들은 많은 경우 공통
점이 있는데, 이것을 집단에서 공유하게 되면 강화하는 효력이 크
다. 더불어 다른 사람의 기적에 대해서 들을 때 동기가 강화되며

새로운 생각을 하게 되고 자신의 생각을 발전시키려 하게 된다. 그러나 집단에서 사용할 때 문제가 될 수도 있는데, 어떤 사람들은 집단 내에서 안내에 따라 상상하는 연습을 할 때 남들보다 더 수줍어하므로 집단을 그만두려 할 수 있기 때문이다.

회기 끝 무렵에 내담자가 원하는 해결 상황을 '시연'해 보기 위하여 창의적 시각화를 사용할 수도 있다. 이 경우는 자신이 달라지기 원하는 것 중에서 성취한 것이나 알게 된 것을 집에 가서 실행에 옮기는 상상을 하게 한다. 예를 들면, 특정 회기에서 상사에 대한 자기주장을 다루었다면 내담자가 상사에게 침착하고 자신 있게 자기주장을 하는 장면을 상상하게 한다. 이 연습은 원하는 목표를 좀 더 획득 가능한 것으로 만들어 주며 실제로 일어나게 해줄 가능성을 증가시킨다. 실제로 많은 집단 상담자들(예를 들면, Quinn & Quinn, 1995)이 창의적 시각화를 매 집단 회기 끝을 특징 있게 마무리하는 의식으로 사용할 것을 권하고 있다. 시각화를 위하여 내담자에게 예외적 시간(문제가 없었을 때)을 기억해 보라거나, 목표를 다시 기억해 보라거나 혹은 집단에서 만든 계획을 실행에 옮기는 상상을 해 보라고 격려할 수 있다. 이 의식은 집단의 속도를 늦춤으로써 발견한 해결책을 구성원들이 경험해 보게 만들며 긴장을 풀게 하고 보살펴 주어 스트레스가 많은 생활에서 그 자체가 '예외'의 시간이 될 수 있다는 점에서 집단의 중요한 일부가 될 수 있다.

2. 해결책을 찾기 위한 집단 브레인스토밍

해결중심 집단상담에서는 내담자가 자신의 해결책을 만들어 낼 뿐 아니라 다른 사람의 해결책도 접하기 때문에 자신의 지식뿐만 아니라 다른 사람의 지식도 공유할 수 있게 된다. 내담자가 특정 문제에 대한 자신의 해결책과 아이디어를 통해 집단에 체계적으로 기여할 수 있으므로 '해결책을 찾기 위한 집단 브레인스토밍'은 아주 유용한 집단연습이 될 수 있다. 이 연습은 특정 문제에 대한 해결책과 아이디어를 창출하는 방법의 하나로 미리 계획될 수도 있다. 예를 들면, 분노 조절 집단에서는 '갈등 상황에서 진정하는 가장 좋은 방법은 무엇인가?'에 대해 집단 브레인스토밍을 계획할 수도 있을 것이다. 혹은 집단과정 동안에 문제중심 대화를 저지하고 토론을 다음 단계로 움직이게 만드는 방법으로 브레인스토밍을 즉석에서 도입할 수도 있을 것이다. 예를 들면, 만약 내담자가 문제에 대해 말하고 있으며 치료자는 문제중심 대화에 끼어 꼼짝달싹하지 못하고 있다면, 다음처럼 집단의 대화 초점을 바꾸는 방법으로 브레인스토밍을 도입하는 것이다.

> 상담자 지금 힘든 문제를 겪고 계시네요. (상담자가 일어서서 걸어 둔 차트 쪽으로 걸어간다.) 어머님이 앞으로 나아갈 수 있는 방법에 대해 구성원들이 어떻게 생각하는지 집단 속에서 아이디어를 좀 찾아볼까요? 거기에 흥미가 있으실 것 같으세요?

이 대화에서 상담자가 일어나서 걸어 둔 차트 쪽으로 움직이는 것이 꼼짝달싹 못하는 문제중심 대화를 깨뜨리는 역할을 할 수 있음을 눈여겨보기 바란다. 걸어 둔 차트 쪽으로 구성원들이 몸을 움직이는 신체적 행동(그들이 이제 같은 길을 쳐다보며 협동하여 일하고 있다는 의미임)은 이 집단을 잠시 정지하게 하며 토론의 초점을 이동시킨다. 일단 상담자가 브레인스토밍을 도입하는 말을 앞에 제시된 것처럼 한 후에는 다음 네 단계를 따라 진행한다.

1. 내담자가 간단히 문제 묘사를 한다.
2. 목표를 설정한다.
3. 잠재적 해결책에 대해 브레인스토밍한다.
4. 내담자가 잠재적 해결책을 평가한다.

브레인스토밍은 결정적으로 시기가 중요하다. 만약 내담자가 자신이 충분히 지지받고 있지 않다고 느끼면 이러한 집단활동을 도입하기에 너무 이르다. 이때는 다른 구성원들의 비슷한 경험담을 나누도록 초청함으로써 집단지지를 끌어내는 것이 더 적절하다(제3장 참조). 브레인스토밍의 시기를 정하는 대략의 원칙은 다음과 같다. 즉, 상담자로서 내담자에게 해결책을 제시하고 싶은 유혹을 느낄 때, 그렇다면 이때가 집단 진행을 정지하고 구성원들에게 아이디어를 내어 보라고 요청하기에 좋은 시간이다. 이렇게 함으로써 당신은 집단의 치료적 요소를 활성화시키고 응집력을 키우며 내담자들이 좀 더 내구성 있는 해결책을 찾도록 돕는 것이다.

부모 집단에서 가져온 〈사례 9-1〉을 살펴보기 바란다. 이 사례는 해결책을 찾기 위한 집단 브레인스토밍의 네 단계와 적절한 순간 포착의 어려움을 잘 보여 준다.

📷 사례 9-1 부모 집단에서 해결책을 찾기 위한 집단 브레인스토밍

1단계 – 문제에 대한 간단한 묘사

안드레아 제 딸 조앤은 정해진 시간에 잠자리에 들지 않아요. 제가 조앤을 자기 방에 데려가도 몇 분 후에 아래층으로 내려오곤 해요. 그러면 제가 이성을 잃게 돼요.

상담자 힘드시겠네요. 제 생각에는 여기 계신 많은 분들이 이런 경험을 했을 거라고 생각합니다. (많은 사람이 고개를 끄덕인다.)

안드레아 어떻게 해야 애를 재울 수 있을지 모르겠어요.

2단계 – 목표 설정

상담자 취침 시간쯤에 상황이 어떠했으면 좋으시겠어요?

안드레아 글쎄요, 아이가 정해진 시간에 잠 자러 가서 밤 동안 깨지 않고 자면 좋겠어요. 조앤은 이제 여덟 살이에요. 제가 지나친 것을 요구하는 것은 아니거든요.

3단계 – 잠재적 해결책을 찾기 위한 집단 브레인스토밍

상담자 다른 분들이라면 어떻게 하실지 집단의 아이디어를 좀 들어 보고 싶으신가요?

안드레아 네.

상담자 좋습니다. 집단이 돌아가면서 의견을 얘기해 볼테니 어머님은 의견을 들어 보시고 저는 차트에 적을게요. 그리고 마지막에 어머님 생각에 어떤 것이 가장 적절할 것 같은지 결정해 보세요. 괜찮을까요? (고개를 끄덕인다.) 자, 시작해 봅시다. 어머

님이 어떻게 하면 조앤을 정해진 시간에 잠자리에 들게 할 수
있을까요?

피터　　따님이 제시간에 잠자리에 들면 상을 주시면 어떨까요?

안드레아　그건 조앤에겐 효과가 없어요. 전혀…….

상담자　　제가 제안을 좀 해도 될까요? (안드레아가 고개를 끄덕인다.)
일단 모든 의견을 차트에 적어 봅시다. 그리고 나서 만약 도움
이 되는 의견이 있다면 어떤 게 도움이 되는지 마지막에 결정
해 보세요. 어머님 외의 다른 분들이 변화를 위해 열심히 생각
하게 놔둬 봅시다! 어머님은 느긋이 앉아서 즐기면서 들어 보
세요! 좋습니다.

안드레아는 미소를 띠며 동의한다. 그 후 집단은 확실한 저녁 일과를
정하기, 남편과 팀으로 일하기, 조앤이 침대 밖으로 나왔을 때 관심 주
지 않기, 단호하기 등 몇 가지 도움이 될 만한 의견을 제시했고 치료자
는 차트에 적는다.

4단계 – 잠재적 해결책에 대한 내담자의 평가

상담자　　좋습니다. 훌륭한 의견 목록이 만들어졌네요. (치료자는 의견
들의 요점을 되풀이해서 말한다.) 됐어요. (안드레아를 향하
여) 어떤 것이 어머님 생각에 효과가 있을 것 같으세요?

안드레아　글쎄요, 제 생각에는 조앤이 침대 밖으로 나올 때 제가 좀 더
단호해야 할 것 같아요. 제 기억에 제 남편이 집에 있어서 저
를 지지해 주었을 때는 조앤을 침대로 돌아가게 할 만큼 제가
단호했던 것 같아요.

상담자　　정말요. 그러니까 그건 이미 어머님이 해 보시고 효과가 있
었던 것이네요. 어떻게 그렇게 하실 수 있으셨는지 얘기해 주
세요.

〈사례 9-1〉은 문제 묘사보다는 어떻게 하면 집단이 브레인스

토밍으로 해결책 형성에 다시 초점을 맞추게 할 수 있는지를 보여 준다. 성공적으로 사용되면 이것은 집단의 응집력을 향상시키고 그 역량을 강화할 수 있다. 또한 구성원들이 서로에게 도움을 줄 수 있는 기회가 되며 구성원들의 지식의 가치를 은근히 인정해 주는 것이 된다. 상담자가 해결책을 적기 위해 차트 앞으로 걸어가고 내담자에게는 느긋이 앉아 들어 보라고 제안하는 것으로 문제중심의 상호작용이 깨어질 수 있다. 앞의 사례는 신뢰가 형성되기 전에 브레인스토밍이 너무 일찍 사용되면 위험할 수 있음도 보여 주고 있다. 앞에서 처음에 안드레아는 구성원들이 부모로서의 자신의 기술을 평가절하한다고 생각해서 의견 제시를 중단시켰을 가능성이 있다. 상담자가 이 과정을 폄하가 아니라 보살핌으로 재명명하기 위하여 유머를 사용한 방식에 주목하라. 이렇게 해서 안드레아는 뒤로 물러나 문제에 대해 새로운 관점을 얻을 수 있게 되었다. 안드레아는 브레인스토밍된 의견들을 들으면서 과거에 자신이 어떻게 이 문제를 해결했었는지를 끝 무렵에 가서 기억해 낼 수 있었다.

3. 역할극/드라마 연습

심리극의 창시자이며 많은 사람이 집단 심리치료의 아버지로 여기는 모레노(J. L. Moreno)는(Badaines, 1988) 드라마 기법을 집단상담에 처음으로 적용하였는데(Moreno, 1964), 당시 모레노가 생각한 드라마 기법은 해결중심 집단상담과 관련이 크다. 내담자에게 자신이 원하는 해결책 혹은 기적을 '행동화'해 보도록 격려한 후 지지적인 청중 집단이 이를 지켜봄으로써, 해결책은 좀 더 구체적이고 현실적인 것이 되고 좀 더 잘 시연된다. 문제중심 대화에서 해결중심 대화로 이동하는 방법의 하나로 드라마를 도입할 수 있으며 변형이 많이 있긴 하지만 다음과 같은 단계로 드라마 도입이 가능하다.

1. 내담자를 중앙 무대로 초대하기

집단 형태에서는 내담자가 집단 앞의 중앙 무대로 나와 문제와 해결 상황을 '행동화'하도록 초대된다. 종종 이것은 비공식적 방식으로 하는 것이 가장 잘된다. 예를 들면, 문제를 설명하고 있는 내담자를 치료자가 이렇게 초대한다. "저희가 명확히 이해할 수 있도록 집에서 상황이 어떻게 진행되는지 보여 주실 수 있으시겠어요?"

2. 내담자가 드라마 속에서 문제를 행동화하기

내담자는 문제의 '핵심 장면'을 설명하고 집단의 도움을 받아 그것을 행동으로 보여 준다. 예를 들면, 가족이 언쟁하는 장면을 위해 내담자가 구성원 중 몇 사람을 선택해 자신의 가족원 역할을 하게 한다. 상담자의 도움을 받아 내담자는 감독으로서 장면을 연출하고 무슨 일이 벌어지는지 관찰한다.

3. 탐색하기와 변화하기

그러고 나서 상담자는 드라마에 몇 가지 변화를 만든다. 이때 가장 중요한 것은 역할 전도다(Badaines, 1988). 만약 내담자가 드라마 바깥에 서 있다면 배우 중 한 명과 역할을 바꾸어 내담자를 드라마에 들어오게 한다. 내담자 자신의 역할을 한 후에는 다른 가족원 역할을 수행한 집단 구성원과 역할을 바꾸어 보게 한다. 목표는 내담자가 다양한 관점에서 문제를 경험할 수 있도록 격려하고자 하는 것이며, 구체적으로는 직접 관계되는 위치로부터(따라서 감정을 표현하여 정화할 수 있게 하는 것) 드라마 감독의 위치로 바꾸어 보는 것(따라서 문제로부터 반영적 거리를 둘 수 있게 하는 것)이다.

4. 내담자가 해결 상황을 행동화하기

내담자에게 해결 상황을 묘사해 보고 역할전도를 어떤 식으로 하고 싶은지 묘사해 보라고 초대한다. 만약 필요하다면 집단이 아이디어를 함께 의논하고 해결책을 만들기 위해 브레인스토밍할 수 있다. 그러고 나서 내담자는 집단을 지휘해 해결 상황을 시연한 후, 해결 상황이 풍부해지고 완벽하게 묘사될 수 있도록 상담자의 지도를 받아 여러 가지 역할을 해 본다.

5. 검토하기

연습의 마지막에 가장 중요한 것은 검토다. 내담자에게 이제 여기서 경험한 것을 요약해 보고, 제안된 아이디어 중 어떤 것을 앞으로 행동에 옮겨 볼 것인지 말해 보도록 격려한다. 다른 구성원들에게는 내담자에게 건설적 피드백을 주고, 드라마를 통해 개인적으로 배운 것을 포함하여 각자의 의견을 말하도록 격려한다. 만약 원래의 장면이 다른 구성원들이 전형적으로 직면하는 문제들이라면 이런 대리 학습은 매우 중요해진다. 단기 집단에서 상담자는 가능한 한 집단 내의 많은 사람에게 공명을 일으킬 문제와 해결책을 가진 내담자를 고르려고 노력해야 한다.

종종 상담자나 구성원들이 불편하게 느껴서 역할극 혹은 드라마를 집단에 도입하기 힘든 때도 있다. 모든 창의적 연습에서와 마찬가지로 강요하지 않고 참여에 관한 선택권을 주는 것이 중요하다. 역할극은 집단상담에서 결코 필수적인 것이 아니지만 문제중심 대화를 뚫고 지나가게 해 주는 귀한 방법을 제공하므로 매우 유용할 것이다. 드라마는 치료자나 집단이 자기 문제의 심각성을 제대로 이해 못한다고 느끼면서 이것을 표현하고 싶어서 집단시간을 기다리는 내담자를 집단에 참여하게 하는 좋은 방법이다. 예를 들면, 집단 밖의 관계 문제에 대해 끊임없이 말하는 내담자와 상담자가 건설적 질문을 했음에도 불구하고 변화가 없는 내담자를 이렇게 초청할 수 있다. "집단이 좀 더 명확히 이해할 수 있도록 문제가 어떤 식으로 진행되는지 보여 줄 수 있겠어요?"

상담자 자신이 역할극에 편안해하고 역할극에 참여할 준비가 되어 있을 때 집단의 역할극 참여가 도움이 된다. 다음과 같은 방식으로 역할극을 도입할 때 〈사례 9-1〉을 더 좋은 집단상담으로 만들 수 있다.

📷 사례 9-2 역할극을 사용하여 해결책 계획하기

이 글은 〈사례 9-1〉과 동일하지만 역할극을 사용하여 집단의 해결책
구축 과정을 향상시키는 것을 보여 주고자 한다. 문제 자체를 설명하는
대신에 안드레아는 역할극이 어떠한 내용이 될지를 구체적으로 설명
한다. 그 후 안드레아는 잠자리에 들지 않는 자녀 조앤 역할을 하고, 상
담자는 안드레아의 감독 아래이긴 하지만 안드레아의 방식이 아닌 상
담자 고유의 반응을 연기한다. 그리고 나서 가능한 한 해결책을 집단
브레인스토밍하고 안드레아가 자신의 상황에 가장 잘 '맞는' 반응을
골라서 해결 역할극을 연습한다. 그러나 이번에는 역할이 전도되어 안
드레아는 잘 대처하는 성공적인 부모역할을 하고 상담자는 순종하는
자녀 역할을 하는 것이다!

〈사례 9-2〉는 역할극 사용의 장점을, 특히 문제중심으로부터 해
결중심으로 움직이게 할 때의 사용 방법을 보여 준다. 어떤 내담자
들은 문제 속에 잠겨 있어서 즉시 생각을 전환하여 해결책을 생각
해 내지 못하는데, 앞의 역할극 장면은 종종 이러한 '옴짝달싹 못
함'을 깨뜨리는 긍정적 효과를 보여 주고 있다. 역할극에서는 일
반적으로 유머를 (내담자들은 상담자가 역할극 하는 것을 재미있게 생
각한다!) 도입하며, 유머 자체가 문제중심으로부터 자유롭게 해 줄
수 있다. 두 번째는 내담자가 중요한 타인의 역할을 가장하여(이
사례에서는 자녀) 해 봄으로써 문제 역할극을 통해 속상한 감정을
표현할 수 있을 뿐만 아니라 타인의 관점에 공감하기 시작한다. 세
번째는 상담자가 '전문가'로서의 답을 제공해 주지 않고 동일한 상
황에서 자신처럼 힘들어하는 것을 봄으로써 내담자는 소외감이나

비난받는 느낌을 경감할 수 있다. 네 번째는 상담자와 집단 청중에게 미묘한 순환적 효과가 있어서 이들이 내담자의 관점을 더 잘 이해하게 된다. 이러한 역할극의 일반적인 결과로 라포가 증가되며 이로 인해 내담자는 상황을 해결 관점에서 볼 수 있을 만큼 자유롭게 된다. 그러므로써 내담자는 해결 역할극을 완성하기 위한 제안을 수용하게 된다. 전체 역할극은 문제의 해결자로서 내담자들 역량을 강화하므로 내담자들의 자기 문제에 대한 전문성을 강화하게 되는 것이다.

기술연습에서의 역할극 사용

역할극을 여러 가지 다른 방법으로 집단과정에 도입할 수 있다. 여러 심리 · 교육 집단에서 '기술연습'이 매 회기마다 구조화되어 사용된다. 이때 참여자들은 둘씩 혹은 소집단으로 그 회기에서 다루는 주제를 연습하게 되는데, 특히 집에서 어떻게 할지를 역할극을 통해 연습한다. 예를 들면, 자기주장 집단에서 참여자들은 자신에게 위협이 되는 사람에게 존경하는 태도를 보이면서 '아니요'라고 말하는 연습을 소집단으로 할 수 있을 것이다. 소집단에서 연습하기 때문에 모든 사람이 참여하기에 충분한 시간이 되며 건설적 피드백을 들을 수 있는 기회가 많다.

4. 해결그림/마음지도

말로만 할 때보다 해결 상황이나 특정 강점을 나타내는 시각적 이미지 또는 상징을 사용하는 것이 훨씬 더 의미 있고, 해결책을 불러오는 데 효과적이다. 즉, 내담자들이 다르게 생각하도록 강력하게 자극하고 행동으로 옮기도록 동기화할 수 있다. 미술이나 그림 그리기를 사용하여 이러한 방식으로 해결책 형성에 깊이와 풍부함을 더할 수 있다. 예를 들면, 마음지도(Buzan & Buzan, 1993)는 정보 기록과 새로운 아이디어와 가능성 창출의 방법으로서 단어와 이미지 모두를 사용하는 창의적인 사고 과정이다. 다음과 같은 방식으로 해결지도들을 만들어 낼 수 있다([그림 9-1]과 [그림 9-2] 참조).

1. 해결을 나타내는 중심적 이미지와(또는) 상징이나 이름을 고르고 페이지 중앙에 놓는다.
2. 해결책과 그 효과를 나타내는 2차적 이미지 그리고 주요 단어를 나열하면서 내담자는 해결 상황을 중심으로 자유 연상을 한다.
3. 내담자에게 주는 중요성에 따라 다양한 색상과 굵기로 중앙에 있는 이미지와 주요 단어를 연결한다.
4. 지도의 세부사항을 풍부히 하기 위하여 주요 단어, 연상들, 그림, 상징들을 첨가할 수 있다.

마음지도의 효력은 다음 같은 것들에 달려 있다. 즉, 마음지도상에 단어와 이미지가 연결되는 방식, 그래서 뇌의 여러 부위에 호소하는 방식에 달려 있다. 또한 단어와 이미지가 축을 형성하고 관련성을 가지는 방식 그래서 자연스러운 사고 과정에 부합하는 방식에도 달려 있다. 또한 이 둘이 작은 종이 조각에 압축될 수 있는 방식, 그리고 독특하고 개인적으로 의미 있게 만들어지는 방식에 마음지도의 효력이 달려 있다.

마음지도는 집단상담에 여러 가지 방법으로 적용될 수 있다. 때로는 내담자들과 함께 '해결지도'를 만드는 것만으로도 내담자들이 목표와 다음 단계를 더 잘 이해하게 하는 데 충분하다. 그러나 때로는 '문제지도'를 만드는 준비 단계를 먼저 거치는 것이 도움이 되는 경우도 있다. 자신 외부에 표상물을 만들어 봄으로써, 문제 이야기 속에 푹 빠져 있는 내담자들이 문제로부터 거리를 둘 수 있고, 행동을 고려해 볼 만큼 새로운 관점을 가지게 될 수도 있다. (이것은 이야기치료에서의 '문제의 외재화' 과정과 유사하다(White & Epston, 1990).) 더불어 다음에서 제시되듯이 문제지도는 해결 상황의 최종판에 대한 '실마리'를 만들어 낼 수 있다.

집단상담에서의 마음지도

1. 상담자는 자원한 한 구성원의 사례를 이용하여 실제로 마음지도를 그리는 과정을 보여 주되, 이 사례는 다른 모든 구성원들에게도 관련이 있는 것으로 한다. 상담자는 차트를 사용

하여 마음지도를 그리되, 모든 단계에서 내담자의 생각과 이
미지를 첨가해 가며 그리는 시범을 보인다.

2. 내담자들에게 자신이 해결하기 원하는 문제를 중심으로 마음
지도를 그리도록 격려한다(우울에 관한 예로 [그림 9-1] 참조).

3. 결과로 그려진 마음지도들을 집단에서 검토하며 중요한 점을
확인하고 공유한다.

4. 이제는 내담자들이 추구하는 목표를 달성한 '해결지도'를 그
리게 한다. 만약 옴짝달싹 못하는 상황이라면 '문제지도'가
만들어 내는 실마리를 고려해 볼 수 있다. 예를 들면, 문제를

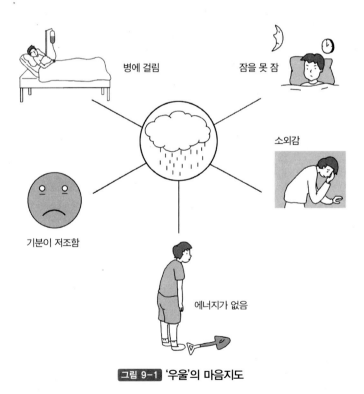

그림 9-1 '우울'의 마음지도

나타내는 주요 단어들과 이미지들의 이면을 단순히 '뒤집어' 생각해 보고, 반대 그림이 '해결지도'에 속할 수 있을지 탐색해 볼 수 있다([그림 9-2] 참조).

5. 결과로 그려진 마음지도들을 집단 내에서 검토하며 중요한 점을 확인하고 공유한다.

6. 내담자가 해결책을 얻는 데 사용할 만한 단계에 있거나 이미 그들의 생활에서 일어나고 있는 해결 상황의 예를 포함하는 지도가 되었을 때를 최종 지도로 해서 마무리하는 것이 도움이 된다.

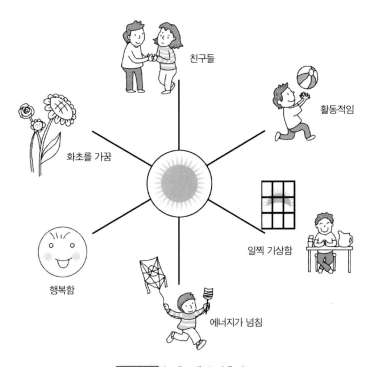

그림 9-2 '좋은 날'의 마음지도

5. 비디오를 사용한 자기모델링

집단상담에서는 오래된 기술의 하나로 추후 검토를 위해 집단 회기를 녹화해 왔다(Yalom, 1995). 일반적으로 모든 회기가 녹화되지만 치료자는 주요한 일부만 선택하여 검토한다. 예를 들면, 자기주장 기술을 연습한 부분의 검토를 치료자가 선택할 수 있다. 이때 자기주장 기술 연습에는 역할극이 포함되므로 치료자는 내담자들의 의사소통 방법에 대해 직접적인 피드백을 주게 된다.

해결중심 집단상담 치료자는 비디오에서 건설적 피드백을 줄 만한 부분을 선택하고 싶어 한다. 치료자가 관심을 가지는 부분은 집단이 지지적이거나 응집력을 보이는 집단과정의 사례 또는 내담자가 성공적이거나 숙련된 것을 보여 주는 부분들이다. 비디오 검토를 통해 '예외'가 특별한 관심과 분석을 받게 되는데, 이 예외는 녹화를 하지 않았더라면 모르고 지나쳤거나 잊혀졌을 것들이다. 본질적으로 비디오 녹화는 정지시켜서 철저히 검토할 수 있으므로, '작은 해결책'들을 이해하고 배양할 수 있도록 집단과정의 '속도를 늦추어' 줄 수 있다. 예를 들면, 자기주장 연습을 성공적으로 완수한 내담자가 실제 연습을 하는 데는 몇 분밖에 걸리지 않았으나 그 장면을 찍은 비디오를 검토하는 데는 30분이 걸릴 수도 있다. 언어적으로 표현된 기억에 의존하는 것과 비교해 볼 때 비디오 검토는 '예외'를 재활성화할 수 있으며 따라서 내담자는 예외에 대하여 녹화가 아니라면 기억하지 못할 풍부하고도 상세한 증언을 하는 증인이 될 수 있다. 이런 방법은 내담자들이 자신의 해결책으로부터 배우고 자신의 행동을 모델링할 기회를 가지는 것이기 때문에 진정으로 강점기반 접근이라고 할 수 있다. 내담자들은 말 그대로 자신의 선생님이 되는 것이다.

📷 사례 9-3 영유아 부모를 위한 부모 플러스 프로그램

영유아 부모를 위한 부모 플러스 프로그램(Sharry et al., 2003)은 부모가 어린 자녀의 다루기 어려운 행동을 감당하고 언어 발달과 학습능력을 증진시킬 수 있도록 부모의 역량을 강화하기 위해 설계된 심리·교육적 집단개입이다. 집단상담에 개인상담을 결합하여 부모들이 자녀에 관련하여 이미 가지고 있는 기술과 성공경험 위에 쌓아 가는 강점기반 교육 원칙을 사용한다.

개입의 주요 특성은 다음과 같이 부모와 자녀를 촬영한 비디오에 대한 피드백을 사용한다는 점이다.

1. 부모에게 부모 자신과 자녀를 위한 목표를 정하게 한다(자녀가 규칙에 협력하도록 돕기, 혹은 자녀가 의사소통 방법이나 분노 조절 방법을 배우도록 돕기 등).
2. 부모가 목표를 달성하기 위하여 노력할 만한 때, 즉 놀이 중이거나 일상생활(숙제를 하고 있거나 식사시간 같은) 속에서 자녀와 부모가 상호작용하는 모습을 짧게 비디오테이프로 만든다.
3. 부모와 치료자가 테이프를 검토한다(개인적으로 그리고 집단 안에서). 그러나 치료자는 부모가 자녀를 다루는 데 있어서 성공적일 때―자녀를 의사소통하도록 도울 수 있고, 혹은 성공적으로 자녀를 협력하도록 만들 때―의 단편을 우선적으로 고른다. 그리고 이런 단편들을 다음과 같은 질문을 가지고 부모와 함께 탐색한다.

   • 지금 무슨 일이 일어나고 있는가?

- 여기서 당신이 한 일 중에서 효과적이었던 것으로 보이는 것은 무엇인가?
- 어떤 방법으로 했는가?
- 여기서 어떤 기술을 볼 수 있는가?

4. 집단 내의 다른 부모들도 비디오테이프를 검토하고 자신들이 본 것에 대해 건설적으로 의견을 말한다.

이러한 방식으로 집단 내의 부모들은 자신의 성공적인 모습이 집단에 보여지는 사례가 된다. 부모들은 자기 자신이 성공적으로 의사소통하는 사례와 집단 내의 다른 사람의 성공 사례로부터 배울 기회를 가지게 된다. 더불어 자신의 비디오테이프가 시청된 부모는 자신의 강점과 능력에 대해 증인인 다른 부모들로부터 확인을 받는 것이다.

자녀와 의사소통하는 방법을 전문가로부터만 배우기보다는 부모들은 자기 자신의 전문성으로부터 배우는 자기모델링을 하도록, 그래서 자기 자신의 강점과 자신감을 쌓아 가도록 초청받는 것이다.

6. 집단연습을 사용할 때의 주의점

창의적 연습이 집단상담에서 중요한 역할을 하고 여러 가지 잠재적 이점이 있지만 상담자는 이를 과잉 사용하거나 과잉 의존하지 않도록 주의해야 한다. 예를 들면, 어떤 집단 구성원들은 가족 역할극이나 가족조각 같은 극적인 연습을 좋아하지만 또 어떤 사람들은 이런 과정을 난처해하고 배제되는 느낌을 가지기도 한다. 단기 참만남 집단에 대한 연구를 보면, 구조화된 연습을 많이 사용한 집단은 변화를 위하여 집단과정에 더 의존한 집단에 비하여, 긍정적 결과를 경험한 구성원보다는 부정적 결과를 경험한 구성원의 숫자가 더 많다고 한다(Lieberman et al., 1973). 이 연구에서 부정적 결과를 가진 사람들은 집단연습이 불편했던 사람들이었다고 추측해 볼 수 있다.

그러므로 상담자는 집단연습을 좋은 집단과정의 대체물로 생각해서는 안 된다. 창의적 연습과 드라마를 활용하는 연습들은 항상 집단에 민감하게 도입되어야 하며 상담자는 이런 연습들이 집단문화에 맞는지를 확인해야 한다. 드라마를 활용하는 연습들이 효과적 집단상담에 꼭 필요한 것은 아니며, 소집단이나 2~3명씩 과제나 토론을 하게 하거나 전체 집단이 돌아가며 말하는(그러므로 체계적인 방법으로 집단 구성원들이 어떤 주제에 대해 모두 말할 기회를 가지게 되는) 가장 단순한 집단 구조가 가장 효과적이라는 것을 상담자는 기억해야 한다. 종종 이런 단순한 집단 구조는 집단에 에너지가 계속적으로 넘치고 역동적으로 목표를 향해 움직이게 하는 데 충분하다.

7. 요 약

이 장에서는 5가지 창의적 연습과 활동을 소개하였다. 이는 해결중심 집단상담 진행 시 집단과정이 '꼼짝 못하는' 상황이 되었을 때 마법이 일어나게 하는 좋은 도구가 될 수 있으며, 구성원들에게 함께 창의적으로 집단에 참여하게 하는 데 도움이 되며(그럼으로써 집단 응집력을 쌓는), 창의적 해결책 구축에 집단의 자원을 동원할 수 있기 때문이다. 그러나 연습과 활동이 5가지만 존재하는 것은 전혀 아니며, 상담자들에게 자신들이 진행하고 있는 집단의 내담자들에게 잘 맞는 자기 고유의 연습을 창의적으로 개발하라고 격려하고 싶다. 그러나 구조화된 연습들 자체가 효과적인 집단에 중추적인 것이 아니며 오히려 이 연습들이 가져올 수 있는 **건설적 집단과정**이 중추적이라는 점을 인식하는 것이 중요하다. 이러한 이유로 인해 상담자는 이 연습들에 의존해서는 안 되며 항상 이런 연습들을 해야 한다고 주장해서도 안 된다. 사실은 창의적인 연습이 집단문화에 맞지 않거나 구성원들이 연습을 불편해하면 집단에 도움이 안 될 수도 있다. 바람직한 것은 집단과정에서 자연스럽게 나타나는 연습들과 적시에 도입되어 구성원들이 꼭 해결구축의 다음 단계로 이동하는 데 도움이 되기에 충분할 만큼의 마법이 일어나게 하는 연습들을 사용하는 것이다.

제10장

집단 슈퍼비전 – 해결중심 반영팀 모델

정기적인 슈퍼비전과 자문은 임상에서 매우 중요한 부분을 차지한다. 이상적으로 보면 좋은 슈퍼비전은 상담자에게 효과적인 상담을 유지할 수 있도록 도울 뿐 아니라 배움과 발전의 기회를 제공한다. 또한 슈퍼비전은 실천가 집단이 책임감 있는 전문직이 되도록 하는 데 도움이 된다. 좋은 슈퍼비전은 집단 상담자에게도 똑같이 중요하다. 제8장에서 설명했듯이, 어려운 사례에 직면했을 때 상담자가 소진되지 않고 건설적이고 창의적인 상담을 유지하기 위해서는 양질의 슈퍼비전이 필수적이다.

슈퍼비전은 전통적으로 일대일 방식으로 실시되어 왔다. 그러나 집단 슈퍼비전은 몇 가지 면에서 잠재적인 이점이 있다. 먼저 슈퍼비전 참여자에게 보다 다양한 생각과 관점을 제공하고 동료집단 내에서 함께 배우는 기회를 제공한다. 또한 집단 내에서는 슈퍼바이저와 슈퍼바이지 사이의 위계가 감소될 수 있으므로 협력적인

학습과 지지가 좀 더 가능하다. 이 장에서는 해결중심치료와 가족
치료 반영팀 전통에 착안한 집단 형식의 슈퍼비전 사례를 통해 설
명하고자 한다.

1. 해결중심, 강점기반의 슈퍼비전

래더니(Ladany, 2004)는 심리치료 수련자(trainee)들의 경험을
연구하면서 수련 중에 가장 흔한 부정적인 경험은 슈퍼바이저가
수련자의 자신감을 저하시키고 지나치게 많은 부담을 주는 경우라
고 했다. 상담자가 내담자와 건설적이고 좋은 관계를 유지하는데
도움이 되는 치료 모델들을 학습해야 하듯이, 슈퍼바이저도 수련
자와 이와 같은 관계를 유지하는 것을 배워야 한다. 래더니는 "슈
퍼바이저가 수련자의 발전을 효과적으로 촉진하기 원한다면, 기꺼
이 슈퍼비전적 동맹을 위해 힘써야만 한다"(2004: 6)고 말한다.

1980년대에 해결중심치료가 발전한 이래, 몇몇 저자들은 이 접
근법이 개인치료뿐 아니라 팀 관리에 대한 건설적인 슈퍼비전 모
델로 적용될 수 있는 점을 인식하였다(예를 들면, Norman et al.,
2003; Selekman & Todd, 1995; Thomas, 1996). 목표 설정 및 자원
과 능력을 강조하는 해결중심 모델은 협력적이고 강점 지향적인
슈퍼비전 관계를 정립하는 데 효과적일 수 있다. 슈퍼비전에 대한
해결중심 접근은 임상치료에서의 해결중심 접근과 유사하다. 슈
퍼바이지의 부족한 능력이나 임상에서 보이는 문제에 초점을 맞

추기보다는 슈퍼바이지의 역량을 탐색하고 발전시키는 데 집중하는 것이다. 내담자에 대한 전문가가 되기보다는 슈퍼바이지가 스스로 상담자로서의 전문성을 찾아내고 기를 수 있는 공간을 마련하는 것이다. 슈퍼바이저의 역할은 먼저 슈퍼바이지가 효과적으로 치료한 사례를 귀 기울여 듣고 다음과 같은 질문을 하면서 슈퍼비전 내에서 이를 탐색하는 것이다.

- 이 내담자와의 상담에서 잘된 점은 무엇인가?
- 이 부분에서 상담이 잘 진행된 이유는 무엇인가?
- 잘 진행되도록 상담자가 어떻게 도왔는가?
- 상담 중에 어떠한 기법들을 적용해 상담이 잘되도록 할 수 있었는가?
- 이러한 기법들을 언제 처음 배웠으며, 어떻게 배웠는가?
- 이러한 기법들을 치료 외에 어떤 다른 분야에서도 활용했는가?
- 이러한 기술과 강점이 더 향상된다고 가정한다면 무엇을 보고 이러한 사실을 알 수 있을까? 내담자들은 어떤 점을 보고 이를 알게 될까?

상담과 마찬가지로, 해결중심 슈퍼비전의 중요한 초점은 협력적 작업을 통한 목표 설정에 있다. 명료하고, 긍정적이며, 구체적이고, 내담자중심적인 목표를 설정하는 것은 성공적인 상담뿐 아니라 성공적인 슈퍼비전에도 가장 결정적인 요소 중 하나다. 슈퍼비전의 목표를 명확히 정하는 것은 슈퍼바이지에게 동기를 부여할 뿐 아니라, 슈퍼비전의 진전 정도를 측정할 수 있는 '객관적인' 지표가 된다. 이러한 목표는 외부로부터 주어지는 것이 아니라, 슈퍼바이지가 스스로 만들어 낸다는 점이 중요하다. 셀렉만과 토드 (Selekman & Todd, 1995)는 슈퍼바이저가 어떤 것을 덧붙여 말하기 전에 슈퍼바이지의 목표를 먼저 논의할 것을 추천한다. 슈퍼바이지의 목표로는 다음과 같은 예를 들 수 있다.

- 내담자와의 공감적인 관계 형성에 대해 배우기
- 기본적인 면담능력을 향상시키기
- 상담 중 자신 안에서 유발되는 강한 감정을 이해하고 관리하기

슈퍼바이저는 기관에서 요구되는 역할이나 수련 과정에 요구되는 사안을 반영하여 이 목록에 다음과 같은 목표를 추가할 수 있다.

- 기관의 윤리강령 내에서 일하는 법 배우기
- 내담자의 비밀을 존중하기

슈퍼바이지들에게 충분한 기회와 여지가 주어지게 되면, 슈퍼바이저가 부연할 수 있는 목표들을 슈퍼바이지 스스로 만들어 내는 것을 상당히 자주 발견했다. 설정된 목표가 슈퍼바이지 중심일수록 더욱 의미 있기 때문에 이는 매우 바람직하다. 앞에서 언급된 목표들은 초기의 목표에 불과하다. 해결중심 관점에서 효과적인 목표가 되기 위해서는 더 구체적인 것들이 필요하다. 이러한 세부

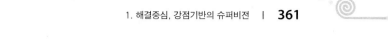

항목은 다음과 같은 질문을 통해 도출할 수 있다.

- 내담자와 공감적인 관계를 갖고 있다는 것을 어떻게 알 수 있는가?
- 당신의 말과 행동에서 어떤 점이 다르겠는가?
- 내담자가 어떻게 행동하고 말하면 당신이 성공적이라는 것을 알 수 있겠는가?

명료한 목표가 설정된 이후에는 이와 동일한 수준에서 명료한 기준을 세워 목표를 성취했는지 혹은 목표를 이루기 위해 진전된 부분이 있었는지 여부를 확인할 수 있다. 이러한 기준이 슈퍼바이지들과의 협력을 통해 설정되면 대부분의 경우에 슈퍼바이지들의 자가 슈퍼비전(self-supervision)이 가능해질 것이다. 즉, 슈퍼바이지들이 자신의 진전 사항과 성과를 스스로 감독할 수 있게 되는 것이다. 이는 여러 다른 슈퍼비전 모델에서도 이상적으로 여기는 상황이다. 호킨스와 쇼헷(Hawkins & Shohet, 1989)은 "모든 슈퍼비전의 동일한 목적은 상담 중에 언제나 접근 가능하고 건전한, 자신만의 내적 슈퍼바이저를 상담자 자신이 개발하도록 돕는 것"이라고 말한다.

명료한 목표와 측정 기준을 설정하면 협력적인 슈퍼비전과 자가 슈퍼비전의 기반을 가지게 됨으로써 슈퍼바이저가 상담을 평가하는 경우에 생기는 불필요한 갈등과 의견의 불일치를 피할 수 있도록 해 준다. 이상적으로 봤을 때, 목표가 명확하다면 슈퍼바이지는 자신의 일에 대해서 정확하게 성적을 매기고 모니터링할 수 있을 것이다.

2. 반영팀

가족치료의 전통과 함께 발전된 널리 알려진 치료적 실천 중 하나는 바로 반영팀의 활용이다. 역사적으로 가족치료자들은 내담자들과 상담을 할 때 팀 단위로 상담을 진행했다. 팀에서 1~2명이 가족을 면담하고, 나머지 팀원은 면담 과정을 일방경 뒤에서 지켜보았다. 가족과의 상담이 끝나갈 무렵에 휴식시간을 가지면서 팀원들은 면담 중에 나온 문제들에 대해 함께 돌아보고 가족을 위한 메시지를 구성하였다.

앤더슨(Andersen, 1987, 1992)과 그의 팀은 반영 부분에 가족을 포함시키면서 이러한 과정에 새로운 변화를 가져왔다. 가족을 배제한 채 비공개적으로 반영시간을 가지는 것이 아니라, 팀원들이 가족 앞에서 토론을 하면서 가족의 이야기 중 눈에 띄었던 점에 대해 각자 의견을 내었다. 마지막에는 가족들이 팀의 반영 내용에 대해 논하고, 앞으로 나아가기 위해 무엇을 해야 하는지 스스로 생각할 수 있도록 했다.

이러한 변화는 반영 과정에 대단히 큰 영향을 미쳤다. 상담 회기 내에서 반영시간 자체가 굉장히 가치 있는 부분으로 평가되어 원래의 면담시간만큼 중요하게 여겨지게 된 것이다. 이로 인해 팀원들이 가족에 대해 이야기하는 태도에도 미묘한 변화가 생겼다. 팀의 반영이 비공개적으로 이루어졌을 때는 의도치 않게 내담자 가족을 업신여기는 듯한 말들이 오간 반면, 가족과 함께 공개적인 반영시간을 가지면서 좀 더 가족을 존중하는 건설적인 언어를 사용하게 되었다. 예를 들어, 어떤 모녀 간의 관계에 대해 비공개적인 자리에서는 '밀착된' 혹은 '병리적으로 가까운' 관계라고 묘사했다면, 가족 앞에서는 "어머니가 딸을 보호하려는 욕구로 인해 굉장히 관여를 많이 하시는데, 이것이 혹시 상황을 더 악화시키는 것은 아닌지, 조금 거리를 두는 편이 도움이 되지 않을지 생각된다"는 식으로, 같은 내용이라도 좀 더 순화된 표현을 사용하게 되었다. 이러한 과정을 통해 팀원들은 자신의 의견을 좀 더 정중하게 표현하면서 가족의 강점과 변화의 가능성을 더 강조하는 방법을 배울 수 있었다. 반영팀 형식은 서로 다른 의견을 가진 팀원들의 의견을 다루는 데도 유용한 방법이 되었다. 팀원들이 이슈에 대한 각자의 관점을 말하면, 가족은 본인들에게 가장 도움이 되는 하나의 의견을 선택하거나 2가지 의견을 조합하는 결정을 내릴 수 있었다.

　반영팀의 발전은 가족치료 분야에 혁명을 일으켰고, 이 기술은 여러 다른 분야와 상황에도 적용되었다. 또한 이는 집단 슈퍼비전에도 좋은 모델이 되고 있다. 슈퍼비전은 유익한 반영이 이루어지는 장소가 되며, 다른 곳에서 진행되고 있는 상담자와 내담자의 작업을 논의하는 무대가 된다. 강점기반의 관점에서 볼 때, 반영팀을 활용한 슈퍼비전의 목표는 상담자와 내담자 모두를 존중하면서 대화를 진행하게 하며, 강점 지향적인 표현 방식을 통해 상담치료에 건설적인 영향을 줄 수 있도록 함에 있다.

3. 슈퍼비전에서의 해결중심 반영팀

다음은 앞에서 설명한 가족치료 전통에서 발전된 반영팀 모델에 기초한 해결중심 집단 슈퍼비전의 간략한 모델이다. 이 모델은 다음에 서술된 단계를 따르도록 책임지는 상담자가 집단 내에 있다고 가정한다. 집단 촉진자는 모든 구성원이 집단에 참여토록 만들고 대화가 건설적이고 균형 잡힌 방향으로 이루어지도록 할 책임이 있다. 동료로 이루어진 슈퍼비전 집단의 경우에는 팀이 형성될 때마다 촉진자를 뽑을 수 있다.

1. 어젠다 설정

반영팀의 각 팀원은 어떤 사례나 문제를 주제로 삼고 싶은지를 생각한다. 촉진자는 팀원과 함께 몇 개의 사례를 논의할 것이며 각 사례에 얼마만큼의 시간을 배분할지 협의한다. 예를 들어, 2시간짜리 슈퍼비전 집단에서 한 사례당 25분씩 4개의 사례를 논의하고 마지막 20분간 전체적인 토론과 평가의 시간을 가질 수 있다.

2. 사례발표

팀원들은 간략히 자신의 사례를 소개하고, 집단에서 자문받고자 하는 주제나 문제에 대해 이야기한다.

3. 명료화/자문의 목표에 초점 맞추기

촉진자는 사례발표자와 간략하게 대화를 나누면서 사례에 대해 명료화할 수 있는 질문을 하고, 자문의 목표를 구체적으로 설정한다. 구체적인 목표로는 '상담이 더 이상 진척되지 않는 느낌이 드는데 어떻게 해야 앞으로 나아갈 수 있는지 알고 싶다' '내담자의 안전이 걱정되는데 내가 어떤 조치를 취해야 하는지 알고 싶다' '이번 사례가 내게 강한 감정을 유발하는데 왜 그런지 이해하고 싶다' 등이 될 수 있다. 필요하다면 다른 팀원들이 명료화를 위한 질문을 할 수도 있으나, 이 단계는 다른 단계에 비해 비교적 짧은 시간 내에 진행하도록 한다.

4. 해결책 반영

이 단계가 슈퍼비전 과정에서 핵심적인 부분이다. 촉진자는 각 팀원들에게 해당 사례에 대한 해결중심적 반영을 요청하고, 반영 내용 중 사례나 문제에 대한 대응 방안에 대해 강조하도록 한다. 반영의 목적은 상담자와 내담자에게 도움을 주는 데 있다. 이 시점에서 촉진자의 역할은 모든 팀원들에게 골고루 기여할 수 있는 기회를 주고, 논의가 건설적이고 도움이 되도록 조율하는 것이다. 이 과정에서는 일반적으로 사례발표자가 각 팀원의 견해에 대해 다시 답변을 하기보다는 그냥 듣는 것이 가장 좋다. 사례발표자가 여러 견해에 대해 평가하는 시간은 6단계에서 주어진다.

5. 역할극 연습

해당 사례는 역할극을 통해 좀 더 심도 있게 탐색할 수 있다. 사례발표자는 내담자 역할을, 각 팀원은 상담자 역할을 맡아 새로운 접근이나 해결 방법을 시도해 본다. 역할극은 특히 수련 집단에 유용하다.

6. 검토와 계획

촉진자는 사례발표자에게 지금까지 나온 의견들을 검토하고 평가하도록 요청한다. 반영 과정이 '슈퍼바이지 중심'으로 되기 위해서는 이 단계가 매우 중요하다. 물론 모든 팀원이 참여하여 여러 의견을 제시하고 반영이 이루어지나, 결국에는 사례발표자가 여러 견해에 대해 반영하고 앞에서 논의된 것으로부터 어떤 것을 자신의 상담에 적용할지 검토해 보는 것으로 복귀하게 된다.

7. 최종 코멘트와 확인

사례에 대해 최종적으로 코멘트를 하거나 앞서 논의된 내용을 확인하고 상담자에게 피드백을 준다. 각 사례를 발표할 때마다 2단계부터 7단계까지 반복한다.

8. 종합적인 반영 및 평가

전체 슈퍼비전 과정을 평가하거나 일반적인 주제에 대해 반영하는 시간을 갖는다.

임상에서 이 모델을 여러 차례 활용하면서 효과적인 슈퍼비전을 위해 지켜야 할 몇 가지 원칙을 세우게 되었다. 반영팀 모델의 힘은 사례를 발표하고 대화를 나누는 과정(2단계와 3단계)과 반영하고 새로운 관점을 탐색하는 과정(4단계와 5단계)을 구분하는 데 있다. 모델을 적용하면서 사례발표와 명료화에 시간을 보내느라 반영과 논의 및 역할극에 할애할 시간이 없어지는 경향이 있다. 하지만 이 모델은 모든 단계를 완수하고 각 단계 간 균형이 유지될 때 가장 효과적이다. 또한 각 팀원이 집단 반영에 모두 참여할 때 가장 효과적이다. 이를 통해 사례발표자가 모든 팀원의 관점과 반영 의견을 접할 뿐 아니라 집단이 전체로서의 응집력과 관계성을 형성할 수 있다. 각 팀원을 논의에 참여하도록 요청하거나 집단의 구조를 이용하여 팀원들이 돌아가면서 이야기하도록 함으로써 모든 사람에게 기여할 수 있는 기회를 제공하는 것이 촉진자의 책임이다.

4. 집단 슈퍼비전의 실제

집단 슈퍼비전의 실제에 대한 이해를 돕기 위해 다음 사례를 살펴보도록 하겠다. 이 슈퍼비전 집단은 지역아동정신건강팀에서 함께 일하는 5명의 팀원으로 구성되어 있다. 이 팀은 반영팀 방식을 적용해 매주 슈퍼비전 집단을 진행했으며, 촉진자가 매주 바뀌는 형식을 취했다.

2단계와 3단계 - 사례발표 및 명료화

상담자 저는 지난 몇 달간 레이첼이라는 어머니와 상담을 하고 있어요. 톰이라는 네 살짜리 막내아들을 키우는 데 많은 어려움을 겪고 있음에도 불구하고, 이 어머니를 서비스에 참여하도록 만들기가 정말 힘들어요.

촉진자 참여하도록 만들기가 힘들다는 것이 무슨 의미인지요?

상담자 상담에도 드문드문 오고, 올 때마다 다시 원점으로 돌아간 기분이 들어요. 매 상담 회기마다 톰에게 어떻게 해야 할지 함께 동의하여 계획을 세워도 다음 번에 오면 마치 우리가 아무 약속도 안 한 것같이 되어 버려요.

촉진자 어떤 계획을 세우나요?

상담자 대부분은 톰을 밖에 돌아다니지 못하게 한다거나, 제시간에 재우도록 하는 행동계획이에요.

촉진자는 상담자와 계속해서 명료화를 위한 대화를 하면서 다음과 같은 배경 정보를 알아내고 슈퍼비전에서 중요할 만한 이슈들을 이끌어 낸다.

- 레이첼은 톰을 통제할 수 없다고 느낀다. 톰은 잠을 자라고 하거나 집에 있으라는 등의 간단한 일도 말을 듣지 않는다. 톰은 매우 어린데도 불구하고 마치 거리의 부랑아처럼 혼자서 돌아다니며 차에 돌을 던지는 등 말썽을 일으킨다.

- 톰은 의도치 않게 출산한 아이다. 톰과 다른 자녀들 간에는 나이 차이가 많으며, 맏이는 스무 살이다. 레이첼이 이제는 자녀양육을 끝냈다고 생각하고 있을 때 톰이 생겼다.
- 레이첼은 톰 이전에 출산한 자녀들과는 이와 같은 문제를 겪은 적이 전혀 없으며, 왜 톰과는 이런 문제가 생긴 건지 이해하지 못한다. 남편은 톰을 '조금은 통제'할 수 있지만, 그는 첫 사정 회기에만 왔다.
- 레이첼은 호텔에서 풀타임으로 일하며 교대근무가 많다. 그래서 톰은 대부분의 시간을 아무도 돌보아 주는 사람 없이 지내거나 아주 가끔 이웃이나 성장한 다른 자녀들이 돌보고 있다.

약 7분 뒤 촉진자는 질문을 끝내고 다른 팀원들에게 묻고 싶은 명료화 질문이 있는지 확인한다. 내담자가 다른 전문 서비스를 받고 있는지 팀원 한 명이 묻는다. 과거에 아동보호 서비스를 받은 적이 있으나 지금은 종결되었다고 한다. 비록 자주 오지는 않으나 어머니가 다시 상담을 찾는 이유가 무엇이라고 생각하는지 다른 팀원이 상담자에게 묻는다. 상담자는 이유는 모르겠지만 어머니가 톰과 겪고 있는 어려움에 대해 이야기하고 싶은데, 이러한 힘든 상황을 변화시킬 방법을 몰라서 그런 것 같다고 대답한다.

다음으로 슈퍼비전의 목표를 설정한다.

> 촉진자　오늘 여기에 이 사례를 가져왔는데, 슈퍼비전에서 무엇을 얻어 가기를 원하세요?

상담자 앞으로 어떻게 상담을 진행하면 좋을지 감을 잡고 싶어요. 제 상담이 효과가 없다고 느껴지거든요.

촉진자 앞으로 어떻게 진행해야 할지 방법을 찾고, 상담이 좀 더 효과적이라고 느끼고 싶은 거군요. 맞나요?

상담자 네, 맞아요.

촉진자 자, 그럼 이제 다른 팀원들의 반영을 들어 보도록 하지요.

4단계 - 집단 반영

3명의 팀원과 촉진자는 다음과 같이 반영한다.

팀원 1 지금 상황에서 느끼고 있을 답답한 심정에 공감이 가네요. 매주 계획을 세우는데 그다음 주에 오면 잊어버린 듯해서 아무 진전이 없는 것 같은 상황 말이에요. 말씀하신 내용에 공감이 가요. 또한 이 모든 것의 중심에는 톰에 대한 상담자의 관심과 염려가 있다는 점이 인상 깊었어요. 선생님은 그를 도와주고 싶고, 그 애가 안전하기를 바라는 마음인 거죠? (상담자는 고개를 끄덕인다.) 그리고 어머니와도 어느 정도 관계가 형성된 것 같아요. 선생님이 그렇게 느끼지 않는다는 건 알지만요. 하지만 어머니가 상담에 오는 걸 보면, 여전히 선생님이 자신에게 무언가를 해 줄 수 있을 거라고 희망하는 것 같아요. 이러한 창구를 열어 놓고 관계를 유지하는 것이 중요해요. 저는 어머니가 행동계획을 집에서 실행하기 전에 좀 더 많은 시간과 지지가 필요할 수도 있겠다는 생각이 들어요. 양육이 다 끝났다고 생각했는데 다시 엄마가 되어야 하는 것이 어떤 것인지에 대해 어쩌면 좀 더 이야기할 필요가 있는지도 모르겠어요.

팀원 2　저는 이 어머니와 자녀의 애착의 질에 대해 궁금해져요. 아이가 집에 있는 것 자체에 대해 양가감정을 갖고 있는 것이 아닐까 생각이 돼요. 자녀들을 거의 다 키웠다고 생각했는데 갑자기 한 아이를 다시 책임져야 하는 상황에서, 그 아이가 또 문제를 일으키는 것이죠. 분명 어머니는 한편으로 아이의 늦은 출산을 후회하고 있을 거예요. 이러한 양면성은 상담에 잘 참여하지 않는 것에서 드러나죠. 그리고 이러한 상황은 집에서 톰에게도 마찬가지일 거예요. 항상 누군가가 필요한데 엄마는 밖에서 오랫동안 일하느라 곁에 잘 없으니까요.

촉진자　애착의 질에 대한 생각을 말씀해 주셨는데, 이것이 상담이 좀 더 앞으로 진전되기를 바라는 상담자의 목표에 어떤 도움이 될까요?

팀원 2　글쎄요, 저는 어머니가 집에서 아이 돌보는 것에 대해 자신 없어 하는 감정에 대해 괜찮다고 인정해 주는 것이 많은 도움이 될 거라고 생각해요. 어머니가 솔직하고 숨김없이 자신의 감정에 대해 이야기하고 이러한 것들이 정상이라는 것을 깨닫는다면 그게 진전일 것 같아요.

촉진자　그러면 선생님의 제안은 어머니에게 그런 불편한 감정들을 상담에서 나눌 수 있도록 하는 것이 도움이 될 수 있다는 것이군요.

팀원 2 네, 그렇게 생각해요. 그리고 그렇게 하는 것이 어머니를 상담에 더 끌어들일 수 있을 것 같아요. 그녀가 자신의 감정을 나누고 상담자가 이를 이해해 준다면, 상담에 좀 더 관여되었다고 느끼고 치료에 전념할 수 있을 것 같아요……. 그렇게 되면 시간이 지나면서 지금까지 겪은 여러 일들로 보아 톰이 다른 자녀들보다 좀 더 많은 시간과 헌신을 필요로 한다는 사실을 깨닫는 데 도움이 될 수도 있고요.

촉진자 그러면 이런 치료적 관계가 어머니와 톰의 관계에 본보기가 될 수 있다는 뜻인가요?

팀원 2 그럴 것 같아요. 시간이 걸리겠지만요.

촉진자 다른 의견은 없으신가요?

팀원 3 저는 다른 가족원들을 같이 참여시키는 것이 어떨까 생각해요. 아버지는 어떤가요? 아버지를 상담에 참여시킬 수 있나요? 아버지는 어느 정도 톰을 통제할 수 있다고 어머니가 말씀하신 점이 흥미로워요. 어쩌면 그 점을 발전시키거나 어머니와 공유할 수 있겠죠. 또한 다른 자녀들이나 친척들을 참여시키는 것도 하나의 방법이 될 수 있을 것 같아요. 모든 사람들이 어느 정도는 톰을 돌보는 데 관여하고 있는 것 같은데, 이분들이 상담에 참여할 수는 없을까요? 모든 사람이 한 팀이 된다면 톰을 돌볼 가장 좋은 방법을 찾을 수 있겠죠.

촉진자 그러면 다른 가족원들을 포함시키는 것이 상담을 진전시키는 하나의 방법이겠군요?

팀원 3 네, 그리고 저는 상담 방식을 바꾸면 레이첼이 좀 더 적극적으로 상담에 참여하지 않을까 생각합니다. 레이첼이 가정방문을 선호할 수도 있고, 개인상담을 하면서 동시에 다른 부모들과 함께하는 집단에 참여하는 데 관심이 있을지도 모르죠.

촉진자 그렇다면 상담의 방식을 바꾸는 것도 하나의 방법이군요 ……. 이에 덧붙여 제 생각을 말해 보자면, 이 가족을 다른 지역사회서비스에 다시 연계하는 것이 어떨까 하는 생각이 드네요. 이전에 지역의 사회복지팀이 관여를 했었는데, 혹시 이 부분이 건설적인 방향으로 다시 시작될 수는 없는지 궁금합니다. 재가복지사의 도움을 받아 가정방문을 하면서 집에서 생기는 어려움을 해결할 수도 있지 않을까요? 또한 지역사회복지팀이 가족복지회의를 열 수도 있을 것 같아요. 특히 톰의 가족 상황을 고려하면 이러한 회의가 도움이 될 수 있을 거예요. 친척들 쪽에서 참여하고 지원하겠다고 요청할 수도 있어요. 지역사회복지팀이 회의를 주관하는 것이 이상적이므로 가족복지회의는 지역사회복지팀을 다시 연계하는 좋은 방법이 될 수도 있어요.

6단계 - 검토와 계획

촉진자 (상담자를 향해) 지금까지 여러 반영과 의견들이 나왔는데요, 여기에 대해 선생님의 생각은 어떠신가요? 이 중에 인상 깊거나 공감 가는 의견들이 있었나요?

상담자　레이첼이 톰을 돌보는 데 있어서의 문제들과 자신의 감정에 대해 좀 더 이야기할 시간이 필요하다는 데 동의해요. 문제가 심각하다고 여겨져서, 어쩌면 그녀가 상담에 정말로 연결되어 있다고 느끼기 전에 제가 조금 성급하게 행동계획으로 넘어간 부분이 있는 것 같아요. 어머니가 자신의 이야기를 좀 더 해야 하는지도 모르겠어요. 그리고 다른 가족 구성원들을 상담에 참여시키는 것도 괜찮을 것 같아요. 아버지는 과거에 상담에 온 적이 있기 때문에 다시 참여하실 수도 있고요. 그리고 레이첼의 장녀인 티나가 톰을 많이 돌보고 있는데, 티나를 참여시키는 것도 괜찮은 생각인 것 같아요. 레이첼이 상담에 오기 어려운 이유 중에 하나가 혼자 와야 하기 때문일 수도 있어요. 따라서 다른 가족원들을 관여시키는 것이 도움이 될 것 같아요. 이런 부분은 제가 다음 상담에서 어머니와 의견을 나누어 보아야겠어요.

촉진자　그러면 앞으로 어떻게 진행해 나갈지 생각이 떠오르시나요?

상담자　네, 진행 상황에 대해서 추후에 팀에게 알려드릴게요.

이 예시는 집단 슈퍼비전 과정의 몇 가지 원칙을 보여 준다. 먼저 이 사례에서는 촉진자가 상담자와 함께 적극적으로 관여하면서 사례를 명료화하고 목표를 설정한 다음, 다른 팀원들의 의견을 명확히 하고 구체화하는 역할을 했다. 이러한 적극적인 촉진자가 항상 필요한 것은 아니다. 많은 집단의 경우, 상담자가 자신의 사례발표에 더 많은 책임감을 가지며, 팀원들은 자신들의 반영이 좀 더 논점에 맞고 도움이 될 수 있도록 노력하면서 집단의 방향을 스스로 설정한다. 그러나 강점기반의 형식에 익숙하지 않은 집단의 경우에는 적극적인 촉진자가 이점이 될 수 있다. 이 사례에서는 촉진자가 팀원 2와 대화를 나누면서, 팀원 2가 제시한 내용이 정체된 상담 상황을 극복하려는 상담자의 목표에 어떻게 도움이 될 수 있는지를 알아내는 데 기여했다. 이러한 적극적인 접근은 집단의 방향을 잡아 주고 각 단계가 제대로 실행될 수 있도록 하는 데 도움이 된다.

5. 요 약

이 장에서 우리는 해결중심 원칙들이 어떻게 슈퍼비전과 사례자문의 실제에 쉽게 적용이 되는지를 살펴보았다. 특히 해결중심 치료와 가족치료의 반영팀에 착안한 집단 형식의 슈퍼비전은 집단과정의 강력한 잠재력을 활용하여 집단 학습과 집단지지를 강화한다는 점을 서술하였다. 슈퍼비전과 자문은 상담자들이 자신들의 치료를 효과적으로 유지하고 지지를 받는 데 도움이 되는, 중요한 실천 영역인 만큼, 슈퍼비전과 자문에 대한 장으로 이 책을 마무리하는 것이 적절하다고 본다.

American Counseling Association. (1995). *Code of Ethics and Standards of Practice.* Alexandria, VA: American Counseling Association.

Andersen, T. (1987). The reflecting team: dialogue and meta-dialogue in clinical work. *Family Process, 26*(4), 415-428.

Andersen, T. (1992). Reflections on reflecting with families. In S. S. McNamee & K. Gergen (Eds.), *Therapy as Social Construction.* London: Sage.

Assay, T. P., & Lambert, M. J. (1999). The empirical case for the common factors in therapy: quantitative findings. In M. L. Hubble, B. L. Dancan & S. D. Miller (Eds.), *The Heart and Soul of Change: What Works in Therapy.* Washington, DC: American Psychological Association.

Bachelor, A. (1991). Comparison and relationship to outcome of diverse dimensions of the helping alliance as seen by client and therapist. *Psychotherapy, 28,* 534-549.

Badaines, A. (1988). Psychodrama. In J. Rowan & W. Dryden (Eds.), *Innovative Therapy in Britain.* Milton Keynes: Open University.

Barber, J. (1977). Rapid induction analgesia: a clinical report. *American Journal of Clinical Hypnosis, 19*(3), 138-147.

Barker, P. (1992). *Basic Family Therapy* (3rd ed.). Oxford: Blackwell.

Barkham, M. C., Evans, C., Margison, F., McGrath, G., Mellor-Clark, J., Milne, D., & Connell, J. (1998). The rationale for developing and implementing core outcome batteries for routine use in service settings and psychotherapy outcome research. *Journal of Mental Health, 7*, 35-48.

Barkham, M., Shapiro, D. A., Hardy, G. E., & Rees, A. (1999). Psychotherapy in two-plus-one sessions: outcomes of a randomised controlled trial of cognitive-behavioral and psychodynamic-interpersonal therapy for subsyndromal depression. *Journal of Consulting and Clinical Psychology, 67*(2), 201-211.

Beck, A. T., Steer, R. A., & Garbin, M. G. (1988). Psychometric properties of the Beck Depression Inventory: twenty-five years of evaluation. *Clinical Psychology Review, 8*, 77-100.

Bednar, R. L., & Kaul, T. J. (1994). Experiential group research: can the canon catch fire? In A. Bergin & S. Garfield (Eds.), *Handbook of Psychotherapy and Behavioral Change*. New York: Wiley.

Berg, I. K. (1991). *Family Preservation: A Brief Therapy Workbook*. London: Brief Therapy Press.

Berg, I. K. (1994). *Family-based Services: A Solution-Focused Approach*. New York: W. W. Norton.

Berg, I. K. (1995). *I'd Hear Laughter* (video). New York: W. W. Norton.

Berg, I. K. (1999). *Solution focused therapy*. University College Dublin, Ireland.

Berg, I. K., & Miller, S. D. (1992). *Working with the Problem Drinker: A Solution Focused Approach*. New York: W. W. Norton.

Berne, E. (1966). *Principles of Group Treatment*. New York: Grove Press.

Beutler, L. E., Machado, P. P., Engle, D., Daldrup, R. J., Bergan, J., Meredith, K., & Merry, W. (1993). Differential patient treatment maintenance among cognitive, experiential, and self-directed psychotherapies. *Journal of Psychotherapy Integration, 3*(1), 15-31.

Bion, W. (1961). Experience in Groups and Other Papers. London: Tavistock.

Brigitte, Sue, Mem, & Veronika (1997). Power to our journeys. *Dulwich Centre Newsletter* (345 Carrington Street, Adelaide, South Australia 5000), *1*, 25-34.

Budman, S. H., & Gurman, A. S. (1988). *Theory and Practice of Brief Psychotherapy*. New York: Guilford Press.

Burlingame, G. M., & Barlow, S. H. (1996). Outcome and process differences between professional and non-professional therapists in time-limited group psychotherapy. *International Journal of Group Psychotherapy, 46*(4), 455-478.

Burlingame, G. M., MacKenzie, K. R., & Strauss, B. (2004). Small-group treatment: evidence for effectiveness and mechanisms of change. In M. J. Lambert (Ed.), *Handbook of Psychotherapy and Behaviour Change* (5th ed., pp. 647-696). New York: John Wiley & Sons.

Buzan, T., & Buzan, B. (1993). The Mind Map Book. London: BBC.

Campbell, T. C., & Brasher, B. (1994). The pause that refreshes: opportunities, interventions and predictions in group therapy with cocaine addicts. *Journal of Systemic Therapies, 13*(2), 65-73.

Castonguay, L. G., Pincus, A. L., Agras, W. S., & Hines, C. E. (1998). The role of emotion in group cognitive-behavioural therapy for binge eating disorder: when things have to feel worse before they feel better. *Psychotherapy Research, 8*(2), 225-238.

Cockburn, J. T., Thomas, F. N., & Cockburn, O. J. (1997). Solution-focused therapy and psychosocial adjustment to orthopedic rehabilitation in a work hardening program. *Journal of Occupational Rehabilitation, 7*, 97-106.

Colgan McCarthy, I., & O'Reilly Byrne, N. (1995). A spell in the fifth province. In S. Friedman (Ed.), *Reflecting Team in Action*. New York: Guilford.

Core System Group (1998). CORE System (Information Management) Handbook. Leeds: Core System Group.

Corey, G. (2000). *Theory and Practice of Group Counseling* (5th ed.). Pacific Grove, CA: Brooks/Cole Wadsworth.

Curle, C., & Bradford, J. (2005). User's views of a group therapy intervention for chronically ill disabled children and their parents: towards a meaningful assessment of therapeutic effectiveness. *Clinical Child Psychology and Psychiatry, 10*(4), 509-527.

de Shazer, S. (1984). The death of resistance. *Family Process, 23*: 30-40.

de Shazer, S. (1985). *Keys to Solution in Brief Therapy* (1st ed.). New York: W. W. Norton.

de Shazer, S. (1988). *Clues: Investigating Solutions in Brief Therapy* (1st ed.). New York: W. W. Norton.

de Shazer, S. (1994). *Words were Originally Magic* (1st ed.). New York: W. W. Norton.

de Shazer, S., & Berg, I. K. (1997). "What work": remarks on research aspects of solution-focused brief therapy. *Journal of Family Therapy, 19*(2), 121-124.

de Shazer, S., & Isabeart, L. (2003). The Bruges model: a solution-focused approach to problem drinking. *Journal of Family Psychotherapy, 14*, 43-52.

de Shazer, S., Berg, I. K., Lipchik, E., Nunnally, F., Molnar, A., Gingerich, W. J., & Weiner–Davis, M. (1986). Brief therapy: focused solution development. *Family Process, 25*, 207-221.

Dolan, Y. M. (1991). *Resolving Sexual Abuse: Solution Focused Therapy and Ericksonian Hypnosis for Adult Survivors* (1st ed.). New York: Norton.

Dumka, L. E., Garza, C. A. et al. (1997). Recruitment and retention of high-risk families into a preventive parent training intervention. *The Journal of Primary Prevention, V18*(1), 25-39.

Duncan, B. L., & Miller, S. D. (2000). *The Heroic Client: Doing Client-Directed, Outcome-Informed Therapy*. San Francisco: Jossey–

Bass.

Duncan, B. L., Hubble, M. A., & Miller, S. D. (1997). *Psychotherapy with 'Impossible' Cases: The Efficient Treatment of Therapy Veterans* (1st ed.). New York: Norton.

Duncan, B. L., Miller, S. D., & Sparks, J. A. (2004). *The Heroic Client: A Revolutionary Way to Improve Effectiveness Through Client–Directed, Outcome–Informed Therapy.* New York: Wiley.

Fonagy, P., & Bateman, A. (2006). Progress in the treatment of borderline personality disorder. *British Journal of Psychiatry, 188,* 1-3.

Forehand, R. L., & McMahon, R. J. (1981). *Helping the Noncompliant Child: A Clinician's Guide to Parent Training.* New York: Gilford.

Freeman, J., & Combs, G. (1996). *Narrative Therapy: The Social Construction of Preferred Realities.* New York: Norton.

Freeman, J., Epston, D., & Lobovits, D. (1997). *Playful Approaches to Serious Problems: Narrative Therapy with Children and Families.* New York: Norton.

Froyd, J. E., & Lambert, M. J. (1989). A Survey of outcome research measures in psychotherapy research. Paper presented at the Western Psychological Association, Reno, NV.

Furman, B., & Ahola, T. (1992). *Solution Talk: Hosting Therapeutic Conversations.* New York: Norton.

Furman, B., & Ahola, T. (1997). *Succeeding Together: Solution-Oriented Team Building.* Helsinki: International Reteaming Institute.

Garfield, S., & Bergin, A. (1994). *Handbook of Psychotherapy and Behavioral Change* (4th ed.). New York: Wiley.

Gawain, S. (1995). *Creative Visualization.* San Rafael, CA: New World Library.

Gazda, G. M. (1989). *Group Counseling: A Developmental Approach* (4th ed.). Boston: Allyn & Bacon.

George, E. (1998). Solution-focused therapy training seminar. Maynooth, Ireland, 24-28 February.

George, E., Iveson, C., & Ratner, H. (1990). *Problem to Solution: Brief Therapy with Individuals and Families.* London: Brief Therapy Press.

Gergen, K. J., & McNamee, S. (Eds.). (1992). *Therapy as Social Construction.* London: Sage.

Gladding, S. T. (1991). *Group Work: A Counseling Speciality.* New York: Macmillan.

Glass, C. R., & Arnkoff, D. B. (2000). 'Consumers' perspectives on helpful and hindering factors in mental health treatment. *Journal of Clinical Psychology, 56*(11), 1467-1480.

Goodman, G., & Jacobs, M. (1994). The self-help, mutual support group. In A. Fuhriman & G. M. Burlingame (Eds.), *Handbook of Group Psychotherapy.* New York: Wiley.

Goodman, R. (1997). The strengths and difficulties questionnaire: a research note. *Journal of Child Psychology and Psychiatry, 38*(4).

Greenberg, R. P., & Fisher, S. (1997). Mood-mending medicines: probing drug, psychotherapy and placebo solutions. In R. P. Greenberg & S. Fisher (Eds.), *From Placebo to Panacea: Putting Psychiatric Drugs to the Test.* New York: Wiley.

Grieves, L. (1998). From beginning to start: the Vancouver anti-anorexia/anti-bulimia league. In S. Madigan & I. Law (Eds.), Praxis: *Situating Discourse, Feminism & Politics in Narrative Therapies.* Vancouver: Yaletown Family Therapy.

Griffin, C., Sharry, J. et al. (2006). I'm not alone: the importance of the group in parent education programmes. *Eisteach: Journal of Counseling and Psychotherapy, 6*(2).

Gurman, A. S. (1977). The patient's perception of the therapeutic relationship. In A. S. Gurman & A. M. Razin (Eds.), *Effective Psychotherapy.* New York: Pergamon.

Hawkins, P., & Shohet, R. (1989). *Supervision in the Helping Professions.* London: Open University Press.

Heimberg, R. G., Dodge, C. S., Hope, D. A., Kennedy, C. R., Zollo, L.

J., & Becker, R. J. (1990). Cognitive behavioural group treatment for social phobia: comparison with a credible placebo control. *Cognitive Therapy and Research, 14*, 1-23.

Houston, G. (1984). *The Red Book of Groups*. London: Rochester Foundation.

Hovarth, A. O., & Greenberg, L. S. (1989). Development and validation of the working alliance inventory. *Journal of Counseling Psychology, 36*, 223-233.

Hoyt, M. F. (1995). *Brief Therapy and Managed Care: Readings for Contemporary Practice* (1st ed.). San Francisco: Jossey-Bass.

Hurley, J. (1989). Affiliativeness and outcome in interpersonal groups: member and leader perspective. *Psychotherapy, 26*, 520-523.

Iveson, C. (1998). Solution-focused supervision. Paper Presented at the European Brief Therapy Association Conference, Salamanca, Spain.

Jenkins, A. (1990). *Invitations to Responsibility: The Therapeutic Engagement of Men who are Violent and Abusive*. Adelaide: Dulwich Centre Publications.

Johnson, D. W., & Johnson, F. P. (1994). *Joining Together: Group Theory and Group Skills*. Boston: Allyn & Bacon.

Kelly, J. F., Finney, J. W. et al. (2005). Substance use disorder patients who are mandated to treatment: characteristics, treatment process, and 1-and 5-year outcomes. *Journal of Substance Abuse Treatment, 28*(3), 213-223.

Klein, R. (1993). Short-term group psychotherapy. In H. Kaplan & D. Sadock (Eds.), *Comprehensive Group Psychotherapy*. Baltimore: Williams and Wilkins.

Koss, M. P., & Shiang, J. (1994). Research on brief psychotherapy. In S. Garfield & A. Bergin (Eds.), *Handbook of Psychotherapy and Behavioral Change*. New York: Wiley.

Koumans, A. J. R., Muller, J. J., & Miller, C. F. (1967). Use of telephone calls to increase motivation for treatment in alcoholics.

Psychological Reports, 21, 327-328.

Kral, R. (1988). *Solution identification scale.* Milwaukee, WI: Brief Family Therapy Center.

Krupnick, I. L., Sotsky, S. M., Simmens, S., Moyher, J., Elkin, I., Watkins, J., & Pilkonis, P. A. (1996). The role of the therapeutic alliance in psychotherapy and pharmacotherapy outcome: findings in the National Institute of Mental Health Treatment of Depression Collaborative Research Project. *Journal of Consulting and Clinical Psychology, 64,* 532-539.

Ladany, N. (2004). Psychotherapy supervision: What lies beneath. *Psychotherapy Research, 14*(1), 1-19.

LaFontain, R. (1999). Solution focused therapy. In J. Donigan & D. Hulse-Killacky (Eds.), *Critical Incidents in Group Therapy.* Belmont, CA: Wadsworth.

LaFontain, R., & Garner, N. (1996). Solution-focused counseling groups: the results are in. *Journal for Specialists in Group Work, 21,* 128-143.

LaFontain, R., Garner, N., & Boldosser, S. (1995). Solution-focused counseling groups for children and adolescents. *Journal of Systemic Therapies, 14*(4), 39-51.

LaFontain, R., Garner, N., & Eliason, G. (1996). Solution-focused counseling groups: a key for school counselors. *School Counselor, 42,* 256-267.

Lambert, M. J. (1992). Implications of outcome research for psychotherapy integration. In J. C. Norcross & M. R. Goldfried (Eds.), *Handbook of Psychotherapy Integration.* New York: Basic Books.

Lambert, M. J. (Ed.). (2004). *Bergin and Garfield's Handbook of Psychotherapy and Behavior Change* (5th ed.). New York: Wiley.

Lambert, M., Burlingame, G., Umphress, V., Vermeersch, D., Clouse, G., & Yanchar, S. (1996). The reliability and validity of the Outcome Questionnaire. *Clinical Psychology and Psychotherapy, 3*(4), 249-258.

Lawson, D. (1994). Identifying pre-treatment change. *Journal of*

Counseling and Development, 72, 244-248.

Lee, M., Greene, G. J., Uken, A., Sebold, J., & Rheinscheld, J. (1997). Solution-focused brief group treatment of domestic violence offenders. Paper presented at the Four-in-One Conference, Bruges, Belgium.

Lee, M. Y., Sebold, J., & Uken, A. (2003). *Solution-Focused Treatment with Domestic Violence Offenders: Accountability for Change.* Oxford: Oxford University Press.

Lewin, K. (1951). *Field Theory in Social Science.* New York: Harper.

Lieberman, M. A., Yalom, I. D., & Miles, M. B. (1973). *Encounter Groups: First Facts.* New York: Basic Books

Lindforss, L., & Magnusson, D. (1997). Solution-focused therapy in prison. *Contemporary Family Therapy: An International Journal, 19*(1), 89-103.

Lipchik, E. (1994). The rush to be brief. *Networker* (March/April), 35-39.

Luborsky, L., Barber, J. P., Siqueland, L., Johnson, S., Najavits, L., Frank, A., & Daley, D. (1996). The Revised Helping Alliance Questionnaire (HAq-II): psychometric properties. *Journal of Psychotherapy Practice and Research, 5,* 260-271.

Lundgren, D., & Miller, D. (1965). Identity and behavioral changes in training groups. *Human Relations Training News* (Spring).

MacKenzie, K. R. (Ed.) (1994). *Effective Use of Group Psychotherapy in Managed Care.* Washington, DC: American Psychiatric Press.

Madigan, S. (1998). *A Narrative Approach to Anorexia* (1st ed.). San Francisco, CA: Jossey–Bass.

Malamud, D., & Machover, S. (1965). *Toward Self-Understanding.* Springfield, IL: Charles C. Thomas.

Maljanen, T., Paltta, P., Härkänen, T., Virtala, E., Renlund, C., Lindfors, O., & Knekt, R. (2005). The cost-effectiveness of short-term psychodynamic psychotherapy and solution–focused therapy in the treatment of depressive and anxiety disorders. Paper presented at the Book of Abstracts: 5th iHEA World Congress.

McCallum, M., Piper, W., & Joyce, A. (1992). Dropping out from short-term group therapy. *Psychotherapy, 29*, 206-213.

McRoberts, C., Burlingame, G. M., & Hoag, M. J. (1998). Comparative efficacy of individual and group psychotherapy: a meta-analytic perspective. *Group Dynamics, 2*(2), 101-117.

Meichenbaum, D. (1996). Cognitive-behavioural treatment of post-traumatic stress disorder from a narrative constructivist perspective: a conversation with Donald Meichenbaum. In M. F. Hoyt (Ed.), *Constructive Therapies 2*. New York: Guilford.

Meissen, G. J., Mason, W. C., & Gleason, D. F. (1991). Understanding the attitudes and intentions of future professionals toward self-help. *American Journal of Community Psychology, 19*(5), 699-714.

Miller, S. D. (1998). Psychotherapy with impossible cases. Paper presented at the Brief Therapy Conference, Dublin.

Miller, S. D., Duncan, B. L., & Hubble, M. A. (1997). *Escape from Babel: Toward a Unifying Language for Psychotherapy Practice*. New York: Norton.

Miller, S. D., Duncan, B. L., Brown, J., Sparks, J., & Claud, D. (2003). The outcome rating scale: a preliminary study of the reliability, validity, and feasibility of a brief visual analog measure. *Journal of Brief Therapy, 2*(2), 91-100.

Miller, S. D., Duncan, B. L., Sorell, R., & Brown, G. S. (2004). The partners for change outcome management system. *Journal of Clinical Psychology: In Session, 61*(2), 199-208.

Miller, W. R., & Rollnick, S. (1991). *Motivational Interviewing: Preparing People to Change Addictive Behavior*. New York: Guilford.

Moreno, J. L. (1964). *Psychodrama: Volume 1* (2nd ed.). New York: Beacon.

Nirenberg, T. D., Sobell, L. C., & Sobell, M. B. (1980). Effective and inexpensive procedures for decreasing client attrition in outpatient alcohol treatment program. *American Journal of Drug and*

Alcohol Abuse, 7, 73-82.

Norman, H., Pidsley, T., & Herth, M. (2003). Solution-focused reflecting teams in action. A flexible format for surfacing the resources and knowledge present within a team. *Organisations & People, 10*(4).

Nylund, D., & Corsiglia, V. (1994). Becoming solution-focused in brief therapy: remembering something important we already knew. *Journal of Systemic Therapies, 13*(1), 5-12.

O'Connell, B. (1998). *Solution–Focused Therapy.* London: Sage.

O'Hanlon, W. H., & Weiner-Davies, M. (1989). *In Search of Solutions: A New Direction in Psychotherapy.* New York: Norton.

Orlinsky, D. E., Grawe, K., & Park, B. K. (1994). Process and outcome in psychotherapy-noch enimal. In A. E. Bergin & S. L. Garfield (Eds.), *Handbook of Psychotherapy and Behavioral Change* (4th ed.). New York: Wiley.

Patterson, G. R., & Forgatch, M. S. (1985). Therapist behavior as a determinant for client non-compliance: a paradox for the behavior modifier. *Journal of Consulting and Clinical Psychology, 53*, 846-851.

Perls, F. (1967). Group vs. individual therapy. *A Review of General Semantics, 24*, 306-312.

Perry, J. (1992). Problems and considerations in the valid assessment of personality disorders. *American Journal of Psychiatry, 149*, 1645-1653.

Piper, W. (1994). Client variables. In A. Fuhrman & G. Burlingame (Eds.), *Handbook of Group Psychotherapy.* New York: Wiley.

Prochaska, J. O., & DiClemente, C. C. (1992). The transtheoretical approach. In J. C. Norcross & M. R. Goldfried (Eds.), Handbook of Psychotherapy Integration. New York: Basic Books.

Prochaska, J. O., DiClemente, C. C., & Norcross J. C. (1992). In search of how people change: applications to addictive behaviors. *American Psychologist, 47*(9), 1102-1114.

Quinn M., & Quinn, T. (1995). *The Nought to Sixes Parenting Pro-*

gramme. Newry: Family Caring Trust.

Rappaport, J., Reischl, T. M., & Zimmerman, M. A. (1992). Mutual help mechanisms in the empowerment of former mental patients. In D. Saleebey (Ed.), *The Strengths Perspective in Social Work*. New York: Longman.

Rogers, C. R. (1970). *Carl Rogers on Encounter Groups*. New York: Harper & Row.

Rogers, C. R. (1986). Client-centred therapy. In I. L. Kutash & A. Wolf (Eds.), *Psychotherapist's Casebook*. San Francisco: Jossey–Bass.

Rosenberg, S., & Zimet, C. (1995). Brief group treatment and managed mental health care. *International Journal of Group Psychotherapy, 45*, 367-379.

Rossi, E. (1980). *Collected Papers of Milton Erickson on Hypnosis* (Volume 4). New York: Irvington.

Saleebey, D. (Ed.). (1992). *The Strengths Perspective in Social Work*. New York: Longman.

Saleebey, D. (1996). The strengths perspective in social work practice: extensions and cautions. *Social Work, 41*(3), 296-305.

Sangharakshita (1996). *The Buddha's Victory*. Birmingham: Windhorse Publications.

Schoor, M. (1995). Finding solutions in a relaxation group. *Journal of Systemic Therapies, 14*(4), 55-63.

Schoor, M. (1997). Finding solutions in a roomful of angry people. *Journal of Systemic Therapies, 16*(3), 201-210.

Schubert, M. A., & Borkman, T. J. (1991). An organizational typology for self-help groups. *American Journal of Community Psychology, 19*(5), 769-787.

Scott, M. J., & Stradling, S. G. (1998). Brief Group Counselling: *Integrating Individual and Group Cognitive-Behavioural Approaches*. Chichester: Wiley.

Selekman, M. D. (1993). *Pathways to Change: Brief Therapy Solutions with Difficult Adolescents*. New York: Guilford.

Selekman, M. D. (1997). *Solution-focused Therapy with Children: Harnessing Family Strengths for Systemic Change.* New York: Guilford.

Selekman, M. D., & Todd, T. C. (1995). Co-creating a context for change in the supervisory system: the solution-focused supervision model. *Journal of Systemic Therapies, 14*(3), 21-33.

Sharry, J. (1999). Towards solution groupwork. *Journal of Systemic Therapies, 18*(2), 77-91.

Sharry, J. (2004a). Solution-focused parent training. In B. O'Connell (Ed.), *Solution Focused Therapy in Practice.* London: Sage.

Sharry, J. (2004b). *Counselling Children, Adolescents and Families: A Strengths-Based Collaborative Approach.* London: Sage.

Sharry, J., Hampson, G., & Fanning, M. (2003). *Parents Plus Early Years Programme: A video-based parenting guide to promoting young children's development and to preventing and managing behaviour problems.* Parents Plus, c/o Mater Child Guidance Clinic, Master Hospital, North Circular Road, Dublin 7. www.parentsplus.ie.

Sharry, J., Madden, B., Darmody, M., & Miller, S. D. (2001). Giving our clients the break: applications of client-directed outcome-informed clinical work. *Journal of Systemic Therapies, 20*(3), 68-76.

Shepard, M. (1992). Predicting batterer recidivism five years after community intervention. *Journal of Family Violence, 7*, 167-178.

Smith, M. L., Glass, G. V., & Miller, T. I. (1980). *The Benefits of Psychotherapy.* Baltimore: Johns Hopkins University.

Snyder, C. R., Michael, S. T., & Cleavins, J. S. (1999). Hope as a psychotherapeutic foundation of common factors, placebos and expectancies. In M. L. Hubble, B. L. Duncan & S. D. Miller (Eds.), *The Heart and Soul of Change: What Works in Therapy.* Washington, DC: American Psychological Association.

Stith, M. S., Rosen, K. H., & McCollum, E. (2004). Treating intimate partner violence within intact couple relationships: outcomes of multi-couple versus individual couple therapy. *Journal of Marital and Family Therapy, 30*(3), 305-318.

Stockton, R., & Toth, P. L. (1999). The case for group research. In J. P. Trotzer (Ed.), *The Counselor and the Group: Integrating Theory, Training and Practice* (3rd ed.). Philadelphia: Taylor and Francis.

Stone, W., & Rutan, S. (1983). Duration of treatment in group psychotherapy. *International Journal of Group Psychotherapy, 34*, 109.

Thomas, F. N. (1996). Solution focused supervision: the coaxing of expertise. In S. D. Miller, M. A. Hubble & B. L. Duncan (Eds.), *Handbook of Solution Focused Brief Therapy*. San Francisco: JosseyBass.

Toseland, R., & Siporin, M. (1986). When to recommend group treatment. *International Journal of Group Psychotherapy, 36*, 171-201.

Tuckman, B. W. (1965). Developmental sequence in small groups. *Psychological Bulletin, 63*, 384-399.

Tudor, K. (1999). *Group Counselling*. London: Sage.

Uken, A., & Sebold, J. (1996). The Plumas Project: a solution focused goal-directed domestic violence diversion program. *Journal of Collaborative Therapies, 4*, 10-17.

Van Bilsen, H. P. J. G. (1991). Motivational interviewing: perspectives from the Netherlands with particular emphasis on heroin-dependent clients. In W. R. Miller, & S. Rollnick (Eds.), *Motivational Interviewing: Preparing People to Change Addictive Behavior*. New York: Guilford.

Vaughn, K., Hastings-Guerrero, S., & Kassner, C. (1996). Solution-oriented inpatient group therapy. *Journal of Systemic Therapies, 15*(3): 1-14.

Wade, A. (1997). Small acts of living: everyday resistance to violence and other forms of oppression. *Contemporary Family Therapy, 19*(1).

Walsh, F. (1996). The concept of family resilience: crisis and challenge. *Family Process, 35*(3), 261-281.

Walter, J. L., & Peller, J. E. (1992). *Becoming Solution-Focused in Brief Therapy.* New York: Brumer/Mazel.

Watzlawick, P., Weakland, J., & Fisch, R. (1974). *Change: Principles of Problem Formation and Problem Resolution.* New York: Norton.

Webster-Stratton, C. (1998). Parent training with low income families: promoting parental engagement through a collaborative approach. In J. R. Lutzker (Ed.), *Handbook of Child Abuse Research and Treatment* (pp. 183-210). New York: Plenum Press.

Webster–Stratton, C., & Herbert, M. (1994). *Troubled Families-Problem Children.* Chichester: Wiley.

Weiner–Davies, M., de Shazer, S., & Gingerich, W. J. (1987). Using pre-treatment change to construct a therapeutic solution: a clinical note. *Journal of Marital and Family Therapy, 13*(4), 359-363.

White, M., & Epston, D. (1990). *Narrative Means to Therapeutic Ends.* New York: Norton.

Wuthnow, R. (1994). *Sharing the Journey.* New York: Free Press.

Yalom, I. D. (1970). *The Theory and Practice of Group Psychotherapy.* New York: Basic Books.

Yalom, I. D. (1995). *The Theory and Practice of Group Psychotherapy* (4th ed.). New York: Basic Books.

Yalom, I. D. (1999). *Momma and the Meaning of Life.* London: Piatkus.

Yalom, I. D., Houts, S., Zimerberg, S., & Rand, K. (1967). Prediction of improvement in group therapy. *Archives of General Psychiatry, 17,* 159-168.

Zimmerman, T. S., Jacobsen, R. B., MacIntyre, M., & Watson, C. (1996). Solution-focused parenting groups: an empirical study. *Journal of Systemic Therapies, 15,* 12-25.

찾아보기

(인 명)

[내 용]

John Sharry

John Sharry 박사는 20년 이상의 경험을 가진 해결중심 치료자이자 교육자다. 그는 Parents Plus Charity의 설립자이자 메이터 아동청소년 정신건강 센터의 수석사회복지사이며, 유럽에서 가장 훌륭한 연구 중심 대학 중 하나인 UCD(University College Dublin) 심리학 대학원의 외래교수다. Sharry 박사는 온라인 정신건강 프로그램을 개발한 Silver Cloud Health의 임상슈퍼바이저, 유명한 Parents Plus Programme(근거기반 부모교육 과정)의 공동개발자, 영국과 아일랜드의 학교와 사회서비스에서 널리 사용되고 있는 Working Things Out Programme(정신건강 문제를 극복하고 있는 젊은이들을 위하여 멀티미디어를 활용하는 치료 프로그램)의 공동개발자이기도 하다. 원래 물리학자였던 박사는 현재 정신건강 서비스에 기술을 적용하는 방법에 관한 연구도 하고 있다.

그는 부모교육과 해결중심치료, 긍정심리학, 정신건강 분야에서 10권의 책을 저술했다. 그의 책으로는 *Becoming a solution detective, Counselling children, adolescents and families* 등이 있고, 부모와 가족을 위한 self-help book으로 *Bringing up responsible teenagers, Parenting preschoolers and young children, When parents separate–Helping your children cope, Coping with depression in young people, Positive parenting: Bringing up responsible, well-behaved and happy children* 등은 일본어, 중국어, 아랍어 등 8개 언어로 번역된 바 있다.

저명한 학자이자 교사이며, 아일랜드를 비롯해 전 세계적으로 유명한 워크숍 지도자인 Sharry 박사는 지난 10년간 수천 명의 전문가를 훈련시켰고, 부모와 가족을 위해 수백 건의 워크숍을 진행한 바 있다. 그는 청중을 배려하고, 영감을 불러일으키면서도 정확하게 정보를 전달하는 실천적인 방식의 강의 스타일로 유명하다.

역자 소개

김유순
미국 플로리다 주립대학교 사회복지학 박사
가족치료 슈퍼바이저(한국가족치료학회)
해결중심치료 슈퍼바이저(해결중심치료학회)
이야기치료 전문가(한국이야기치료학회)
현 성공회대학교 사회복지학과 교수
    한국단기가족치료연구소 교수/소장

김은영
독일 보훔 대학교 사회과학 박사
해결중심치료 슈퍼바이저(해결중심치료학회)
이야기치료 전문가(한국이야기치료학회)
가족치료사 1급(한국가족치료학회)
현 한신대학교 사회복지학과 초빙교수
    한국단기가족치료연구소 교수

어주경
연세대학교 아동학 박사
해결중심치료 슈퍼바이저(해결중심치료학회)
가족치료사 1급(한국가족치료학회)
이야기치료사 1급(한국이야기치료학회)
현 연세대학교 생활환경대학원 객원교수
    한국단기가족치료연구소 교수

최중진
미국 캔자스 대학교 사회복지학 박사
현 경기대학교 청소년학과 교수
    한국단기가족치료연구소 교육위원

해결중심 집단상담

Solution-Focused Groupwork, 2nd ed.

2013년 3월 30일 1판 1쇄 발행
2016년 1월 15일 1판 2쇄 발행

지은이 • John Sharry
옮긴이 • 김유순 · 김은영 · 어주경 · 최중진
펴낸이 • 김진환
펴낸곳 • ㈜ **학지사**

　　　　　121-838 서울특별시 마포구 양화로 15길 20 마인드월드빌딩
대표전화 • 02)330-5114　　　팩스 • 02)324-2345
등록번호 • 제313-2006-000265호

홈페이지 • http://www.hakjisa.co.kr
페이스북 • https://www.facebook.com/hakjisa

ISBN 978-89-997-0092-7 93180

정가 15,000원